北大中文文库

林焘文选

林焘 著 / 王韫佳 沈炯 编选

北京大学出版社
PEKING UNIVERSITY PRESS

图书在版编目(CIP)数据

林焘文选/林焘著；王韫佳，沈炯编选. —北京：北京大学出版社，2010.10
(北大中文文库)
ISBN 978-7-301-17801-0

Ⅰ.①林… Ⅱ.①林…②王…③沈… Ⅲ.①汉语—语言学—文集 Ⅳ.①H1-53

中国版本图书馆 CIP 数据核字(2010)第 181257 号

书　　　　名：	林焘文选
著作责任者：	林　焘 著　王韫佳　沈　炯 编选
责 任 编 辑：	李　凌
封 面 设 计：	奇文云海
标 准 书 号：	ISBN 978-7-301-17801-0/H·2640
出 版 发 行：	北京大学出版社
地　　　　址：	北京市海淀区成府路 205 号　100871
网　　　　址：	http://www.pup.cn　电子邮箱：zpup@pup.pku.edu.cn
电　　　　话：	邮购部 62752015　发行部 62750672　出版部 62754962　编辑部 62753374
印　刷　者：	世界知识印刷厂
经　销　者：	新华书店
	650mm×980mm　16 开本　17.5 印张　252 千字
	2010 年 10 月第 1 版　2010 年 10 月第 1 次印刷
定　　　　价：	35.00 元

未经许可，不得以任何方式复制或抄袭本书之部分或全部内容。
版权所有，侵权必究
举报电话：010-62752024；电子邮箱：fd@pup.pku.edu.cn

目 录

那些日渐清晰的足迹(代序) …………………… 陈平原(1)
前 言 ………………………………………… 王韫佳 沈 炯(1)

关于汉语规范化问题 …………………………………… (1)
现代汉语词汇规范问题 ………………………………… (15)
北京话的连读音变 ……………………………………… (37)
北京话儿化韵个人读音差异问题 ……………………… (52)
北京话去声连读变调新探 ……………………………… (61)
北京东郊阴阳平调值的转化 …………………………… (72)
北京话儿化韵的语音分歧 ……………………………… (82)
北京官话溯源 …………………………………………… (97)
北京官话区的划分 ……………………………………… (112)
现代汉语补语轻音现象反映的语法和语义问题 ……… (122)
现代汉语轻音和句法结构的关系 ……………………… (142)
探讨北京话轻音性质的初步实验 ……………………… (166)
声调感知问题 …………………………………………… (186)
京剧韵白声调初析 ……………………………………… (198)
陆德明的《经典释文》 …………………………………… (212)
"入派三声"补释 ………………………………………… (223)
日母音值考 ……………………………………………… (238)

林焘先生学术生平 ……………………………… 王韫佳(255)
林焘先生著作一览 ……………………………… 王韫佳(260)

那些日渐清晰的足迹(代序)

随着时光流逝,前辈们渐行渐远,其足迹本该日渐模糊才是;可实际上并非如此。因为有心人的不断追忆与阐释,加上学术史眼光的烛照,那些上下求索、坚定前行的身影与足迹,不但没有泯灭,反而变得日渐清晰。

为什么?道理很简单,距离太近,难辨清浊与高低;大风扬尘,剩下来的,方才是"真金子"。今日活跃在舞台中心的,二十年后、五十年后、一百年后,是否还能常被学界记忆,很难说。作为读者,或许眼前浮云太厚,遮蔽了你我的视线;或许观察角度不对,限制了你我的眼光。借用鲁迅的话,"伟大也要有人懂"。就像今天学界纷纷传诵王国维、陈寅恪,二十年前可不是这样。在这个意义上,时间是最好的裁判,不管多厚的油彩,总会有剥落的时候,那时,什么是"生命之真",何者为学术史上的"关键时刻",方才一目了然。

当然,这里有个前提,那就是,对于那些曾经作出若干贡献的先行者,后人须保有足够的敬意与同情。十五年前,我写《与学者结缘》,提及"并非每个文人都经得起'阅读',学者自然也不例外。在觅到一本绝妙好书的同时,遭遇值得再三品味的学者,实在是一种幸运"。所谓"结缘",除了讨论学理是非,更希望兼及人格魅力。在我看来,与第一流学者——尤其是有思想家气质的学者"结缘",是一种提高自己趣味与境界的"捷径"。举例来说,从事现代文学或现代思想研究的,多愿意与鲁迅"结缘",就因其有助于心灵的净化与精神的提升。

对于学生来说,与第一流学者的"结缘"是在课堂。他们直接面对、且日后追怀不已的,并非那些枯燥无味的"课程表",而是曾生气勃勃地活跃在讲台上的教授们——20世纪中国的"大历史"、此时此地的"小环境",讲授者个人的学识与才情,与作为听众的学生们共同酿造了诸多充满灵气、变化莫测、让后世读者追怀不已的"文学课堂"。

如此说来，后人论及某某教授，只谈"学问"大小，而不关心其"教学"好坏，这其实是偏颇的。没有录音录像设备，所谓北大课堂上黄侃如何狂放，黄节怎么深沉，还有鲁迅的借题发挥等，所有这些，都只能借助当事人或旁观者的"言说"。即便穷尽所有存世史料，也无法完整地"重建现场"；但搜集、稽考并解读这些零星史料，还是有助于我们"进入历史"。

时人谈论大学，喜欢引梅贻琦半个多世纪前的名言："所谓大学者，非谓有大楼之谓也，有大师之谓也。"何为大师，除了学问渊深，还有人格魅力。记得鲁迅《关于太炎先生二三事》中有这么一句话："先生的音容笑貌，还在目前，而所讲的《说文解字》，却一句也不记得了。"其实，对于很多老学生来说，走出校门，让你获益无穷、一辈子无法忘怀的，不是具体的专业知识，而是教授们的言谈举止，即所谓"先生的音容笑貌"是也。在我看来，那些课堂内外的朗朗笑声，那些师生间真诚的精神对话，才是最最要紧的。

除了井然有序、正襟危坐的"学术史"，那些隽永的学人"侧影"与学界"闲话"，同样值得珍惜。前者见其学养，后者显出精神，长短厚薄间，互相呼应，方能显示百年老系的"英雄本色"。老北大的中国文学门（系），有灿若繁星的名教授，若姚永朴、黄节、鲁迅、刘师培、吴梅、周作人、黄侃、钱玄同、沈兼士、刘文典、杨振声、胡适、刘半农、废名、孙楷第、罗常培、俞平伯、罗庸、唐兰、沈从文等（按生年排列，下同），这回就不说了，因其业绩广为人知；需要表彰的，是1952年院系调整后，长期执教于北大中文系的诸多先生。因为，正是他们的努力，奠定了今日北大中文系的根基。

有鉴于此，我们将推出"北大中文文库"，选择二十位已去世的北大中文系名教授（游国恩、杨晦、王力、魏建功、袁家骅、岑麒祥、浦江清、吴组缃、林庚、高名凯、季镇淮、王瑶、周祖谟、阴法鲁、朱德熙、林焘、陈贻焮、徐通锵、金开诚、褚斌杰），为其编纂适合于大学生/研究生阅读的"文选"，让其与年轻一辈展开持久且深入的"对话"。此外，还将刊行《我们的师长》、《我们的学友》、《我们的五院》、《我们的青春》、《我们的园地》、《我们的诗文》等散文随笔集，献给北大中文系百年庆典。也就是说,除了著述,还有课堂;除了教授,还有学生;除了学问,还有心情;除了大师之登高一呼,还有同事之配合默契;除了风和日丽时之引吭高歌,还有风雨如晦时的相濡以沫——这才是值得我们永远追怀的"大学生活"。

没错,学问乃天下之公器,可有了"师承",有了"同窗之谊",阅读传世佳作,以及这些书籍背后透露出来的或灿烂或惨淡的人生,则另有一番滋味在心头。正因此,长久凝视着百年间那些歪歪斜斜、时深时浅,但却永远向前的前辈们的足迹,有一种说不出的感动。

作为弟子、作为后学、作为读者,有机会与曾在北大中文系传道授业解惑的诸多先贤们"结缘",实在幸福。

陈平原
2010年3月5日于京西圆明园花园

前　言

　　本文集收录了 17 篇文章,按照内容分为五个部分,分别是:一、汉语规范化研究(2 篇);二、北京话研究(7 篇);三、语音与语义、句法关系的研究(2 篇);四、实验语音学研究(3 篇);五、汉语史研究(3 篇)。下面对收入本文选的学术论文逐篇进行简要介绍。

第一部分　汉语规范化研究

《关于汉语规范化问题》(1955 年)

　　文章讨论了四个问题:一、普通话、大众语和文学语言的关系;二、文学语言与方言之间的关系;三、汉语规范化工作中要注意避免的几个倾向;四、汉语语音、语法和词汇的规范问题。这篇文章写作的时候,汉语普通话的官方定义尚未正式发布,因此这里的"普通话"指的是"不纯粹的北京话",即过去所说的"蓝青官话"。文中的"文学语言"也不专指文学作品的语言,而是指书面语。这篇文章所提出一些关于汉语规范化工作建议,迄今为止仍然值得我们重视。例如,林焘先生强调指出,语音规范不能离开北京音系,规范化就是给语言的发展制定出一定的规范,因此规范是活的。这些看法对于我们正确理解北京音系与标准语音系之间的关系以及克服语言规范中的教条主义有着原则性的指导意义。

《现代汉语词汇规范问题》(1959 年)

　　文章从五个方面阐述了汉语词汇规范工作中需要注意的问题:一、词汇规范的主要依据;二、方言词的规范;三、古代词语的规范;四、外来词的规范;五、词义的规范。文章认为,词汇规范不能提"标准"而只能提"基础",因为词汇的发展速度是相当快的。文章分析了方言词、古语词和外来词在现代汉语词汇中的地位,并对如何规范这些词语以及如何取舍完全同义词分别提出了一些原则。这篇文章关于词汇规范化问题的思想显然受到了1955年现代汉语规范问题学术会议精神的影响,由于它比较系统地提出了现代汉语词汇规范的思路,因此对后来的一些《现代汉语》教材词汇部分的编写都产生了较大的影响。

第二部分　北京话研究

《北京话的连读音变》(1963年)

　　文章把北京话中的连读音变分为不自由和自由的两大类,并对这两大类分别列举了6个和12个小类进行详细的分析。不自由的连读音变包括了上声、去声和"一"、"不"的变调、语气词"啊"在不同音节之后的音质变化。自由的连读音变包括三音节词中间音节阳平的变化、韵尾[n]受逆向同化作用的影响发生的变化、不送气的清塞音和塞擦音声母受顺向同化作用发生的浊化、零声母音节受顺向同化作用产生的增音、语气词"啊"不属于不自由音变的变化、轻音音节中韵母的种种变化、轻音音节中声母的脱落。文章还就北京话中是否存在[m]尾韵以及语气词"啊"在书面语中汉字书写形式的变化所反映的语气问题进行了专门的讨论。文中关于连读音变的许多内容后来都被各种版本的《现代汉语》教材所吸收。

《北京话儿化韵个人读音差异问题》(1982年)

　　文章分析了北京话儿化韵中三种个人读音分歧,第一种是以/a/为韵腹的韵母儿化后的读音分歧;第二种是单韵母e儿化后的读音分歧;第三种是韵母ie、üe儿化后的读音分歧。这篇文章着重讨论的问题是,在音位分析中如何解决儿化韵的读音差异。例如,有人认为"板儿"和"把儿"不同音,它们的读音分别为[pɐr]和[par],这样,在儿化韵的系统中[ɐ]和[a]就形成了对立关系;但是对于不区分这两个韵母的人来说,这两个元音又不能形成对立关系。文章还分析了儿化韵中本韵韵尾或者韵腹的脱落是否属于音位性的脱落,如果是音位性的脱落,那么,有些语素就会产生一些复杂的语素音位变体,例如,如果认为"事儿"中的"事"原有韵腹的脱落是音位性的,那么就得承认这个语素有一个读音为[ʂ]的语素音位变体。文章认为,在分析儿化韵的音位结构时,可以引入一个"零变体"的概念,即,音位变体的语音形式可以为"零"。如此,儿化韵中元音的对立问题和复杂的语素音位变体问题都可以得到解决。例如,不管是否认为"板儿"和"把儿"同音,两派读法中"板"的韵尾([n])都是零变体,因此两派的分歧仅仅在于音位/a/的变体在 anr 和 air 两个韵母中是否相同而已。

《北京话去声连读变调新探》(1985 年)

文章讨论了北京口语中去声连读的一种变调形式,即,前面的去声变为与阳平同调值的升调。这种变调形式是北京话的一种社会变体。文章分析了与这种变体相关的几种因素:发音人的文化程度、年龄、性别和居住地区。这种变体在北京东郊出现得最多,其次是城区和南郊,在西郊和北郊出现得最少。从发音人自身的因素看,年龄大的、女性和文化程度低的发音人念升调的分别多于年轻的、男性和文化程度高的。但总的说来地区是影响去声连读变调形式的最重要的因素。这篇文章还提出了语音研究中样本采集的方法问题:首先,应当重视日常口语而不仅仅是使用孤立词或词组作为调查语料;第二,应当重视文化程度较低的发音人。

《北京东郊阴阳平调值的转化》(1991 年)

北京东郊的平谷县阴平和阳平的调值与北京城区话恰好相反。文章调查了处于两种调值交界地区的阴平和阳平的读法。在这个地区,阴平和阳平的调值处于渐变状态,从东到西阴平的调值有升、中平和高平几种类型,阳平有高平、高升和中升几种调型。文章还发现,在连读变调中,阴平念成高平调和阳平念成中升调的比例高于单念的时候,也就是说阴平和阳平在连读中出现了变调现象。这说明东郊的阴平和阳平调值在向城区调值转化过程中，连读变调走在了单字调的前面。文章还将东郊阴、阳平的变调与去声连读变调的读音差异进行了对比。这两种现象的一个共同特点是，新词的读法倾向于与城区相同，而旧词保留旧读的比率较高。这种变化与通常语音演变从使用频率高的词向使用频率较低的词扩散的方向恰好相反，文章认为这个结果是北京标准音通过媒体等渠道影响方音的结果。

《北京话儿化韵的语音分歧》（与沈炯合作，1995年）

学界一般都认为北京话的儿化韵数目比本韵数目少，这是因为有些韵母儿化后读音变得相同了，但是儿化韵音质的异同在北京话中存在复杂的社会变体，这篇文章用社会语言学的方法研究了北京话城区、东南郊、西南郊、东北郊和西北郊5个区域26个调查点中16对儿化韵的分合情况。调查结果表明，低元音韵腹的韵母儿化后合并率最高，"把儿"和"瓣儿"、"褂儿"和"罐儿"的合并率都达到了80%以上；中元音韵腹韵母的合并率受到了声调的影响，去声音节韵母的合并率相对来说较高，例如"歌儿"和"跟儿"的合并率只有10%左右，而"这儿"和"阵儿"的合并率达到了40%；后鼻音韵母和相对应的前鼻音韵母或非鼻尾韵母儿化后的合并率基本上在10%以下，例如"瓶儿"和"皮儿"的合并率只有5.81%。文章还分析了发音人的性别、民族、文化、年龄和居住地对儿化韵合并率的影响，统计结果表明：性别对儿化韵的分合没有影响；在汉族、满族和回族三个民族中，满族的儿化韵合并率最高；文化程度对于本韵为非后鼻音韵母的儿化韵的归并没有显著影响；年龄对于不同组儿化韵分合的影响也呈现出不同的方式，非后鼻音类的儿化韵年轻人合并率较低，后鼻音韵母和前鼻音韵母的儿化韵，老年人合并率较低。文章认为，不同组儿化韵的分合与发音人年龄之间貌似复杂的关系实际上是由两种弱化现象导致的，韵腹元音央化程度的弱化导致年轻人倾向于分辨非后鼻音类的儿化韵，由后鼻音韵母变来的儿化韵中韵腹鼻化色彩的弱化导致年轻人倾向于不区分前鼻音韵母或非鼻尾韵母和后鼻音韵母变来的儿化韵。这篇文章最值得注意的结果是儿化韵分合的地区差别。在所调查的五个地区中，儿化韵合并率由高到低的排序为：城区、东北郊和西南郊、东南郊、西北郊，20％以上的高合并率地区形成一个从东北到西南的中轴线。文章强调指出，儿化韵语音分歧的地理分布与北京话声母合口呼零声母 w 和 v 两种语音分歧的地理分布颇有些相似，这两种语音分歧在分布上的相似性并非共时的巧合，而是北京话历史发展的结果。

《北京官话溯源》(1987 年)

人们一直都有一个感性认识，即，与北京话最为相似的是在地理上相隔较远的东北地区的方言而不是北京周边的河北省和天津市的方言。这篇文章追溯了现代北京话形成的历史过程，着重分析了北京话与东北方言之间的关系，并且提出了一个重要的概念——北京官话区。北京官话区是指从东北地区经过河北省东北部的围场、承德一带直到北京市区的这一片相当广大的区域，在这片区域内，各方言的声韵系统十分接近，调类完全相同，调值极其相似。此前，其他学者所提出的"北京官话区"并不包括东北方言。这篇文章的第一部分阐述了自唐代到明代北京话的历史演变过程。北京话自唐代以后有三百多年的时间处于与中原地区的汉语方言相互隔绝的状态，而与东北地区的少数民族语言则保持了密切的接触，因此北京话可能在辽金时代已经成为发展速度最快、内部结构最简单的汉语方言。元代的大都话可以看成今天北京话的源头。由于迁都和移民的关系，明代的北京话吸收了各种汉语方言的成分，入声字已经跟现代北京话一样派入了平声、上声和去声。文章的第二和第三部分分别回顾了辽、金和满族入关前东北地区民族和语言的情况。自辽至清，不断有大批汉人，特别是幽燕地区的汉人被掠至东北居住，这些汉人在带去了较为先进的文化的同时，也带去了幽燕地区的汉语方言，金开国之前，汉语在女真贵族当中已经得到了较为普遍的使用，汉语在东北地区各民族的语言中已经具有了重要地位，而东北地区的汉语正是在以燕京话为中心的幽燕地区方言的基础上形成起来的。在满族的形成过程中，汉语已经成为满族人的通行语言。文章的第四部分介绍了满清时期北京市区的人口分布情况以及内城和外城存在的语言分歧。外城居住的主要是汉人，说的是北京本地话;内城居住的主要是满人,说的是从东北带来的汉语方言。这两种汉语方言以及其他汉语方言在北京通过长期的接触,互相融合,形成了今天的北京话。

《北京官话区的划分》(1987年)

文章以《北京官方溯源》的结论为基础,讨论了两个问题:如何划分北京官话区和如何界定北京城区话的范围。文章提出了划分北京官话区的三个标准:声韵系统与北京话无重要差异、调类与北京话相同、调值与北京话相似。东北地区(包括内蒙古自治区的东北部)的绝大多数方言都满足这三个条件。在以北京市为起点,由西向东、由南向北形成的西南狭窄、东北宽阔的一个喇叭形区域内,声韵系统基本相同,调类完全相同,调值基本相似,这就是北京官话区的范围,它包括了河北省东北、内蒙古东部和东北三省的绝大部分地区,人口约有1亿。北京官话区在调值上的差别表现为从西向东调值逐渐降低,以阴平的差别为最突出。文章提出以古影、疑两母开口一、二等字是否为零声母作为划分北京城区话的标准,将这些字读为零声母的区域是整个北京官话区西南角上一个很小的区域,包括了北京城八区以及通州、顺义、昌平和怀柔等郊区的部分地区。但是,由于普通话的巨大影响力,这个区域正在逐渐扩大。

第三部分 语音与语义、句法关系的研究

《现代汉语补语轻音现象反映的语法和语义问题》(1957年)

这篇文章全面考察了趋向、可能、程度和结果补语中的轻音现象。"起来"为例,当"起来"在句子中充当趋向补语时,两个音节都必须念成轻音,词义为引申义;当"起来"充当可能补语时(否定式),词义仍然是引申义,但两个音节都是非轻音;当"起来"在句子中充当主要动词时,词义为本义,"起"为非轻音,"来"为轻音。这篇文章还分析了北京话中程度补语前的"得"的来源。关于这个问题,学术界存在不同看法,有些

学者认为它是由"到"变来的,有些学者认为不是。林焘先生认为,程度补语前的"得"在北京话里有两种读音:de 和 dou。只能念 de 的"得"和既能念成 de 又能念成 dou 的"得"的来源不同、用法也不一样。前者来自"得",后面不能跟主谓结构的补语;后者来自"到",后接主谓结构的补语。这篇文章关于趋向补语和结果补语中轻音现象的一些论述今天已经成为许多《现代汉语》教材的内容。文章还分析了与轻音相关的其他语音现象。例如,在讨论可能补语的否定形式时,林焘先生指出,补语中轻读的"不"在句法关系上跟后面的结构有着更加密切的关系,因此它的音高也受到了后接音节音高的影响,这个现象说明轻音的高度不仅受到前面音节影响,在一定的情况下,同时也要受到它后面音节的影响。

《现代汉语轻音和句法结构的关系》(1962 年)

这篇文章首先提出了三个重要的理论问题:一、轻音音节与有声调的音节处于不同的语音层次;二、语音结构和语法结构彼此既有区别,又有联系。三、语流中有两种不同性质的轻音,其一为语调轻音,可以出现在语句的任何位置,属于语调范围,一般有语调重音与之对立;其二为结构轻音,只能出现在非轻音之后,大部分没有与之对立的重音,少数结构轻音如果变为重,会对句法结构或词义有重要影响。文章总结了五类结构轻音(后来的学者也称之为语法轻音),并对补语中"不"的轻音性质、介词结构作补语中的轻音问题以及"名词+方位词"中的轻音问题进行了细致的分析。其中对动词之后介词结构中的轻音和"名词+方位词"结构中轻音的分析很值得注意。对"住·在北京"之类的结构,历来有两种分析法,即"住//在/北京"(述宾结构)和"住/在//北京"(述补结构)。林焘先生认为,这里的"在"应该看成结构轻音而不是语调轻音,因为语调轻音都有重音与之对应,而这个"在"没有。也就是说,"在"的独立性很差,是黏着在前面的动词上的,因此,这类结构就适合分析成述宾结构。此外,这种结构中的介词可以省略不说,这样一来就成了"住北京",即述宾结构。林焘先生还进一步指出,"在北京住"中的"在北京"跟"住在北京"中的"在北京"不能等同,因为这两个结构中的"在"在北京土语里的读音并不一致,而"在北京住"中的"在"的读音与动词"在"的读音却是一致的。因此,"在北京住"是"(x+宾语)+动词"(偏正结构),"住在北京"是"(动词+y)+宾语"(述宾结构)。在名词+方位词的结构中,方位词"上"、"下"、"里"常常轻读,并且意义也常常是引申义,因此,林焘先生认为,把这样的结构统统分析成偏正结构不大合理。他主张把这类语音表达上为轻音、意义上使用引申义的方位词看成是名词的补语,这样做的好处有两个,一个是避免了语音上为轻音的音节作词组中心语的尴尬,第二个是满足了语法结构整齐性的需要,因为在现代汉语的三类最重要的实词中,名词、动词和形容词都可以在前面带修饰语,动词和形容词都可以在后面带补语,把读轻音的方位词看成名词的补语就填补了名词不能在后面带补语的空白。

第四部分 实验语音学研究

《探讨北京话轻音性质的初步实验》(1983 年)

北京话轻音音节有着区别于正常重音音节的若干语音特征,其中的哪一种是音位性的特征,是一个长期以来悬而未决的问题,而学术界长期以来存在的一个看法是,轻音重要的特征就是音强比较弱。这项研究采用心理—声学的实验方法,考察了音长、音强和音高三种物理要素在北京话轻音音节听辨中的作用。音长的改变方法是分别减少和加大"重重"型和"重轻"型双音节词第二个音节的长度;音强的改变方法是分别减少和加大"重重"型和"重轻"型双音节词第二个音节的强度;音高的改变方法是把"重轻"型双音节词的轻音音节的基频改为平调、升调和降调三种类型,每种音高类型都伴随有音节长度的加大。实验任务是要求听音人对所听词的重音格式进行判断。实验结果表明,改变音强对听音人的词重音感知没有大的影响,而改变音长对于重音格式的感知则有重要的影响,第二个音节音高曲线的模式对于重音感知也有一定的影响。文章认为,音长是听辨北京话轻音最重要的参数,在音长的制约下,音高与轻音的听辨也有一定的关系。这篇文章澄清了长期以来存在的关于音强与轻重音关系之间的模糊认识,第一次明确提出了音长和音高在轻重音感知中的重要作用。因此,文章甫一发表,就在中国语音学界引起了广泛的关注,它是汉语轻重音问题研究中具有划时代意义的重要文献。

《声调感知问题》(与王士元合作,1984年)

这项研究通过改变双音节词前后两个音节的高低关系和长度关系,研究了双音节词中的声调感知问题。实验结果证明,双音节词中音节的声调感知是以彼此之间的音高对比关系为条件的,一个音节音高的改变,会导致另一个音节的声调在感知当中的变化,这是声调感知中的一种"听错觉"现象。这个研究的结果还表明,音节的长度对于声调的感知也起到一定的作用,例如,当一个携带平调的音节较短、并且它后面的音节基频比它高的时候,这个平调就会被听成升调。文章认为,多音节词中声调的听错觉可能就是连读变调和声调历史演变的触发因素之一。

《京剧韵白声调初析》(1990年)

林焘先生一生雅好昆曲和京剧。这篇文章是为纪念同为京剧爱好者的王力先生而作。此前已有不少学者和戏曲工作者对京剧韵白的声调进行过研究,但这些研究依靠的都是主观的听觉感受,林焘先生是用现代语音学的方法分析京剧韵白声调的第一人。为了避免韵白特有的语调对声调音高的干扰,同时也为了调查韵白中的连读变调形式,文章使用孤立的双音节词作为研究对象,发音字表囊括了阴平、阳平、上声和去声四种声调互相配合的16种调型组合。发音时用老生行的念白,因为老生的念白在各行当中最具代表性。使用音高仪分析基频。分析结果表明,京剧韵白中的四个声调可以分为高调和低调两个类型,阴平[55]和上声[35]为高调,阳平[121]和去声[31]为低调。文章还提出了韵白中复杂的连读变调格式。

第五部分　汉语史研究

《陆德明的〈经典释文〉》(1962 年)

　　林焘先生曾与陆志韦先生合作撰写过长篇论文《〈经典释文〉异文之分析》,《陆德明的〈经典释文〉》是对《异文之分析》的简要概括,也是对《异文之分析》内容的一个延续。文章介绍了陆德明其人以及《经典释文》的性质、成书年代、版本沿传等问题,重点分析了《释文》中的音注问题和校勘问题。陆氏为经文注音皆有所本,并非他自己的创造,但在编排前人的音注时又有所斟酌,林焘先生认为,陆德明在古今音注中是先今后古,在南北音注中是取南舍北。他指出,陆氏在取舍音注时所依据的音系并非他自己的母语苏州话,而是当时在士大夫阶层很有影响力的金陵(今南京)音。对于校勘,文章重点介绍了单字校勘中所出现的异文,异文与正文同声旁的案例占了异文的一般以上,这部分异文显然是由古代的假借字造成的。其余的异文又可分为错字、异体字、近义字、同音字和音近字。林焘先生认为,异文中的音近字是最值得重视的一类,其中《广韵》不同音和上古音相近的字是研究上古音系的宝贵财富。

《"入派三声"补释》(1992 年)

　　这篇文章研究了两个问题:一、《中原音韵》"入派三声"是否足以证明入声在当时已经消失;二、入声在今天北京话中的分派规律。关于《中原音韵》是否保留了"入声"的问题,学界历来有不同看法,作者周德清自己对于"入派三声"的解释似乎也有自相矛盾的地方。林焘先生指出,尽管自《中原音韵》的时代起,入声在北方的许多地区已经逐渐消失,但是入声始终顽强地存在于读书音中,甚至 20 世纪前半叶的语言学家在拟定注音字母和编纂韵书的时候对入声仍然"恋恋不舍"。因此,不能因为 600 多年前的周德清的"呼吸言语之间还有入声之别"之说就断定《中原音韵》时代仍有入声。关于入声的归派,学界比较一致的意见是,古清入声字的声调在今北京话中的分派没有规律,唯白涤州认为古不送气清入归阴平,送气清入归去声。林焘先生通过对 198 个没有异读的古入声字在今天北京话中声调的统计,发现送气声母、擦音声母和中古影母入声字的声调具有相同的声调归派规律——归入去声的 60% 左右,归入阴平的 30% 左右,其余的归入阳平和上声。不送气入声字独成一类,约有一半归入阳平,另一半归入其他三个声调。文章还观察了有异读的古入声字的声调,发现清入声字除了符合规律的一读外,另一读绝大部分是阴平。由此可见,古清入声字在今天北京话中的分派并非完全无规可循。文章还从现代语音学的角度提出了古清入声字分派规律性较差的可能原因——入声字发音本来就比较短促,清声母音节比浊声母音节的带音段更短,因此在听觉上的音高可分辨性就更弱一些。

《日母音值考》(1995 年)

文章以倒叙的方式分析了现代、中古和上古日母的音值。关于现代北京话中日母的音值和音韵地位,学术界一直未有定论。林焘先生从实验语音学家的数据中发现,现代北京话中日母的声学特征与通音相近而与擦音相去较远,这一发现为确定日母在音系上属于通音而不属于擦音一类提供了有力的佐证。文章还明确指出,北京话的通音声母 r 的发音与舌尖后元音[ɻ]在发音生理上并无本质区别,因此国际音标一直没有单列所谓舌尖元音也是有道理的。但从功能和音节结构的角度看,在描写时将卷舌通音声母和舌尖元音分开也还是有必要的。关于中古日母的音值,文章根据现存的音韵史料、日汉对音资料、方言资料和传统戏曲语言等材料推测,从中古至今,日母在北方通语地区一直以浊擦音或通音为主,在以吴语为中心的东南地区则一直以鼻音为主。文章还根据谐声字的情况推测,至少在《诗经》时代日母的音值就存在方言上的分歧,当时鼻音是雅言的读法,擦音则只是少数方言的读法。这篇文章研究的是汉语史的问题,但在对资料进行分析的时候,融入了现代语音学和实验语言学的元素,因此堪称是将现代语音学和汉语音韵学进行有机融合的典范之作。

王韫佳　沈　炯
2010 年 8 月于北京大学燕园

关于汉语规范化问题

一

在没有谈到汉语规范化问题之前,必须对普通话、大众语和文学语言的关系有所说明。只有弄清楚了普通话、大众语和文学语言的分别,才有可能正确地理解汉语的规范化问题。

"普通话"这个名称早已存在①,一般是指不纯粹的北京话。瞿秋白曾对普通话的内容做了如下的说明:

> 最近三十年来,凡是新的研究学术所用的言语,工商业发展之中的技术上的言语,政治上社会交际上的言语,事实上大半发生于"南边人"的嘴里——江、浙、赣、粤、湘、鄂、川等省的人的嘴里。同时,这里又并没有历史久远的一个中心城市;大家只能学着北京话。结果,势必至于是"蓝青官话"变成实际上的普通话。②

我们知道,各地的"蓝青官话"都带有自己的地方方言色彩,很难找出一定的标准。如果想从各种不同的"蓝青官话"中找出一个共同的标准,那仍旧是北京话,因为各地的"蓝青官话"实际上都是以北京话为基础,但是都掺进了一些自己地方方言的成分,而掺进方言成分的多寡又是因人因地而异的。

我们一般所指的"普通话"就是这种"蓝青官话",这种普通话的产

---

① 普通话这名称产生的具体时期很难确定,起初用它来代替"官话"这名称,这也表现了汉民族语上升发展的一种倾向。魏建功先生根据"普通"这个词来自日本,断定"普通话"必然是晚清以后新创出来的。这说法是可信的。

② 《瞿秋白文集》,第 2 卷,第 673 页。

生是文学语言发展过程中所必经的阶段,由这种普通话可以看出来方言怎样逐渐趋向于文学语言。我们可以肯定地说,无论文学语言多么发达,只要方言还没有被全民语言完全消磨掉,这种"蓝青官话"式的普通话就一定会存在。但是,在文学语言的影响下,各地"蓝青官话"的差别将要逐渐减少,到这差别消失的时候,方言才可以说完全被消磨掉。"蓝青官话"式的普通话只是方言被消磨的过程中的具体反映,它并不是文学语言。

有些人只是片面地看到普通话的势力正在逐渐扩大,而没有找到这种势力扩大的基本原因,于是把作为文学语言的基础的北京方言和普通话对立起来,认为文学语言应该只以普通话为基础,理由就是说普通话的人要比说北京方言的人多得多,这是错误的看法。

"大众语"这名称产生于"普通话"之后,1934年秋天起,在上海展开了大众语问题的论战。从这次论战以后,"大众语"这个名称才正式确立起来。

所谓"大众语",应该了解为整个人民大众的语言,不能把它和知识分子的语言对立起来,当时大众语运动的总倾向也正是如此的。但是,当时马尔学派正在军阀式地统治着整个苏联语言学界,有些人在参加论战时不免受到了马尔学派的一些影响。这些人没有注意到大众语的全民性,而把它作为一种阶级语言来看待,因此把大众语和知识分子的语言对立起来。这种偏向对后来是起了一些影响的。直到最近,还有人对知识分子的语言采取了否定的态度,这种看法是非常错误的。

当胡适对大众语表示怀疑和反对时[①],鲁迅就曾给予了有力的反驳,为大众语运动扫除了障碍。但鲁迅所起的作用还不仅在于此,更重要的是他在当时对现代汉语文学语言已有了明确的认识,并且看出了在大众语运动中一些人所存在的偏向;在有些人把大众语当作阶级的语言而否定知识分子的语言时,鲁迅明确指出了这些人的错误:

读书人常常看轻别人,以为较新、较难的字句,自己能懂,大众

---

① 参看《大众语在那儿》一文,《胡适论学近著》,第548—551页。

却不能懂,所以为大众计,是必须彻底扫荡的;说话作文,越俗,就越好。这意见发展开来,他就要不自觉的成为新国粹派。或则希图大众语在大众中推行得快,主张什么都要配合大众的胃口,甚至于说要"迎合大众",故意多骂几句,以博大众的欢心。这当然自有他的苦心孤诣,但这样下去,可要成为大众的新帮闲的。

说起大众来,界限宽泛得很,其中包括着各式各样的人,但即使"目不识丁"的文盲,由我看来,其实也并不如读书人所推想的那么愚蠢。他们是要知识,要新的知识,要学习,能摄取的。当然,如果满口新语法,新名词,他们是什么也不懂;但逐渐的检必要的灌输进去,他们都会接受;那消化的力量,也许还赛过成见更多的读书人。……所以,新国粹派的主张,虽然好像为大众设想,实际上倒尽了拖住的任务。……所以,"迎合大众"的新帮闲,是绝对要不得的[①]。

鲁迅当时虽然没有明确提出语言没有阶级性来,但是他已看到把大众语和知识分子的语言完全对立起来是错误的。他劝告这些人不要成为"新国粹派",不要成为"大众的新帮闲",他指出提倡大众语不是为了"迎合大众",而是为了提高大众。

远在 20 年以前,鲁迅就对文学语言的规范化进行了积极的工作,他的意见在今天仍有其重要意义,这很容易使我们想到高尔基在马尔学派称霸时期对苏联文学语言规范化的贡献。在建立现代汉语文学语言规范化的今天,我们有必要重新学习一下鲁迅的这些透辟的见解来加强我们在工作中的警惕性。

二

现代汉语文学语言应该以活的口语为其基础,而具体存在于人嘴里的活的口语一般说起来都有它的方言色彩,因此,在谈文学语言规范

[①] 《且介亭杂文》:《门外文谈》,《鲁迅全集》第 6 卷,第 109—111 页。

化以前,必须弄清楚文学语言和方言的关系。

А.С.契科巴瓦曾对文学语言和方言的相互关系用下列的原理来表明:1.文学语言照例只有一个,2.文学语言是在某一种方言的基础上建立的①。第二点对我们尤为重要。如果不注意到基础方言的作用,就很容易受到马尔"方言融合论"的影响而走上错误的道路。

现代汉语文学语言毫无疑问是应该以北京方言作为它的基础方言的。这首先因为北京是全国政治、经济、文化的中心。几百年来,汉语的文学语言始终是以北京方言为基础来酝酿的,在目前,广播、电影、戏剧也已经以北京方言为基础传播到全国各个角落里。从这种情况可以看出来,北京方言对使用其他方言的人已经产生极大的影响,这就使得北京方言必须成为现代汉语文学语言的基础方言。

但是,以北京方言为基础并不意味着排斥其他方言,恰恰相反,方言是文学语言不断丰富的源泉。文学语言一方面不断从各方言中吸取优美的富于表现力的成分来丰富自己,另一方面也给予各方言以影响,使它们服从文学语言的规范。

不过,我们也不能因为北京方言只是文学语言的"基础",而任意从北京方言中取消一些东西,或任意从各方言中选择一些东西加进北京方言。我们对所谓"基础"应该有一个整体的理解,不能把"基础"看成四分五裂、可以任意增减的东西。除了一般词汇以外,主观地想在基础方言的语音、语法或基本词汇上增减一些东西是不正确的。我们绝对不能忘记文学语言以活的口语为基础的这重要原则,如果主观增减的结果使得建立起来的文学语言不具体存在于任何一个人的口里,那就是违反原则的,自然也就是行不通的。目前主张由各方言糅合成普通话再发展成文学语言的人虽然已逐渐减少,但是主张由基础方言中去一些东西,再由各方言中采取一些东西的人仍还不少,这现象尤其表现在语音方面,这就是想使我们的文学语言脱离了现实的活的口语的基础,变成架空的东西。

文学语言不但是要以活的方言为基础,而且要和人民大众日常生

---

① 参看 А.С.Чикобава 著,周嘉桂译:《语言学概论》上册,第107页。

活的口语相接近,日常生活的口语一般说起来都有其方言性,文学语言只有和它相接近才有可能把各方言中有价值的东西吸收进来。如果文学语言和人民大众日常生活的口语之间存在着较大的差异,那就等于拒绝用活的方言口语来丰富自己,其结果就使得文学语言不能向前发展(中国的文言文就正是这种性质)。必须指出,只有在人民掌握政权之后,城乡对抗性的矛盾已不存在,文化教育逐渐普及,文学语言才真正有可能迅速地和人民大众日常生活的口语相结合。在反动阶级掌握政权时期,纵然建立起了全民的文学语言,也是不能和人民大众日常生活的口语紧密结合的,更不容易从各方言中大量地吸取养料来丰富自己,在那时候,文学语言是不可能迅速地发展的。只有在人民掌握政权以后,文学语言才能获得充分的、毫无阻碍的发展。

但是,文学语言和人民大众日常生活的口语的相结合绝对不能了解为简单地写出人民大众日常生活的口语。前面已经说过,文学语言是经过加工的,文学语言一定要超出人民大众日常生活的口语的范围而成为推动人民大众日常生活的口语向前发展的主要力量。因此,文学语言一方面要依靠人民大众日常生活的口语向前发展,另一方面又成为发展人民大众日常生活的口语的力量。我们反对把基础方言任意增减,我们也反对死抱住基础方言作为一成不变的标准。我们不能把基础方言和文学语言之间简单地划一个等号,文学语言(包括书面的和口头的)有提高一切方言(包括基础方言)的责任。普希金说:"仅仅用口语来书写意味着还不懂语言",这句话是值得我们深思的。

在这里有必要谈一下近几年常常提到的"写话"。写"话",是正确的,但是要写规范化了的"话";如果只是要求写出人民大众日常生活的口语,那就是忽视了书面语言的加工作用,这点在后面还要提到。至于为了普及教育而要求初识字的人"写话",则是另外一个问题。我们应该要求初识字的人能够由写日常生活的话逐渐提高到写规范化了的话,这样才符合文学语言总的要求。

为了避免文学语言发展的自流现象,我们必须使文学语言规范化。现代汉语的方言众多,差别也比较大,这自然为文学语言提供了无限的、极端丰富的源泉,但是对文学语言规范化的建立也带来了不少的困难。因此在讨论汉语规范化问题时,对文学语言和方言之间的关系更需要有一个正确的理解。

三

讨论了文学语言和方言之间的关系之后,才有可能再进一步讨论文学语言的规范化问题。具体一点说,也就是文学语言中语音、词汇、语法这三方面如何规范化的问题。首先,我们应该对"规范化"这概念做一个总的叙述。

文学语言是民族共同语的加了工的形式,而方言土语则是文学语言丰富的源泉,因此规范化一般只及于文学语言,文学语言应该在一定的规范之下吸收方言土语中的成分。契科巴瓦说:"文学语言的发展不能不加以管理,不能不加以规范。然而谁也不管某村或某州某区的人怎样讲话,因为方言口语的规范是没有确定的;它的发展是没有任何机关加以规范化的。"[①]这一段话很重要。各个方言如果都加以不同的规范,势必会妨碍到方言应该在统一的民族语言领导下逐渐消磨掉这个总原则。相反地,文学语言则必须加以规范化,这样才使得文学语言在丰富自己时(不管是吸收方言成分还是吸收古语或外来语)有一定的规范可以遵循,否则文学语言的丰富一定要跟着带来文学语言的混乱或分歧。在文学语言有一定的规范的影响下,方言土语才更容易逐渐趋向于统一的文学语言。方言土语没有自己的规范,但是它一定要处在文学语言规范的影响之下而逐渐向后者集中。

把文学语言加以规范化并不是给文学语言规定下若干死板的条例使得它不能向前发展;恰恰相反,为了促进文学语言的发展,我们才必须使它有一定的规范。语言永远不停地发展,如果不加以规范而在发展中产生自流现象,这将对语言整个的发展带来一定的妨害。由此可见,我们所说的规范化和所谓的"标准语"是有本质上的不同的。"标准语"是静止地、孤立地看语言,给语言定出若干标准来叫人遵循,并且把

[①] 参看 А.С. Чикобава 著. 周嘉桂译:《语言学概论》上册,第109页。

它和方言土语完全对立起来,这就使得语言的发展受到一定的阻碍;"规范化"则是就语言的发展给定出一定的规范,从而促进语言的发展。"标准"是死的,"规范"是活的。当然,给"标准语"以新的内容把它作为规范化的同义语,也不是不可以的。

因此,我们不能只凭少数人的直觉或主观看法来确定哪些合乎规范,哪些不合乎规范。例如我们不能只墨守自己口语的习惯就认为"解放""丰富""斗争"这些词兼跨词类的现象是不应该的,我们也不必因为有些人喜欢滥拆双音词而矫枉过正地认为"鞠了三个躬"是错误的。因为这样就容易使语言僵死不动。规范化既是离不开语言的发展,那么它就必须根据语言内部发展规律来决定,而不能只是孤立地看成一时或一地的语言。就目前汉语的情况来说,在整个语言内部发展的规律之下,规范化还要特别着重于能够适应从汉字转变到拼音文字的过程。

在目前,我们建立现代汉语文学语言的规范化,必须反对以下三种倾向:

一、反对形式主义的搬用——有些人,尤其是初学写作的人,对于文学语言的加工了解得不正确,不知道文学语言的加工是为了更自然,更准确,因而只是在写作中堆砌一些"美丽的词藻",以为这样就能提高我们的语言。也有一些人,并没有认真学习祖国的语言,不注意祖国语言的内部规律,而只是形式地学习外国语言,生硬地搬用一些外来词语或语法形式堆砌到自己的语言里去。这种情况在翻译作品中最为明显。这些形式主义的倾向已经有很多人指出来过,它还谈不上是语言自发性的发展,这对语言的发展极端有害,在建立语言的规范化时,首先必须反对这种形式主义的倾向。

二、反对自然主义的滥用土语——有些人误解了文学语言必须以人民大众活的口语为基础这原则,以为如实地把人民大众日常生活的口语记录下来就能成为文学语言,而文学语言也应该完全以人民大众日常生活的口语为其规范。这种自然主义的倾向毫无疑问就是鲁迅所说的"大众的新帮闲"。有人用这种倾向来写文章,有人用这种倾向来研究汉语,这种影响是相当大的。我们完全赞成在文艺作品里适当地运用一些方言土语,这是文学语言吸收方言土语中优秀成分的一个很重要的方法；我们也完全赞成细致深入地研究一种方言土语（尤其是作为文学语言基础方言的北京话），这对于文学语言的规范化将起很大的作用。但是，创作也好，研究也好，只有在正确地认识文学语言规范化的作用的前提下，才能发挥积极的意义；否则只能给群众带来错误的影响，对文学语言的传播起了阻碍作用，那么自然也就妨碍了语言的发展。

三、反对主观主义的自创规律——有些人在写文章时把语言中一些特殊的、不能成为规律的熟语当作规律，把这种自创的"规律"任意类推运用。例如根据"鞠着躬"、"理着发"就类推出"哄着笑"、"动了员"。更有一些人只是根据自己主观的看法"创造"出一些除了自己谁也不懂的所谓"生造词语"。这些做法都给语言带来相当大的混乱。

由以上可以看出来文学语言规范化的建立是一件极其复杂艰巨的工作，这个艰巨的任务绝对不是几个专家或一些语文工作者所能完成的。无论是文艺创作、政治论文、翻译作品、公文书信，都对文学语言的规范化起着巨大的作用。尤其是文艺工作者，首先应该把语言的规范化当作自己的一项严肃任务，应该认识到自己有促进语言规范化的责任，更应该认识到语言规范化对文化的发展和普及所起的巨大的作用。

四

下面具体讨论一下现代汉语文学语言中语音、语法、词汇三方面的规范化问题。这问题太大，不是这一篇文章所能解决得了的，这里只能根据前面所谈的一些原则谈一些个人的体会和看法。

首先谈现代汉语文学语言中的语音规范化问题。

语音规范化本是文学语言中的严重问题，但是在使用汉字的今天，这个问题的性质有些特殊，无论说哪一种方言的人都可以用自己的方音读出汉字，了解书面语言。在使用汉字时期，语音规范化的重点应该放在统一字的读音问题上，这对于未来拼音文字的推行有极大的帮助。在这个时期我们更应该努力去建立汉语观念，打倒汉字观念。在制定拼音文字时，语音的规范化则是最重要、最基本的问题。经过几十年来，尤其是解放后几年来语言学者的努力，语音规范化的问题比较地有条件解决了，存在的问题也非常具体了，因此在这篇文章中也准备多谈一些语音规范化的问题。

现代汉语文学语言既以北京方言为基础，它的语音规范就不能离开北京音系，所谓以北京方音为基础似乎应该理解为基本上不打乱北京方音声、韵、调配合的关系。如果名义上是以北京方音为基础，可是制定出来的语音规范和拼音文字，会说北京话的人根本念不出，写不出，反而要整天拿着正音、正字的书籍来说话或写字，那么原有的北京方言就完全失去它的基础作用了。

有些主张分尖团的人估计了一下全国各主要方言尖团分布的情况，于是得出结论说，全国分尖团的方言比不分的方言多，因此我们的文学语言或拼音文字应该分尖团。还有人从北京郊区或南城找到了一些分尖团的例子，就说："看，北京方言也分尖团"，这种简单地少数服从多数的机械看法是不对的。难道我们要求所有不分尖团的人都像京剧艺人那样下死工夫去记尖团吗？与此相反，要求自己的方言中分尖团的人在文学语言和拼音文字中不分尖团是不难的，因为尖团的合并有一定的规律，不必一个字一个字的死记。

除了尖团音问题以外，声调的存废也是目前争论的问题。

我们应该肯定，声调在汉语中是客观存在的，是汉语语音中的一个很突出的特色，它具有区别意义的作用；在汉语语音的发展中，声调也占有极重要的位置；各方言的调值虽然区别较大，但是调类则有其共同性，在语音的规范化中忽视声调是不应该的。

近年来复音词大量增加，声调在区别意义上的作用也许没有以前大了，但是它仍是汉语的特色之一，它在汉语语音的发展中仍占着重要的位置，汉语的发展历史告诉我们声调并不会逐渐衰亡下去。如果对声母和韵母已有了很完善的规范而声调任其自流地发展，其结果势必影响到声母、韵母，而使原有的规范陷于混乱与分歧。我们应该注意到在汉语发展历史中声调和声母、韵母之间错综复杂的关系，要求人为地制止这种关系是不可能的。我们不能只孤立地看声调在区别意义上的作用而忽视了它在语言发展中的作用。

声调在语音规范化中的重要作用是必须肯定的。至于在拼音文字中应该如何表示声调那是技术性的问题，技术性问题是不能和原则性问题混在一起的。如果因为技术上的困难就要改变原则，那就是本末倒置。

儿化问题在语音规范化或拼音文字中并不严重，能够区别意义的儿化词（如"白面：白面儿"）在整个儿化词中究竟还占少数。就目前产生新词的情况来看，儿化在区别意义上的作用并没有什么发展，很少有新词是用儿化的办法产生的。一般说起来，学习有区别意义作用的儿化词并不困难，困难倒在于那些在北京方言中大量存在而区别意义的作用比较小的儿化词（如"电影：电影儿"）。实际上这些词是否应该儿化是作者自己的风格问题，不必强求一致。一个能说纯粹北京方言的人运用儿化的程度也要依语言环境而异，何况在加了工的文学语言中。

在讨论语音的规范化时，我们不能忽视目前广播、戏剧、电影等等在语音规范化上打下的良好的基础，撇开这基础而想要另起炉灶是一定行不通的。只有根据这个基础来制定语音的规范和拼音文字才是切实可行的，才是广大人民群众所能接受的。

其次谈现代汉语文学语言中的语法规范化问题。

语法构造最稳定，各方言之间语法的分歧也最小，一般说起来，在文学语言中，语法的规范化问题应该是比较不严重的。但是，就汉语的目前情况来说，语法规范化问题又有其特殊的地位。直到现在为止，我们还没有建立起一套完整的、意见一致的现代汉语语法系统，这就给语法的规范化带来了一定的困难。目前首要的任务就是根据历史发展来找寻汉语语法的规律，有了规律，谈规范化才不至于落空。

目前语法学家对语法系统虽然还没有完全一致的见解，不过对哪些句子通，哪些句子不通，看法基本上还是一致的，而且在解释某一个具体句子为什么不通时，术语尽管用得不同，意见还没有什么分歧。但是，如果以文学语言规范化来要求，则只停留在"通"或"不通"的阶段是远远不够的，"通"的句子只说明汉语里允许这样说，这种说法是否能为文学语言所容纳而成为全民语言的规范则是另外一个问题，而这正是我们过去注意得不够的问题。

目前对语法的规范化似乎首先应该注意以下三方面的问题：

一、方言土语（尤其是作为基础方言的北京方言）的一些特殊语法形式应该如何处理？"唱的唱歌，跳的跳舞"的格式存在于一些方言中，这种句子在日常会话中是通的，但是我们是否认为它合乎文学语言语法的规范而吸收进文学语言中去？

二、由翻译作品的影响所产生的一些特殊语法形式应该如何处理？哪些格式合乎汉语语法发展的趋势而把它肯定下来（例如"化""性""者"等词尾性成分的大量应用）？哪些格式不合汉语语法发展的趋势而不能把它吸收进文学语言里去（例如冗长的修饰语）？

三、有些古代汉语里的语法形式目前已不存在于口语里，可是由于书面语言的影响，到现在还大量存在于书面形式的文学语言里，例如"写于深夜里"、"致以深切的敬意"等等。这些从古代吸收来的语法形式哪些合乎规范，哪些不合乎规范？

严格地讲，不同的语法形式一般都能表达出不同的思想感情。在确定语法规范化时，似乎不宜于过分强调语法形式不应该重复而只由这方面加以规范，那样就很容易削弱了文学语言在语法形式的表达上的丰富性和灵活性。

语法的规范化在文学语言中虽然不是最严重的问题，但在具体解决时却是一个最困难的问题。我们迫切希望语法专家们能够共同编写出一部规范性的语法，这样一般人在运用文学语言时才可以有所参考，而研究语法的人也可以根据规范性的语法分出主从轻重，逐步解决语法上存在的问题。

最后谈现代汉语文学语言中的词汇规范化问题。

在语言发展中词汇发展得最快，各方言间词汇的分歧也比较大，因此文学语言中词汇的规范化是一个严重的问题。

全国解放以后，地方割据局面已经完全消除，各地区经济和文化的关系空前密切，新词产生的地域性也随着显著地比过去减少了，各方言在词汇上的分歧已不像过去那样严重，像过去带有浓厚方言色彩的广州话的"士担""恤衫"这类受外来语影响产生的新词已逐渐为"邮票""衬衫"所代替；同是"轮船"，在广州叫"火船"、在福州叫"车船"的现象也逐渐减少。这种方言性很浓厚的新词注定了不能再发展下去。全国的真正统一已为词汇的规范化准备下了良好的条件。

词汇的规范化主要就在于减少各方言间用词的分歧,使各方言的词汇能逐渐趋于统一,有用的方言性词语应该逐渐被文学语言吸收,没用的应该逐渐被淘汰。如果各方言的词汇能够趋于统一,对于语音的规范化和语法的规范化都会有很大帮助的。

词汇的规范化自然不是限制词汇的发展,也不是限定了一个词的词义不让它变化,如果把每一个词的词义固定住,实际就等于让词汇僵死不动,而这是事实上不可能的。词汇的规范化更不是限制新词的产生,只有新词不断产生,文学语言才能逐渐地丰富起来。词汇规范化的主要作用就在于使新词的产生有一定的规范,具体地说,也就是新词的产生首先要合乎语言的传统,其次要能普遍为人所理解,最后,还要能为作品的内容服务。

为作品的内容服务这一点在词汇的规范化中有其特殊的意义,这说明词汇的规范化必须顾及文学语言(尤其是文学作品的语言)风格的多样性。因此,在一般词汇方面,作家在文学作品中可以有权利超出文学语言的范围适当地使用一些方言土语或其他成分。只有在活的人民的语言基础上给予作家充分创造新词的能力,文学语言的词汇才能得到极大的发展。

文学语言和方言的复杂关系在词汇的规范化中反映得也最明显。由文学语言总的原则来看,词汇的规范化似乎首先应该注意以下三方面的问题:

一、词汇的规范化不能只由是否存在于现在的口语中来决定。如果只用口语来衡量,那就无异于限制词汇的发展。例如"图表""纸张"这些文言性的词语最初并不存在于口语中,可是我们已经把它吸收到文学语言中来。又如"父亲""母亲"这些词可能并不存在于任何方言土语中,各方言的说法也极不一致,但是我们仍然应该把它算作合乎规范的词。这是否会同原来口语中存在的"爸爸""妈妈"重复呢?不会的。"父亲"和"爸爸"虽然是同义词,但是具有不同的意义色彩,也就是说一部分词容许有书面上和口头上不同的专门使用的场合的。同义词的存在是丰富语言词汇的主要方法之一,如果不允许语言中同义词的存在,语言的词汇就不能得到充分的发展。

二、如果在同一方言中并行存在着两个意义完全相等的完全同义词,而它们的分别只在于方言性的大小时,这种重复就是完全不必要的,因为这种重复的词除了方言性以外并不能表达出任何不同的思想感情,这就必须在二者之间选择合乎语言传统的和有普遍性的作为规范。这情况在北京方言中尤为重要,因为北京方言是选择规范化词汇的主要根据。例如在北京方言里,"星期"和"礼拜"、"日历"和"月份牌"、"火柴"和"取灯ᵣ"同时并存,这就必须选择"星期、日历、火柴"作为规范化的词。但这并不表示禁止使用方言性较浓厚的同义词,在表达一定的语言风格或方言色彩,能为作品的内容很好地服务时,这些词在文学作品中仍是可以运用的。甚至可能由于文学作品的运用,这些词逐渐变成非完全同义词,具有了不同的意义色彩而为文学语言所吸收。另外有一些完全同义词如"代替"和"替代"、"粮食"和"食粮"、"灵魂"和"魂灵",连方言性的差别都没有,那就更需要从其中选择一个作为文学语言的规范了。

三、如果不同的方言对同一个词有不同的说法,那么首先应该考虑的是北京方言,例如"太阳"有许多方言叫"日头","他"有许多方言叫"伊",这都必须以北京方言为准绳而不能机械地比较用哪一个词的方言多。否则词汇的规范化将陷于混乱,而北京方言也就失去了作为基础方言的资格。

我们必须根据汉语词汇发展的一般趋势和内部规律来确定文学语言词汇规范化的原则,再根据这些原则编写出一部规范性词典,这个工作在目前已是迫不及待的了。

由文学语言的规范化问题我们可以很清楚地看出,所谓规范化就是要在语言发展的过程中发挥我们的"主观能动性",使语言能够按照它自己的发展规律更迅速地向前发展,从而促进文化的发展,但是我们千万不可以把"主观能动性"了解为"主观随意性",毛主席教导我们:"研究所有这些矛盾的特性,都不能带主观随意性,必须对它们实行具体的分析。离开具体的分析,就不能认识任何矛盾的特性。"[①]如果对我们语言的发展规律还没有具体地分析,就想确定语言的规范应该怎样,不应该怎样,以为凭自己主观的力量就能把语言的发展导向自己创造出来的"规范",而认为这就是发挥自己的"主观能动性",这种看法是完全错误的,它将给汉语的规范化带来极大的妨害,这是我们进行汉语规范化工作时所应该随时警惕的。

(原载《中国语文》第 8 期,1955 年)

[①] 《矛盾论》,《毛泽东选集》,第 2 卷,第 783 页。

现代汉语词汇规范问题*

一、词汇规范的主要根据

词汇规范和语音、文字的规范性质不很相同,但是有非常密切的关系。例如同音词的分化,实质上就包含着语音、文字和词汇三方面的规范问题在内,"食油"和"石油"是应该由"定型字"来分化,还是应该由词汇方面来分化,就必须把三方面的规范联系起来共同考虑。至于儿化和轻音的规范,就更要牵涉到词汇方面的问题。

只就现代汉语词汇本身来看,目前它的规范问题是否严重呢?应当说,是很严重的。这问题可以从汉语发展的情况谈起。

语言是随着社会的发展而发展的,它的发展首先表现在词汇上。语言发展得越快,它的词汇的规范问题也就显得越突出。三千年来,中国一直停滞在封建社会,社会的发展异常迟缓,语言中词汇的变化也就比较小,无论是新词的产生还是旧词的消亡必然都比较慢,因此词汇规范问题是显得不够突出的。

鸦片战争以后,中国一步一步地变成了半殖民地半封建的社会,语言也就有了比较大的变化,这时词汇规范问题就已经逐渐明显了。全国解放以后,中国社会起了根本的变化,社会的发展是惊人的迅速的,这种飞跃的发展势必直接影响到语言——首先是它的词汇的发展。旧词正在迅速地死亡,新词正在迅速地产生,目前汉语的词汇正处在向所未有的变化中,这种变化使得词汇的规范问题非常突出地表现出来。

---

* 本文是 1955 年为北京大学中文系语言专门化同学讲授"现代汉语规范问题"课词汇部分的讲稿,讲稿中原有"词语简缩和生造词语问题"一节,准备补充材料另写,不在此处发表。

词汇的发展不外旧词的消亡、新词的产生和词义的转变,这里面都有规范问题存在。有一些长期存在于书面语言的旧词,例如"购、售、之、亦、勿"等等,是否因为口语里已有"买、卖、的、也、不要"等等就让它们消亡,就是值得我们考虑的问题。

新词常常是先由个人(主要是作家)创造出来的,然后再在社会上逐渐经受考验,得到社会上公认以后,才有资格进入全民语言的词汇中去。一个新词最初产生时并不是一下子就可以得到社会的公认的,因此常常有许多意义完全相同的新词同时存在于语言里,例如"扩音器、麦克风""维他命、维生素""康拜因、联合收割机""子音、辅音""香烟、纸烟、烟卷"等等,正在同时存在于汉语里经受社会的考验。词汇发展得越迅速,这种现象就越容易产生。这现象正像汉字中的异体字一样浪费我们的精力,也给语言带来了不必要的混乱。对这些词,我们是必须给予明确的规范的。

一个词的意义是可以发展的。意义发展了,词的配合和用法就会改变,有人同意这种改变,有人不同意,于是词义就产生了摇摆不定的现象。例如,过去我们只说"闹得很""闹嗓子""闹水灾",后来可以说"闹情绪""闹脾气",就已经有人不赞成了,现在不但可以说"闹革命""闹生产",农村合作化以后还可以说"闹工分"(大家共同热烈地分工分)。对这些"闹"的用法,我们是否都同意,意见就可能不一致。

由上面所举的例子可以看出来,词汇在迅速发展时,它的规范问题很值得注意。为了促进民族共同语的形成,为了减少语言的混乱和学习语言时不必要的负担,对目前词汇的发展加以明确的规范已是刻不容缓的事了。

建立词汇的规范是否可以像语音一样以北京话为标准呢?这是绝对不可以的,我们可以从三方面来说明。

首先,语音的发展非常缓慢,通常要经过几十年甚至几百年才能看出它的变化,这就使我们有可能在目前选择北京语音作为标准音。词汇则不然,它几乎处在经常变动中,这变动并不是局限在一种方言之内的。要给一个经常变动的东西确定一个哪怕是暂时固定不移的"标准",那是不可能的事。因此我们对词汇的规范不能提"标准",只能提

"基础",也就是说在一定的基础上对它的经常变动加以适当的规范。

其次,任何语言的语音都有严密的、固定的语音系统,这就使得我们容易定出标准。词汇的性质和语音很不相同,我们无法在词汇中找出像语音的声韵调配合关系那样严密固定的系统,这样也就很难以一个地方方言的词汇作为"标准",叫其他地方的人来学习。

最后,就目前的事实来看,我们民族共同语的词汇早已超越于各方言之上,而不是以一个方言的词汇为"标准"了。这是最主要的原因。大概根本就没有人主张用北京话的"hān""抠(kōu)门儿"做为规范化的词,而不用"粗""吝啬"。

词汇规范的主要根据应该是"以北方话为基础方言"的普通话。理由很简单,词汇规范虽然不能以一种方言的词汇作为标准,但是也不能空无依傍,我们必须有一个"基础"作为词汇规范化的主要根据。事实上只有北方话有资格作为这"基础"。这首先因为全国使用北方话的人最多,总数将近四亿(包括东南官话和西南官话),约占使用汉语全部人口百分之七十以上。其次,几千年来汉族的政治文化经济的中心始终在北方,北方话几千年来一直是汉族共同语的基础,而且这种北方话早已以北京话为核心进入了书面语言,是一种久经书面语言提炼的语言。最后,北方话既然以北京话为核心,就能和"以北京音为标准音"这个条件很好地配合起来,不会存在音和义之间的矛盾,在词汇上"以北方话为基础方言"是应该和在语音上"以北京音为标准音"联系起来看的。

在这里,我们有必要特别提出近几百年书面语言在词汇规范方面所起的重要作用。几百年来的白话作品虽然可能有一部分带有一定的地方色彩,但是总起来说,它们都是以北方话作为基础方言的,这种全国基本上一致的书面语言一直流传了好几百年,直到五四运动以后才取得了正式的地位,它早已为汉语的规范工作打下良好的基础。

这良好的基础并不在语音方面,因为中国的书面语言并不能把声音表示出来。良好的基础主要是在词汇和语法两方面,而在词汇方面表现得尤其突出。这种书面语言可以让人知道哪些词是全民共同理解的,可以写入书面语言;哪些词是纯粹方言性的,不能写入书面语言。就这样经过几百年的提炼,已经有很大数量的词得到了初步的规范。

自然，我们同时也应该认识到，书面语言之所以能起这样的作用，是与民族共同语的逐渐形成分不开的。

新词的产生和被考验，一般也是要通过书面语言，在吸收古代成分和外来成分时更是如此。这对于语言的发展是有很大帮助的。

但是，不容否认，书面语言也为目前我们使用的语言带来一定程度的混乱。有些人在运用书面语言时并不注意书面语言应该和口语密切结合的原则，而只是无原则地乱创造、乱吸收，这现象在今天的翻译作品中尤其显著。目前词汇规范问题之所以如此严重，主要就是这种现象造成的。

词汇规范化工作的阶段性总结应该是一部规范性的词典，这部词典应该对每一个词都能标出它的读音，分析它的意义，说明它的用法。随着词汇不停的发展，对这词典还应该随时加以补充和修正。截到现在为止，我们还没有一部好的词典，这使得我们无法知道现代汉语里词的数目和用法，这种现象是不能让人满意的。有些人可能注意到了词汇规范的重要性，可是由于自己的语言修养不够，分辨不出什么样的词和用法才是合乎规范的，结果用起词来还是不合规范。如果有一部好词典，这类问题就不至于产生了。因此，目前我们进行词汇规范工作的最迫切的任务就是编出一部规范性的词典。目前科学院语言研究所正在集中人力编纂《现代汉语词典》，等到这部词典出版以后，目前存在的许多词汇规范问题就必然会得到很好的解决。

二、方言词的规范问题

简单地说，方言词规范的原则不外两方面：

一、凡是普通话里还没有相同的词来表达的方言性的词，就应该吸收进来丰富普通话；例如西南官话里的"搞"和"垮"就是这样被吸收进来的。

二、凡是普通话里已经有相同的词来表达的方言性的词，就应该受到排斥，以免重复和混乱；例如普通话里已有"时候"这词，就不必再把吴语里的"晨光"吸收进来。

第一项是吸收的原则,第二项是排斥的原则。这两项原则应该不会有人反对,问题在于在实际工作中如何具体运用这两项原则。

几百年来,普通话始终是在比较自流的情况下逐渐形成的,这种情况直接反映在书面语言里。不少方言词已经被吸收到普通话里丰富了普通话,例如"搞、垮、垃圾、扯皮"等等都是。吸收的情况既然比较自流,各方言区的人就有可能通过书面语言任意把一些不必要的方言词用到普通话里去。于是在目前普通话里就有一些意义完全相同的方言词同时并存,例如"自行车、脚踏车""窗户、窗子""歌儿、歌子""一头牛、一条牛"等等,这些词都已经同时存在于目前的普通话里,也已经同时出现于全国通行的书面语言里。对这些同时并存于普通话里的、来源于方言的词应该如何处理,就是一件必须解决的事。

凡是普通话里没有的方言词,按照原则,都应该不断把它们吸收到普通话里去,只是这种吸收不应该再是自流的。但是,明明有一些方言词在普通话里并没有相同的词来表达,目前又似乎还没有条件被普通话吸收。例如北京话里的"怨、肉头、麻利、糊弄、巴拉"等等,今天还只能算是方言词,对这些词我们应该如何处理?现在我们对方言词汇了解得还不够,等到方言普查工作深入展开以后,这问题就更值得我们注意。

自然,我们也不应该过分夸大这类的问题。从汉语发展总的趋势来看,方言词已经随着民族共同语的形成而逐渐缩小其使用范围。目前新词产生的地域性已经显著地比过去减少了。过去一个新事物出现,各方言区常常给予不同的名称。例如同是"自行车",上海叫"脚踏车",广州叫"单车";同是"洋车",上海叫"黄包车",福州叫"车仔";同是"轮船",广州叫"火船",福州叫"车船"。这种现象随着全国的真正统一和民族共同语的形成已经不可能再有进一步的发展。因此方言词规范问题在目前虽然仍是相当严重,但是它的严重性必然会逐渐减低的。

就目前来说,我们应该如何对待方言词呢?这可以分成三种情况来处理。第一是如何对待基础方言之外的各方言的词汇,第二是如何对待基础方言之内的各方言的词汇,第三是如何对待基础方言的核心北京方言的词汇。

北方方言以外各方言既然不是普通话的基础方言,因此除了特殊情况之外,这些方言的特殊词一般是不被普通话吸收的。近几十年来,像粤语、闽语、湘语的方言词能够被普通话吸收的非常之少,甚至连偶尔进入书面语言的机会都很少。(这里指的是用普通话写的作品,方言文学并不包括在内。)

只有吴语的情况比较特殊。五四以后直到抗战以前,由于上海的特殊地位,有许多作家曾经把大量的吴语区的方言词介绍进书面语言里去,像"揩、晓得、作声、歌子、噱头、白相、晨光、娘姨、打烊、把戏、尴尬、弄堂、瘪三、拆烂污、触霉头、吃得消、亭子间、写字间、水门汀、像煞有介事"等等都常常出现在书面语言里,这就使得这些词很有可能被普通话吸收。但是,虽然经过了大量的介绍,实际上能够通过书面语言真正进入普通话里去的并不太多。几十年的经验证明,这些方言词进入普通话是比较困难的,像"打烊""白相"这类词,在普通话里并没有完全相等的词,可是吸收起来也照样有困难。

为什么这些词不能很顺利地被普通话吸收呢?语音上的障碍可能是一个很重要的原因。如果在吸收时还保留原来的声音,那就破坏了普通话的声音系统,自然不容易被人接受。("揩"kā 是例外,但是 kā 这声音本来存在于普通话里,只是没有阴平声,因此还是有吸收的可能。北方人有可能把"咖啡"jiāfēi 读成 kāfēi 的原因也就在此。)如果把这些方言词改按标准音读,又显得有些不伦不类。要是按标准音读出"淴浴"(吴语"洗澡")"执输"(粤语"泄气"),无论是苏州人、广州人还是北京人都会感到不知所云。就是已经有可能被普通话吸收的"噱头、尴尬、拆烂污、像煞有介事"等等,完全用标准音读,在目前也还会让有些人感到不习惯。由此可见,方言语音的分歧对普通话词汇吸收方言词是起了一定阻碍作用的。

就目前来说,对待基础方言以外的方言词的办法可以先由语音来考虑。这些词按标准音读出来以后如果广大的官话区的人听起来感到不习惯,就暂时不要收进来,比较习惯的就可以收进来。例如"写意、蛮好、揩油、扯皮、吃得消、转念头"等等,按照标准音读出来非常自然,就可以被普通话吸收进来。

目前普通话已大力推广,方言的语音也将逐渐趋于统一,基础方言以外方言词被吸收的情况在不久的将来一定会有变化,但是这问题在目前还无法考虑。

第二种情况是如何对待基础方言内各方言的词汇。广义的北方方言包括"东南官话"和"西南官话"在内,区域很广,词汇的共同性比较大,但是各方言仍然有许多方言性很浓厚的词。例如天津话,和北京方言最接近,可是也还有许多独特的方言词(北京的"酱油、花生",天津就叫"青酱、果仁")。其他各地方言词的差别自然更要大。对待基础方言内部词汇的分歧,就和第一种情况不能完全相同,这主要是因为基础方言内各方言的语音差别比较小,这就为词汇的吸收创造了比较有利的条件。

抗战以前,进入书面语言比较多的方言是吴语,抗战以后,则有许多作家把陕北方言、东北方言以及西南方言用到书面语言里去,这个改变是很显著的。这些进入书面语言的词可以分成两种,第一种是使用范围比较小或是方言色彩特别浓的词,例如"黑瞎子(东北"熊")、牤子(东北"没有阉割过的公牛")、唠嗑(东北"聊天")、儿花(陕北"儿子")、地板(山西"地")、醪糟(西南"江米酒")、抄手(四川"馄饨")、锅魁(四川"烧饼")"等等,这些词一般是比较难于让其他地区的人了解的。另一种是使用范围比较广或是方言色彩比较淡的词,例如"搞、垮、啥、咋、馍、棒子、自家、名堂、硬是、整人、二流子、伤脑筋"等等,这些词在书面语言里比较常见,甚至还常常出现在其他地区人的嘴里。

对待这两种方言词是不能采取同一种态度的。第一种词既然使用范围比较狭小,普通话里如果已有普遍使用的词,自然不必吸收(如东北的"黑瞎子");即使普通话里还没有适当的词,一般也不必把它们立刻吸收进普通话里去(如东北的"牤子")。第二种词就要和北京话作比较,我们应该记住基础方言是以北京话为核心的,如果北京话里已经有和它完全同义的词,一般就应该吸收北京话的,例如"啥、什么""咋、怎么""馍、馒头""自家、自己"等等,都应该以北京话为准。其他的词则要考虑情况,已经被广泛运用的应该赶快把它肯定下来,例如"搞、垮、整人、二流子、伤脑筋"等等;还没有被广泛运用的则可以让它在群众中继续受一个时期的考验,不要过早地肯定它或否定它。

第三种情况是如何对待北京方言的词汇。北京话是基础方言的核心,普通话正是以它为核心来吸收其他各方言的词汇的,因此对待北京方言的词汇主要不是应该吸收哪些词,而是应该排斥哪些词。排斥的情况分两种,第一种是普通话里的词和北京土语的词完全同义,例如"找死、作(zuō)死""说真的、真格的""说话、言语(yányi)""老鼠、耗子""春天、春景天"等等。这些词在北京话本身实际上就常常是两种说法同时并存,这自然要以已经进入普通话的作为规范化了的词,排斥另一类比较土的。

另一种是北京话里有而普通话里没有的,这在前面已经提到过,例如"您、率、肉头、款式、糊弄、矫情、纥繨、一死儿"等等,在目前的普通话里就很难找到和这些词完全同义的词。这现象也不限于北京话,各方言和普通话比较时,都会发现类似的问题,前面谈第二种情况时也已经接触到。这类问题处理起来是比较困难的,我们不能为了发展普通话的词汇就把北京方言以及其他方言的这类词一古脑地都吸收进来,我们也不能因为这类词的方言色彩比较浓厚就一律加以排斥,那将给普通话吸收方言词加上了不必要的人为限制。孤立地看这些词里哪一个有发展前途,似乎也看不出个头绪。比较妥当的办法是等一等,让这些词在群众中继续经受考验,看到它有广泛流行的可能时再加以肯定。我们不要误以为普通话里没有完全同义词的方言词就一定会被普通话吸收,那要看这个词所代表的意义是否有可能为全民所需要。例如北京话的"您",如果全民对第三人称代词需要尊称,"您"自然会被吸收进普通话;如果全民不需要,虽然明知有"您"这样一个词,可是它也永远只是北京话里的方言词。至于全民是否需要,就绝对不是少数人能够主观加以决定的。

总起来说,吸收和排斥的原则的具体运用是很复杂的,在具体运用这两个原则时应该注意以下四点:

一、不要孤立地只在各方言词之间比较优劣来决定吸收哪一个,要全面地考虑到语言的词汇的各个方面。词汇的发展并不是只靠着吸收方言词,如果已经从其他方面吸收了好的成分,那么根本就可以不考虑方言词。例如"火柴、星期"这两个已经非常通行的词就不是直接从方言里吸取来的,既然已经吸收了"火柴、星期",就没有必要再比较"洋火、取灯ᵣ、自来火"或是"礼拜一、拜一"哪一个好。

二、不要静止地看一个词在目前是否仍然起作用。只要这个词还没死去,它就一定会在语言里起作用。应该看哪些词在群众中已经受到一定的考验而有了发展的前途,哪些词已经逐渐不为群众所常用;哪些词的作用范围正在一天天地扩大,哪些词的使用范围正在缩小。例如"垃圾"这个词就很有发展前途,它比北方方言原有的"脏土"意义也要明确得多,这种词就应该肯定下来。

三、不要简单地看普通话里是否已经有完全同义词。有同义词的一律排斥,没有的一律吸收,这样对待方言词是不正确的。有些看起来像是完全同义词,但是在吸收进来以后有可能变成非完全同义词,那就应该吸收。例如"弄堂"和"胡同"这两个词,如果就它们在自己方言区域所起的作用来看,是完全同义的,上海只有"弄堂"没有"胡同",北京只有"胡同"没有"弄堂";但是,正因为它们都有很强的区域性,也就表达出了不同的地方色彩;"弄堂"和"胡同"表达出了南方和北方两种不同的街道形式,严格地说起来,是不能算做完全同义词的。

四、不要机械地比较哪个方言词使用的人多。根据使用的人多少来确定吸收或排斥是完全错误的。我们应该特别注意到北方方言是基础方言,而这基础方言又是以北京话作为核心的。例如"日头"和"太阳"这两个词,就全国来看,在方言里使用"日头"的人可能并不比使用"太阳"的人少,可是我们早就把"太阳"吸收进来而排斥了"日头",多少年来的书面语言一直是如此,基础方言所起的巨大作用也就在此。在目前,也还有一些方言词同时并存于普通话里,例如"窗户、窗子""歌ᵣ、歌子"等等,孤立地比较它们的优劣就很困难,这就应该考虑吸收属于基础方言的"窗户"和"歌ᵣ",而不要只是比较哪一个使用的人多。

三、古代词语的规范问题

用吸收古代词语的方法来丰富我们的普通话是目前一项很重要的工作,但同时也是一项很复杂的工作,丰富的文化遗产留给我们无穷的古代词语,这些词语中哪些是"还有生气的东西",哪些是"已经死了的词汇和典故",就不是一下子可以决定的。

就目前来说,吸收古代词语的情况是相当混乱的。这首先是由于有些人在写文章时还是常常脱离口语的基础去吸收古代词语,他们把古代词语和现代汉语割裂开,只是把一些古代词语生硬地灌注在现在的书面语言里。其次是由于有些人还没有认真地学习古人的语言,就喜欢把自己一知半解的古代词语胡乱吸收进来,以为这样就能使自己的词汇丰富。

以上是吸收古代词语陷于混乱的主要原因。这种混乱现象在翻译作品里更是常见,有些不大负责的翻译家为了分别原文的同义词,或是一时找不到适当的词来翻译原文,就常常随便选用一些古代词语来搪塞。有些人就直接从这些翻译作品中去学习古代词语,结果是越学习,越混乱。

目前吸收古代词语的混乱不规范现象可以分成三种情况:

一、口语里已经有很适当的词来表达,可是偏偏用一个古代词。例如口语明明说"回北京",偏偏写成"返北京";口语里明明说"没落的家庭",偏偏写成"没落之家"(可能是受日语的影响);口语里明明说"这样也不好",偏偏写成"这样亦不好";口语里明明说"我并没有什么意见",偏偏写成"我并无什么意见"。

二、对古代词语一知半解,吸收得不恰当,整个语句显得不文不白,非常不调和。例如受了"佳作"的影响写出"这本书可能是作者作品中最佳的",受了"铭刻在心"的影响写出"一种永铭在心头的声音",受了"该人、该校"的影响写出"该等"。

三、把一些完全死去的古代词语吸收进来,作者自己不完全懂,读者也不完全懂,所能看到的只是"美丽"的词藻。鲁迅在《人生识字糊涂始》(见《且介亭杂文二集》)一文中所举出的"崚嶒""巉岩""幽婉""蹒跚""喢嚅"等等,正是这一类的典型例子。

第三种情况是真正已经死去了的词,我们完全没有必要吸收,不必讨论。前两种情况大都不是古代词语本身的问题,而只是运用得不当,是应该和一般的用词不当属于一类的。例如"归、返"好像都是古代词语,孤立起来看,似乎应该受到排斥,但是在"归队""归国华侨""一去不复返""返校节"这些词里就不能用"回",而"回家""回北京"就不宜于说成"返家""归北京"。因此"归、返"这类词就不是一个是否还有生气的问题,而是一个是否能用得恰当的问题。

汉语在修辞上一向是讲求字句匀称、音节响亮的,虽然有许多古代词语和现代词语完全同义,但是音节数目并不一定相同,这就使得古代词语在现代语言中有了充分发挥作用的机会。我们不能认为"既不清楚、又无头绪"的"无"一定要改成"没有";在一定的书面语言环境,"请勿吸烟""严禁烟火"改成纯粹口语的"请不要抽烟""严厉地禁止烟火",看着反倒不够醒目;"禁止钓鱼"虽然比"禁止垂钓"更口语化一些,但是"禁止垂钓"也有它独特的修辞色彩,似乎也不能完全把它否定。

由汉语修辞手法的多样化正可以看出来对古代词语的规范问题不可以看得太死板,我们应该根据不同的情况运用不同的方法来处理。所谓吸收古代词语,实际上是把口语里不常用的还有生气的古代词语吸收进来,用来提炼我们的书面语言,更从而进一步丰富我们的口语。

我们目前口语里所用的词汇绝大部分是从古代继承下来的,从"人、天、牛、马、风、雨"直到"学习、矛盾、牺牲",都是从古代语言继承下来的,因此我们绝对不能把古代词语和现代词语完全割裂开来看。一般说起来,只要是现代还能够应用而且能够普遍为人理解的就都应该属于现代词语范围之内。但是,在这些词语中有一些在古代比较常用,到现在它们的使用范围变得非常狭小而固定,它们在古代的常用地位已经被口语中其他的词语所替代,这些词我们可以把它们归入"古代词语"。例如"购粮证""阅报处""携眷参加""第一届""病故"等等,孤立起来看,"购、阅、携、眷、届、故"似乎都应该被"买、看、带、家属、次、死"所替代,但是在上述的使用范围内我们绝对不能认为它们不合规范而把它们否定掉。

所谓吸收古代词语应该理解为使现代仍然存在的或应该存在的古代词语发挥出它应有的作用,从而丰富我们的语言。这些词语从古代就一直使用,到现在它们的使用范围变得比较狭小了,正因为使用范围有了变化,因此才产生了规范问题。我们让这些词语发挥作用并不只是单纯地为了承继古代的遗产,更重要的是为了发展我们现代的语言,"用以丰富我们的文章、演说和讲话"(毛主席《反对党八股》)。

我们必须正确地理解毛主席在《反对党八股》一文中所指出的古人语言里"有生命的东西""还有生气的东西"。既然"有生命""有生气",自然就还具体存在于现代语言中,只是我们还"没有充分的合理的利用"。今天我们首先应该注意到的是"合理的"利用,"充分的"利用则是更进一步的事。

我们更应该注意到毛主席所提出的"坚决反对去用已经死了的语汇和典故"。这一类的词语和典故之所以已经死去,绝大部分是因为它们所代表的事物也已经死去;但是也有少数词语是因为口语里已经有了其他活的新鲜的词语代替了它,这种词语是不能再用的,例如现在还有人写出"在那复古的时代""轩着鼻子"等等句子,这都是很不合规范的。在吸收古代词语的时候,我们并不要求起"死"回"生",已经死去的东西,就只有让它死去,这是没有什么可惋惜的。

由此可见,使用古代词语不合规范,常常不是词语本身的问题,而是使用的人用得不适当。我们不能一味地否定古代词语,也不能一味地肯定它。在词汇规范工作中,我们应该根据不同的文体和不同的修辞作用来确定如何处理古代词语。例如"携、带""届、次"看去好像完全同义,我们不能把"携、届"看做已经死了的古代词而加以否定,"携眷""携手""第一届"等等已是今天非常常用的词组了,我们不宜于改动它,也没有必要改动它。在规范性的词典里必须注明这些词的用法和使用范围,仍旧应该把它们算做规范化了的词。

四、外来词的规范问题

前两节谈到方言词和古代词语的规范,那都是对具体存在于汉语中的词(无论是存在于方言还是存在于古代)如何吸收的问题,这种吸收是有所本的,问题只在于吸收的尺度不容易确定。外来词的规范则不同,从根本来看,吸收外来词实际上是如何根据外来的新事物在汉语创造新词的问题,这种创造常常和原来外国语言有密切的关系。因此这个问题既有吸收,又有创造,问题的性质自然就要复杂得多。

外来词一般都是先出现于书面语言,最初是翻译者个人的创造,翻译者把外来词用汉字译出来介绍进书面语言,然后经过考验逐渐进入口语。由于翻译的时、地、人不同,也由于翻译的方式不同,同一个外来词就有可能出现好几种不同的译法,也就是出现了好几个完全同义的外来词。这些词既不是土生土长的,又不是从古代承继下来的,在它们产生的初期很难确定哪一个合乎规范。

吸收外来词是非常必要的,外来词中"于我们有用的东西"是非常之多的,拒绝吸收外来词就无异于使我们语言的发展陷于迟缓。问题只在于应该如何吸收,应该如何把吸收外来词的工作纳入正轨。

一般说起来,汉语吸收外来词主要限于外来事物的名称,动词形容词能被吸收的很少;纵然有,也是用自创新词的办法(例如"扬弃"),用音译或其他方法的可以说绝无仅有。("我磅了一下"不能算是规范的用法,但是这个"磅"也还是由名词转化来的。)因此外来词的问题主要集中在名词。

前面谈到由于翻译的时、地、人不同,同一个外来词可以有不同的译名,时、地不同的规范问题都容易解决。时期不同的,例如过去译成"赛恩思、德律风、名学",现在译成"科学、电话、逻辑",这些自然要以现在的为规范。地点不同的,例如北京叫"衬衫"、广州叫"恤衫",北京叫"暖气"、上海叫"水汀",北京叫"机器"、吉林叫"马神",这些自然要以北京的为规范。

最麻烦的是翻译的人不同。同一个时期,同一个地点,"引得、索引""洋灰、水泥""巧克力、可可糖""西红柿、番茄""马达、发动机"可以同时并存,甚至于可以同时并存在一个人的嘴里。尤其是翻译出来的人名和地名,更容易让人混乱,发现元素周期表的一位俄国科学家可以有"孟德列夫、门捷列夫、门德列夫、门德列也夫……"好几个汉名;太平洋上的一群岛屿,既可称为"夏威夷",又可叫做"檀香山"。这种混乱的现象有一部分是由汉字带来的,翻译的人常常只从汉字入手,不从汉语本身入手,甚至于还想出了用新创汉字的办法来解决吸收外来词的问题(例如化学元素名称)。

以上这些问题总起来看,就是吸收没有原则、方法不固定,我们必须迅速定出吸收外来词的原则来,这必须由汉语吸收外来词的特点来入手解决。

几千年来,我们不断地用吸收外来词的办法来丰富我们的语言。但是吸收范围之广、对汉语影响之深,莫过于近几十年。近几十年,汉语的外来词主要是从和汉语接触较多的几种外国语来吸收,最重要的就是日、英、俄三种语言,这三种语言和汉语的特性都相距很远,西洋语言那种直接从音上互相借用的办法对我们不大适用,一般说起来,我们采取的是比较间接的办法。

汉语吸收外来词大致可以分为两种情况,第一种是根据外来的事物自创新词,第二种是根据外来语言的原词加以翻译或借用。

根据外来的事物自创新词所根据的只是外来的事物,并不是外来的语言。例如"火车、轮船、电话、电影、水泥、自行车"等等,和原来外国词的声音和意义都毫无关系。这种词严格地说起来并不能算是外来词,而只是根据外来事物的某一方面的特性,给它创造一个新词。(过去的习惯不是根据事物本身的特性而是根据事物从外国来的这个特性,因此常常把中国原来就有的词前面加上"胡、番、洋、西"来表示这东西是外来的,例如"胡椒、番茄、洋灰、西服"等等都是,甚至于还要分成"东洋车、西洋镜"。到现在,外来的事物多了,这种方法也不常用了。)

这种根据外来事物自创出来的新词的规范问题相当严重。一种外来事物总是具有各种不同的特性,注意到的特性不一样,创造出来的新词也就不相同。例如"水泥、洋灰""自行车、脚踏车""番茄、西红柿""小汽车、小轿车""烟卷、香烟""俄语、俄文""留声机、话匣子""唯物论、唯物主义"等等,都是由于注意到的特性不同,才产生了不同的名称。这些词都同时并存于目前的普通话里,甚至还同时并存于同一个人的嘴里。对这些词必须加以适当的规范,规范的时候可以根据下列两项原则:

一、注意它的普遍性。所谓普遍性,就是要注意它在目前书面语言里出现的情况以及它和北方方言尤其是它的核心北京话的关系。例如"香烟、烟卷"在北京方言里同时并存,但是在书面上一般是用"香烟",就应该肯定"香烟"。又如"自行车、脚踏车"在书面上都常见,但是北方方言一般都说"自行车",就应该肯定"自行车"。

二、注意它的确切性。所谓确切性,就是要比较哪一个词更能确切地反映出它所代表的事物的特性。例如"俄语、俄文"显然是"俄语"更确切,"唯物论、唯物主义"显然是"唯物主义"更确切,那就应该肯定"俄语"和"唯物主义"。但是,确切性必须要从属于普遍性,也就是说首先考虑的应该是普遍性。例如"自行车、脚踏车",似乎"脚踏车"比"自行车"确切一些(汽车、电车、火车都是"自行"的),但是我们仍然应该肯定"自行车",因为它比"脚踏车"的普遍性大。

除了根据外来事物自创新词以外,汉语在吸收外来词的时候还可以采取比较直接的办法,那就是直接根据外来语的原词加以翻译或借用。严格地说,只有用这种办法吸收进来的词才可以算是真正的外来词。这种办法可以分为四种:

一、音译 人名和地名自然要用音译,但是其他词也可以用。有的词把外来语的每一个音节都用汉字翻译过来,例如"吨、泵、苏打、咖啡、杜马、凡士林、托拉斯、布拉吉、苏维埃、阿司匹林、歇斯底里、布尔什维克"等等。有的词只采用原来词中的一个音节,这个原来词音节的数目一般都是比较少的,例如"一打(dozen)铅笔""一百米(meter)"。化学元素的名称如"钙、铝、氦"等等也是采取一个音节,但因为是新创汉字,情况和前面不全相同。个别的词还可以把原文的字母用上,例如"X光、三K党",那是因为原词就是用一个字母,无法用汉字译过来。

二、义译 这里所指的义译并不是根据外来事物创造新词,而是完全根据外来词的原义直接翻译过来,例如"足球"(football)"马力"(horse power)"工作日"(трудодень)"上层建筑"(надстройка)"自我批评"(самокритика)等等。能够义译的多半都是原文的词本就是由两个有意义的部分组成的,像 foot-ball,надстройка,这些词的构成方式和汉语一般词的构成方式很相似,因此能够采用义译的办法。

　　三、音译兼义译　　把原来的词一半音译、一半义译,这种办法也很普通。义译的部分有时是原词本就有的,而且原来也多半是两个有意义的部分组成的,例如"冰激凌"(ice cream)"吉普车"(jeep car)"布尔什维主义"(Болшевизм)"斯达哈诺夫工作者"(стахановец)等等。也有义译部分是原文的词所没有的,为了分清类别,在音译之后再加上去,例如"卡车、啤酒、瓦斯弹、法兰绒、哀的美敦书"等等。此外还有一种特殊的音译兼义译,就是音中带义,例如"坦克、逻辑、维他命、乌托邦、盖世太保"等等。

　　四、借用　　借用是直接把原文的词借用到汉语里来。我们无法直接从使用拼音文字的西洋语言直接借用词,只有日本语有此可能,因为日本文用了一些汉字,例如"干部、手续、场合、肯定、积极"等等都是从日本借来的。这种直接借用的词多半都是在清末介绍西学时大批进入汉语的。这类词一般都很难把它的结构分析清楚,因为它们本来不是土生土长的。这种借用办法到现在已经不用了。

　　以上四种方法,除了最后一种因为日本语对汉语的影响逐渐变小已经不用以外,其余三种方法在目前都还在用,再加上前面谈到的根据外来事物自创新词的方法,目前汉语吸收外来词还有四种方法可用。方法不固定,吸收外来词时规范问题自然也就非常严重,"青霉素、盘尼西林""瓦斯弹、毒气弹""布拉吉、连衣裙""维他命、维生素""卡秋莎、火箭炮"等词可以同时存在,就是因为吸收外来词的方法还没有一致。

　　我们必须把吸收外来词的方法确定下来,我们应该比较一下哪一种方法比较好,哪一种方法比较合乎汉语发展的内部规律。如果这个问题能够得到彻底解决,吸收外来词的规范问题就可以说解决一大半了。

　　用音译的办法来吸收外来词是不很妥当的。汉语词的结构特性是音节简单,词中每一个音节大都有比较具体的意义。单音节词不必说,多音节词里除了少数如"玻璃、葡萄、蜘蛛、彷徨"等以外,其余大都是一个音节(在目前就是一个汉字)有一个音节的意义,例如"语言、农民、机器、吸收、规范"等等都是,这并不是受汉字的影响,汉语本身的特性就是如此。这种特性和西洋语言非常不同,西洋语言把词的一个个音节分开来,就丝毫没有意义,例如把英语 language(语言)分成 lan,gua,ge,或是把俄语 язык(语言)分成 я,зык,各音节都没有具体意义。(俄语 язык 中的 я 虽然是独立的词,可是和作为词中一个音节的 я 并没有关系。)我们学习或了解汉语里的一个多音节的词,一般总是由它的每个音节所具有的意义入手的。在汉语中大量采用音译的办法是不符合汉语这特性的,我们听见"杜马、布拉吉、托拉斯、歇斯底里、烟士披里纯"这些音译的词,就无法由声音上知道它们的意义,只有把几个音节放在一起死记。改用拼音文字以后这困难照样存在,在使用汉字的今天这困难更是严重。("电话"刚传到中国时,按音译成"德律风",一般群众则把它读成"得来风",变成音中有义,这正说明汉语对多音节词是要求每一个音节都有意义的。)

音兼义的办法似乎照顾到了汉语的特性,但是照顾得很不彻底,例如"吉普车、瓦斯弹、哀的美敦书"的前一半仍然是没有意义的声音符号,学习起来仍然有很大的困难。至于音中带义的如"逻辑、坦克、雷达"等等本来就译得比较牵强,要求每一个外来词都用这办法,根本是不可能的事。

因此,汉语吸收外来词最适当的办法只有义译或自创新词。过去的历史也正可以说明这一点。从"淡巴菰"直到"德摩克拉西、赛恩思、德律风"以至"烟士披里纯、梵哑铃、哀的美敦书",采用的都是音译法,但是都只不过是通行了一个很短的时期,就被具有汉语特性的"烟草、民主、科学、电话、灵感、提琴、最后通牒"所替代了。

义译的办法虽然好,但是外来语的原词不见得都能分成两部分让我们来义译,因此,最适合于汉语的办法还是根据外来事物自创新词。前面说过,用这种办法吸收进来的词并不能算是真正的外来词,可是占了汉语所吸收的外来词中的绝对多数,有人认为汉语对外来借词有其不可渗透性,原因也就在此。

这里可能存在一个问题:既然我们要逐渐向拼音文字过渡,目前是否应该大量采取音译的办法来适应未来的拼音文字呢?

前面已经谈到,汉语的特性使得我们在吸收外来词时无法大量采用音译。文字改革的目的是改革"文字",它有可能使语言受到影响,但不可能使语言改变了根本的特性。将来改用拼音文字以后,汉语原来的特性必定仍然存在,汉语的结构必然仍是音节比较简单,每一个音节也必然仍是大都有比较具体的意义。只要这种特性仍然存在,就不宜于大量采取音译的办法。例如,我们遇见 атом 或 катюша,是按音译成 atom 或 kaqiusha 呢,还是译成 yuǎnzǐ(原子)或 huǒjiànpào(火箭炮)呢?大概我们还是应该采取后者,因为后者具有汉语的特性,无论是听起来或看起来都容易为人理解,为人接受。

因此我们主张:有可能根据外来词直接义译的,就应该采取义译(例如"足球、自我批评"),这类词无疑是很少的;没有可能直接义译的,就应该根据汉语原有的词素自己创造新词(例如"火车、香烟"),这类词无疑是占绝大多数的。以上就是我们在吸收外来词时应该采取的原则。

自然,我们也并不是完全排斥音译或音兼义译。已经广泛应用的音译词我们必须把它们肯定下来,例如"坦克、咖啡、沙发、苏维埃、凡士林、布尔什维克"等等,这些词事实上也无法不肯定下来。要注意,这些已经广泛应用的音译词绝大部分是双音或单音的,(有些词音节虽然较多,但常常也是对原词的音节有所缩减,例如"苏维埃",完全按原词音译,应该是"苏维埃特"四个音节,现在简化成了三个音节。)这也是符合于汉语音节简单的特性的。一个完全不懂外国语的人听见"磅、打、沙发、咖啡",他的感觉不会和听见"盘尼西林、歇斯底里"一样,单音节或双音节的音译词是比较容易给人一种土生土长的感觉的。但是这种音节较少的音译词不可能大量产生,因为西洋语言里单音和双音的词是比较少的。

音节简单是汉语吸收外来词的一个很重要的条件。如果已经根据声音译出了音节比较简单的新词,后来又根据事物的特性用较长的词组来表示,这较长的词组有时就不能像"电话"那样很快地替代了音译词。例如音译的"康拜因"就没有因为"联合收割机"的出现而立刻消失,在这对词中,汉语的两种特性——音节简单和每一个音节都有意义——之间有了矛盾,在目前是口语里比较常说"康拜因",书面上比较常出现"联合收割机"。

除了上述情况以外,人名和地名我们也无法不用音译。在目前使用汉字时期,除了已经广泛应用成为定型的词(如"马克思、列宁、莫斯科、巴黎")以外,我们最好把什么音用什么汉字译固定下来,用的汉字一定是要常见的,像"娅、茜、妲、诃、茨"等等应该避免。目前汉语拼音方案已经正式公布,在翻译人名地名时可以逐渐由用汉字过渡到用拼音字母,把用拼音字母写出来的人名地名逐步正式用到书面语言里去。至于如何用汉语拼音字母来翻译外国人名地名,则是另外一个问题,这里不准备讨论。

五、词义的规范问题

吸收或创造新词虽然是丰富我们词汇的一个很重要的方法,但并不是唯一的方法。另一种常用的方法是给予旧词以新的意义,也就是用扩展旧词意义的方法来丰富我们的词汇。一个旧词可以由它原有的意义发展出新的意义,越是常用词越是如此,这就使得我们语言的词汇一天比一天丰富多彩。例如"开"原来的意思只是"把关的东西打开",现在我们有了机器和用机器造成的汽车、火车等等,我们就可以把"开"的原来意义发展引申一下,于是既可以"开机器",又可以"开汽车、开火车",我们并没有必要再为"机器"或"汽车、火车"另造两个新的动词。如果产生一个新的意义就一定要造出一个新的词,那末词汇不是丰富多彩,而是繁琐难记了。

但是,在词义发展的过程中,常常会发生词义摇摆不定的现象。词义有了新的发展时,大家的看法就不见得一致,对意义比较抽象的词更是如此。例如"基本上",有人从"质"上理解,认为指的是"本质上";有人从"量"上理解,认为指的是"大部分"。又如"一贯",有人认为只能用于肯定句,"一贯不积极"是不能说的;有人认为"一贯不积极"是正确的。此外如"十天以内"是否包括"第十天","讲师以上"是否包括"讲师",也都没有一个一致的看法。诸如此类,例子很多。

这种摇摆不定的现象也表现在词的配合上。有人认为"存在"后面不能带宾语,因此不能说"存在着很大缺点"或"存在着很大错误";有人却认为可以。有人认为"当"的后面一定要用"时候","当……的时候"是固定的格式;有人认为"当"后用不用"时候"是两可的。

有些词义的发展明明很不合理,例如"情绪"可以"闹","态度"可以"耍"。有人认为这种发展是不好的,应该反对;有人认为既然群众早已这样用了,就只有承认。

关心语言的运用的人常常会在这些问题上引起争论,但往往得不到结果。问题就在于这些现象在目前本来就是摇摆不定的。对这种摇摆不定的现象我们应该有一个正确的认识,要求立刻得到全部的解决则是不容易的。

在社会上已经得到普遍运用的词我们无法不承认。我们不能只从逻辑的角度看它合理不合理,因此"闹情绪""耍态度"之类的用法我们必须肯定下来。如果只从逻辑角度来看,扩展出来的意义至少有一大半要被反对掉,例如"开火车"也并不是"把火车打开",可是我们却承认这种说法是正确的。我们不要忘掉词义永远是在发展的,"情绪"之可以"闹",只是说明"闹"这个词有了新的意义,绝对不能用"闹"原来的意义来衡量"闹情绪"是否正确。

但是,我们也不能因此就认为词的意义可以任意发展。过去既成的语言事实我们只有承认,以后对这类问题则不能仍然任其自流发展下去。目前我们迫切地要求一部规范性的词典,正可以解决这类的问题,这部词典应该能对词义摇摆不定的现象加以阶段性的决定。对这问题我们不能太保守,可是也不要对新产生的词义过早加以肯定。我们应该认识到:既然词义随时在发展,就免不了有摇摆不定的现象存在;只要我们注意语言的运用,注意规范化工作,这种摇摆不定的现象是有可能缩到最小的限度的。

除了词义摇摆不定的现象以外,词汇的规范工作还有很重要的一方面,那就是如何处理同义词的问题。实际上前面各节所接触到的问题几乎全是同义词的问题,这里只想就同义词本身的性质来看应该如何对它进行规范。

一般所说的同义词可以分为两种。一种是完全同义词,这种词无论从哪一方面来看意义都完全相同,在语句中无论如何换用,都不会影响到意义的表达,例如"洋灰、水泥""布拉吉、连衣裙""子音、辅音"等等都是。另有一种是非完全同义词,这种词的意义基本上相同,只是在感情色彩上或应用范围上有比较细致的分别,例如"固执、顽固""美丽、漂亮""掌握、把握"等等都是。

非完全同义词可以使语言的词汇丰富多彩,是语言的词汇丰富的一个重要标志,它不属于词汇规范问题之内。完全同义词的情况则相反,它是词汇规范工作的主要对象。一般说起来,非完全同义词里名词比较少,动词和形容词比较多,完全同义词的情况则名词较多,动词和形容词较少。

完全同义词是语言里有害的东西,我们应该加以规范,但是对这问题的处理也不宜过于简单化,这可以分两种情况来谈。

第一种情况是由于词素颠倒所产生的完全同义词。两个相同的词素颠倒以后可以构成两个毫无关系的词(例如"语法、法语"),也可以构成非完全同义词(例如"开展、展开"),也可以构成完全同义词,例如"粮食、食粮""灵魂、魂灵""整齐、齐整""讲演、演讲""力气、气力"等等,这种完全同义词无论在书面上或口头上都使用得相当普遍,在同一个人的嘴里也是随便用。在词汇规范工作中,这种词是比较难于处理的,有人主张让它们继续在语言里受考验,但是这些词大都不是新产生的,继续受考验,恐怕也不会有什么结果。对这类词,最好的办法就是在词典中做比较硬性的规定,只选择其中的一个作为规范的词。选择的时候要经过慎重的比较和考虑,例如"粮食"和"食粮"本来很难确定,但是国家既然有"粮食部",而不叫做"食粮部",自然就应该选择"粮食"。

第二种情况是来自方言、古语、外来语的完全同义词,这类词的规范问题前几节已经详细谈过,这里再就词义的范围总起来做一些补充。

有一些完全同义词在不同的文体中是可以起不同的作用的,例如

"父亲、爸爸""月亮、月球"等等,它们在不同文体中的作用并不一样,这点就和"维他命、维生素","番茄、西红柿"等等不很相同。这些词的性质可以说是介乎完全同义词和非完全同义词之间,因此有可能发展成为非完全同义词,严格地说,已经不能算是真正的完全同义词,例如"生日、诞辰""弄堂、胡同"等等,现在已经变成具有不同感情色彩或不同使用范围的非完全同义词了。对这些同义词我们应该多注意它们发展的趋势,在处理时无妨从宽一些。

就是真正的完全同义词,我们处理时也应该比较灵活,如果作者为了表达一定的语言风格,并且能为作品更好的服务,在一定的条件下(尤其是文艺作品中)是可以自由选择一些完全同义词来运用的。在《中国农村的社会主义高潮》这部书里,为了表现当地农村的特点,有好几篇文章都适当地选用了一些当地的方言词。夏衍在《包身工》这篇文章里用"拿莫温"(No. One)代替"领班",也是为了有意识地暴露帝国主义在中国残酷经济剥削下所表现出的半封建半殖民地的色彩。这种用法孤立起来看,是不规范的,但是它在整个文章中却起了积极作用,因此应该肯定。这说明对词汇规范工作不能看得太死板,完全同义词毫无问题是应该加以规范的,在这些词被规范以后我们自然应该只用那些合乎规范的词;但是,对那些不合规范的词也不应该一律采取完全否定的态度,禁止它们再出现在语言里,我们千万不能把规范工作绝对化了。在一定的语言环境里,有一些不规范的词还是可能起作用的,例如"粮食、食粮",我们可以肯定"粮食",但是一个诗人在用这个词和"-ang,-iang"等音节押韵的时候用了"食粮",(例如:"火车在飞奔,车轮在歌唱,装载着木柴和食粮。")我们就不能批评他没有注意到语言的规范。

(原载《语言学论丛》第3辑,1959年)

北京话的连读音变

一、两种连读音变

"连读音变"指的是两个或两个以上音节连起来读的时候所产生的语音变化,一般都有比较强的规律性。研究连读音变,除了要找寻它的变化规律以外,还应该看看其中哪些是在任何情况下都必须变的,哪些是变不变两可的,或是只在某种情况下才会变的。这样,我们就可以把连读音变分成两种:一种是不自由的连读音变,只要音变条件出现,就必然产生音变现象;另一种是自由的连读音变,虽然出现了音变条件,但是并不一定必然产生音变现象,音变现象是否产生常常是比较自由的。这样处理,不只对语音实践教学有好处,对如何解释由连读音变产生的某些语音现象,也会有一定的帮助。

北京话连读音变的规律并不十分复杂,在这方面,前人已经做过不少研究。这些音变现象也可以分为不自由的和自由的两种。

二、不自由的连读音变

北京话的变调现象一般都属于不自由的连读音变,其中包括:
(1) 上声变调。
(2) 去声变调。
(3) "一"和"不"的变调。
这三类的音变规律在一般讨论现代汉语语音的著作中都会谈到,不再一一举例说明。三类之外,另外还有三类也应该归入不自由的连读音变:
(4) 一部分单音形容词重叠时,如果第二个音节同时儿化,就必须变调读成阴平。例如,"小小的、慢慢的"如果读成[ɕiau ɕiaur tə][man

mar tə]①,则[ɕiaur]和[mar]就必须读成阴平。

(5) 轻音音节处在非轻音音节之后时,它的音高要由前面非轻音音节的调值来决定,因此也是不自由的。轻音音节本身永远没有固定的音高,即使处在一句话的开头②,它的音高也还是要由这个音节原来的调值来决定。原来调值的起点高,它就高;原来调值的起点低,它就低。例如:

- 他[55→5]行吗?③
- 还[35→3]行吗?
- 你[211→2]行吗?
- 这[51→5]行吗?

(6) 语气词"啊"处在句尾时要根据前一个音节的收声产生各种连读音变,其中有四种是不自由的:

条件	"啊"音变	例
[-n+a]	[a→na]	看啊→看哪
[-i+a]	[a→ia]	你啊→你呀
[-y+a]	[a→ia]	去啊→去呀
[-a+a]	[a→ia]	打啊→打呀

只要"啊"处在[-n,-i,-y,-a]之后连读,就绝对不能再读成[a],因此应该属于不自由的连读音变。六种不自由的连读音变中,只有这一种是音质的变化。

不自由的连读音变除了给北京话的调类带来几个新调型以外,并没有出现任何新的音,也没有出现任何新的音节结构。

三、自由的连读音变

自由的连读音变都是变不变两可的,就是在同一个人的嘴里,也常

---

① 本文一般用比较宽式的国际音标标音,外加方括号。除必要外,不标声调。
② 参看林焘《现代汉语轻音和句法结构的关系》。
③ 汉字前加"·"号表示该字读轻音。调值用五度制标记。

常是随便读。一般说来,快读时这种音变现象比较容易出现,慢读时比较不常出现,甚至根本不出现。变与不变有时会带来一些语言风格上的差异,例如,有变读时语气显得随便些,没有变读时语气显得严肃些,但是这种差别并不大,有一些自由的连读音变也并没有这种差别。

自由的连读音变所引起的调值变化主要有以下两类:

(1) 三个音节连读时,如果第一个音节是阴平或阳平,第二个音节是阳平(包括由上声变来的),则第二个音节可以改读阴平。如:

  西红柿[55+35+51→55+55+51]
  留学生[35+35+55→35+55+55]
  谁领导[35+214+214→35+35+214→35+55+214][①]

(2) 一部分单音节形容词重叠但第二音节不儿化和一部分单音节副词重叠时,第二音节可以变调读成阴平。例如,"圆圆的、小小的、大大的、常常、渐渐"。

其余的自由连读音变都是音质的改变、增加或脱落,大都是由音节间的语音同化作用或音节本身的轻读引起的,主要有以下各类:

(3) 韵尾[-n]受后面音节声母发音部位的同化改变了发音部位。例如:

  [-n]→[-m]: 人民[ʐən min→ʐəm min→ʐəmin]
  [-n]→[-ɲ]: 感情[kan tɕʰiŋ→kaɲ tɕʰiŋ]
  [-n]→[-ɳ]: 班长[pan tʂaŋ→paɳ tʂaŋ]
  [-n]→[-ŋ]: 很好[xən xau→xəŋ xau]

(4) 声母[p-,t-,k-]受前面音节鼻音韵尾的同化产生了轻微的浊化作用,这种音变在轻音音节中比较明显。例如:

  [p-]→[b-][②]: 面包[mian pau→miam bau]
  [t-]→[d-]: 扁豆[pian tou→pian dou]

---

① 如果三个音节都是上声,前两个音节都要变调,第二个音节可以读成阴平。
② [b-]等只用来代表[p-]等的轻微浊化,浊化程度并没有国际音标所代表的浊音那样重。

$$[k\text{-}] \rightarrow [g\text{-}]: \quad 能·够[nəŋ\ kou \rightarrow nəŋ\ gou]$$

（5）声母[ts-, tɕ-, tʂ-]受前面音节韵尾[-n, -ŋ]的同化产生了轻微的浊化作用，这种音变主要出现在轻音音节中，在[-n]后要比[-ŋ]后明显一些。例如：

$$[ts\text{-}] \rightarrow [dz\text{-}]: \quad \begin{array}{l} 盘·子[pʰan\ tsʅ \rightarrow pʰan\ dzʅ] \\ 胖·子[pʰaŋ\ tsʅ \rightarrow pʰaŋ\ dzʅ] \end{array}$$

$$[tɕ\text{-}] \rightarrow [dʑ\text{-}]: \quad \begin{array}{l} 看·见[kʰan\ tɕian \rightarrow kʰan\ dʑian] \\ 忘·记[uaŋ\ tɕi \rightarrow uaŋ\ dʑi] \end{array}$$

$$[tʂ\text{-}] \rightarrow [dʐ\text{-}]: \quad \begin{array}{l} 站·着[tʂan\ tʂʅ \rightarrow tʂan\ dʐʅ] \\ 风·筝[fəŋ\ tʂəŋ \rightarrow fəŋ\ dʐəŋ] \end{array}$$

（6）开口呼的零声母音节受前面音节韵尾[-ŋ]的影响在音节开头增加了[ŋ-]音。例如：

平安[pʰiŋ an → pʰiŋ ŋan]
定额[tiŋɤ → tiŋ ŋɤ]
婴儿[iŋ ər → iŋ ŋər]

（7）不属于不自由连读音变的各种"啊"音变：

条件	"啊"音变	例
[-ʅ+a]	[a→za]	字啊
[-ʅ+a]	[a→ʐa]	纸啊
[-r+a]	[a→ʐa]	玩儿啊
[-u+a]	[a→ua]	哭哇（啊）
[-o+a]	[a→ia]	说呀（啊）
[-ɤ+a]	[a→ia]	喝呀（啊）
[-ɛ+a]	[a→ia]	写呀（啊）
[-ə+a]	[a→ia]	我·的呀（啊）
[-ŋ+a]	[a→ŋa]	听啊

一个音节读成轻音时，它的韵母和声母常常产生各种自由音变。严格地讲，这种音变并不是由音节连读引起的，但是轻音音节一般只在

连读时才出现,因此也可以放在这里讨论。音节轻读时产生的自由音变现象比较复杂,主要有以下五类:

(8) 前响复合韵母[ei][ou]韵尾脱落,主要元音略略升高(标音仍用[e][o]);[ai][au]主要元音[a]舌位升高(标音用[ɛ][ɔ]来代表),韵尾有时也脱落。例如:

[ei]→[e]:　防·备[faŋ pe]　　妹·妹[mei me]
[ou]→[o]:　木·头[mu tʰo]　　牌·楼[pʰai lo]
[ai]→[ɛi]或[ɛ]:　明·白[miŋ pɛi, miŋ pɛ]　脑·袋[nau tɛi, nau tɛ]
[au]→[ɔu]或[ɔ]:　热·闹[ʐɤ nɔu, ʐɤ nɔ]　牢·靠[lau kʰɔu, lau kʰɔ]

(9) 低元音和单独做韵母的中元音舌位向[ə]的方向接近,或完全变成[ə](标音一律用[ə]来代表)。例如:

[a]→[ə]:　妈·妈[ma mə]　　大·方[ta fəŋ]
　　　　　人·家[ʐən tɕiə]　喜·欢[ɕi xuən]
[ɤ]→[ə]:　哥·哥[kɤ kə]　　随·和[sui xə]
[o]→[ə]:　萝·卜[luo pə]　　琢·磨[tsuo mə]

韵母[ian]和[iaŋ]处在[tɕ, tɕh, ɕ]之后时主要元音[a]有时甚至完全脱落。例如:

[ian]→[in]:　新·鲜[ɕin ɕin]　　看·见[kʰan tɕin]
[iaŋ]→[iŋ]:　吉·祥[tɕi ɕiŋ]　　木·匠[mu tɕiŋ]

舌尖元音和高元音一般没有以上的变化,只有两个字是例外[①]: 1. 词尾"子"[tsɿ]可以读成[tsə],例如"桌·子"[tʂuo tsə]"孩·子"[xai tsə]。2. 方位词"里"[li]轻读时可以读成[lə],例如"家·里"[tɕia lə]

[①] "的"[ti]读成[tə]是不同语素的不同音读(类似的还有"了"[lə]和"着"[tʂə]),不属于上述音变范围。也有人在比较拿腔作势的语气里故意把该读[tə]的"的"读成[ti],那是照字读音,不是真正的音变。

"院·里"[yan lə]①；如果"里"之前已有读[tsə]的"子"，则"里"不再变成[lə]，例如"院·子·里"不读成[yan tsə lə]。此外，"稀·li糊涂，麻·li麻糊，劈·li叭啦"等四音节词中的[li]也可以读成[lə]，一般都把这个[li]写成"里"，也可以附在这里。

（10）舌尖元音和单独做韵母的高元音处在擦音或送气塞擦音之后时常常脱落，只剩下声母。例如：

[ɿ]：　　　心·思[xin s̩]　　　说·辞[ʂuo tsʰ]
[ʅ]：　　　粮·食[liaŋ ʂ̩]　　　吭·嗤[kʰəŋ tʂʰ]
[i]：　　　东·西[tuŋ ɕ]　　　客·气[kʰɤ tɕʰ]
[y]：　　　次·序[tsʰɿ ɕ]　　　出·去[tʂʰu tɕʰ]
[u]：　　　工·夫[kuŋ f]　　　清·楚[tɕʰiŋ tsʰ]

圆唇的[y][u]脱落以后，受[y][u]影响产生的声母圆唇作用仍旧保持，因此"运·气"[yn tɕʰ]和"运·去"[yn tɕʰ]，"申·斥"[ʂən tʂʰ]和"伸·出"[ʂən tʂʰ]的分别仍是很清楚的。

（11）[mu，mə，mən]后面紧跟着其他音节（即不处在停顿之前）时，[-u]和[-ə]常常脱落，[-ən]也有时脱落。例如：

[mu]→[m]：节·目[tɕiɛ m]　　　舅·母[tɕiu m]
[mə]→[m]：那·么[na m]　　　琢·磨[tsuo m]
[mən]→[m]：你·们[ni m]　　　衙·门[ia m]

如果[mu，mə，mən]处在停顿之前，则一般不产生这种音变。

（12）有一些轻音音节在快读时声母脱落，只剩下韵母。例如：

不·是　　[pu ʂɿ→puɿ]②
四·个　　[sɿkə→sɿə]

---

① "里"还可以读成[lo]，可能是由快读"里头"产生的合音：[li thou→li tho→lo]。因此，[tɕia lə]="家·里"，[tɕia lo]="家·里·头"。
② "不·是"也可以按第(10)条规律读成[puʂ]，这样，"不·是"就有了三种读法：[puʂɿ]，[puʂ][puɿ]。

自·行车　[tsʅ ɕiŋ tʂʰɤ→tsʅ iŋ tʂʰɤ]

莲·花落　[lian xua lau→lian uə lau]

护·国寺　[xu kuo sʅ→xu uə sʅ]

这类音变比较复杂，主要出现在以下三种音节：1.[ʂʅ]，2.[ɕ]+介音[i]，3.[x]+介音[u]；在三个音节连着快读同时第二音节轻读时更容易出现。下面再举几个例子：

[ʂʅ-]→[ʅ-]：　收·拾[ʂou ʅ]　　白·石桥[pai ʅ tɕʰiau]

[ɕi-]→[i-]：　底·下[ti iə]　　无·线电[u iən tian]

[xu-]→[u-]：　凤·凰[fəŋ uaŋ]　柴·火堆儿[tʂʰai uə tuər]

只有"个"[kə]不属于以上三类①。"个"做量词轻读时一般都能读成[ʔə]或[ə]，如果前面的音节是以[u]收尾的，还可以连读成[uə]，例如"五·个"[u uə]，"六·个"[liu uə]。"个"处在"两、三"之后时还可以产生快读合音："两·个"[liaŋ kə]→"俩"[lia]，"三·个"[san kə]→"仨"[sa]②。

以上北京话自由的连读音变共十二类。大部分自由的连读音变都变出来一个新音或比较特殊的音节结构，这些材料对进一步研究北京话的语音系统和音位可能会有一些用处，对研究北京话的语素变体之类的问题也可能会有一些参考价值。下面只提出两个问题来做一些初步的分析。

---

① 上举"护·国寺"一例也不属于以上三类，但"国"的声母[k]脱落可能先经过了一个同化过程：[xu kuo sʅ→xu xuo sʅ→xu uə sʅ]，因此也可以归入[xu-]→[u-]一类。

② 这里所说的"快读合音"是从"俩、仨"的来源上说的，"俩、仨"事实上早已不止出现于快读中，"两·个人"无沦说得多慢，都可以说成[lia ʐən]。"个"最常和从"一"到"十"的数词结合在一起，在这十个数词中，只有"两"[liaŋ]和"三"[san]是鼻音收尾的；鼻音韵尾脱落，同时产生合音现象，可能是受了儿化韵合音的影响而产生的类推作用。"三"的前面还可以有十位、百位、千位等数词或数词结构，一般也都可以把最后的"三·个"读成"仨"，例如"十仨人，九十仨人，一百五十仨人"等等。只有十位数前面也是"三"时不行，"三十三·个，一百三十三·个"就绝对不能说成"三十仨，一百三十仨"。此外，表示序数的"第三·个"也不常说成"第仨"。

四、所谓[-m]尾韵

早在三十多年前,赵元任先生就已经注意到北京话里"们"和"么"可以脱落韵母只留下声母[m],当时赵先生用国语罗马字拼写的拼音读物,就已经把"咱们"等等拼写成 tsarm 等等了①。由此就逐渐产生一种看法,认为北京话里也有收[-m]尾的韵母,具体地说,是以下这四个:[am][əm][im][uom],来源如下:

[am]: 他·们[tʰam]　咱·们[tsam]
[əm]: 这·么[tsəm]　那·么[nəm]　哪·么[nəm]
　　　什·么[ʂəm]　怎·么[tsəm]
[im]: 你·们[nim]
[uom]: 我·们[uom]　多·么[tuom]

把[m]算成韵尾,可是这个韵尾只能构成以上四个韵母,内部也毫无系统性可言。这四个韵母又只能出现在以上十个词里,而且都是由自由的连读音变产生的,也就是说,北京话在任何情况下都没有一个音节是必须以[-m]收尾的。只从这方面来看,这个[m]是不是一个真正的韵尾,就已经很值得怀疑了。

前一节第(11)条已经谈到,一个轻音音节只要是读成[mu][mə][mən],在连读时都有可能只剩下声母[m],原不只限于"们、么"两个字。这现象在三音节连续快读时尤其明显。下面再举几个"们、么"以外的例子:

[mu]→[m]: 大·拇哥[ta m kɤ]　公·母俩[kuŋ m lia]②
[mə]→[m]: 打·磨厂ɻ[ta m tʂʰaŋɻ]　唾·沫星ɻ[tʰu m ɕiŋɻ]
[mən]→[m]: 衙·门口ɻ[ia m kʰouɻ]　汽·门芯ɻ[tɕʰi m ɕiəɻ]

由以上少数几个例子就可以看出,所谓[m]只出现在[a][ə][i]

---

① 例如 1929 年中华书局出版的国语罗马字对话戏戏谱《最后五分钟》。
② 也有人把这个词读成[ku m lia],"公"[kuŋ]的韵尾[-ŋ]脱落。

[uo]之后的说法显然是不能成立的。只要是构词或造句上允许,任何一个韵母后面都可以出现这样一个[m]。如果把这个[m]看成是韵尾,那么,遇到"子·母扣ㄦ"[tsʅ m kʰour],"眵·目糊"[tʂʅʰ m xu],就必须承认北京话里有[-ʅm,-ʅm]这样的怪韵母;遇到"公·母俩"以及"项·目"[ɕiaŋ m],"丈·母娘"[tʂaŋ m niaŋ],"两·亩地"[liaŋ m ti]等等①,就必须承认北京话里有[-ŋm]这样的双辅音韵尾。很显然,把这种[m]看成是韵尾,是只注意到了"们、么"两个汉字的连读音变现象,而且是从汉字入手归纳这些音变现象的,结果才出现了四个孤另另的所谓[-m]尾韵。

失去韵母[-u][-ə][-ən]的[m]仍旧是单独成音节的辅音,而不是什么韵尾。前一节已经提到,北京话轻音音节失落韵母的并不限于[m-]音节,前一节第(10)条已经举出了一些这样的例子。从根本性质上看,"豆腐"[touf]"心思"[ɕins]里的[f][s]和"我们"[uom]"舅母"[tɕium]里的[m]是完全一样的。如果[m]是韵尾,[f][s]等等也都应该算是韵尾,这样一来,北京话的语音系统就变得异常复杂,这显然是行不通的。看来只能承认[f][s]等等仍然是独立的音节,那么,[m]自然也同样有资格算是独立的音节。

如果[m]是韵尾,它的音高变化就应该和[-n][-ŋ]完全一样,即韵尾音高等于整个音节调值的终点,例如,"班"[pan⁵⁵]里的[-n]音高是[5],"办"[pan⁵¹]里的[-n]音高是[1],但是,[m]的音高并不是这样,它的音高变化和一般独立的轻音音节的音高变化完全相同。试比较②:

贪[tʰan⁵⁵]:他们[tʰa⁵⁵mən³,tʰa⁵⁵m³]

咱[tsan³⁵]:咱们[tsa³⁵mən³,tsa³⁵m³]

公[kuŋ⁵⁵]:公母俩[kuŋ⁵⁵mu³lia²¹⁴,kuŋ⁵⁵m³lia²¹⁴,ku⁵⁵m³lia²¹⁴]

---

① [m]出现在[-n]尾韵之后时,[-n]受[m]同化也读成[m],例如:"羡·慕他"[ɕian m tʰa→ɕiam m tʰa→ɕiam tʰa](参看三、第(3)条"人民"一例)。这是两条音变规律同时在起作用。为了举例简单清楚,正文就没有举韵尾收[-n]的例子。

② 轻音音节处在上声和去声之后的音高正是上声和去声调值的终点,不能说明问题,因此没有举这方面的例子。

这样的例子虽然不多,但很能说明何以[m]不是前一个音节的韵尾,而是独立的轻音音节。

五、"啊"和"呀"

语气词"啊"有种种连读音变,已分别在二、第(6)条和三、第(7)条里谈到。在"啊"[a]的各种音变中①,[za,ʐa,ŋa,ua,na]都来源于语音的连读同化,只有"呀"[ia]是例外。根据"啊"音变的规律,"呀"出现的情况如下:

条件	例	说明
[-i]后	你呀	不自由音变,连读同化
[-y]后	去呀	不自由音变,连读同化
[-a]后	他呀	不自由音变,非连读同化
[-o]后	说呀(啊)	自由音变,非连读同化
[-ɤ]后	热呀(啊)	自由音变,非连读同化
[-ɛ]后	爹呀(啊)	自由音变,非连读同化
[-ə]后	认·得呀(啊)	自由音变,非连读同化

以上七类,除[-i][-y]之后的"呀"来源于连读同化以外,其余五类"呀"的来源都与连读同化无关。这种不由连读同化产生的增音现象在北京话的连读音变中可能是仅有的。尤其是[-a]后的"呀"[ia],既非连读同化,音变又不自由,和其他各种音变现象比较起来,就容易使人感觉它的独立性强一些,甚至不容易使人意识到它是由"啊"音变产生的。作为经常轻读的语气词,"呀"[ia]又比"啊"[a]的读音显得音节界限清楚一些。由于以上种种原因,在目前的北京话里,"呀"已有超出"啊"音变的范围,并取得与"啊"同等地位的趋势。试看下表所列"啊"[a]和"呀"[ia]等等的出现情况:

---

① "啊"和它的各种音变中的[a]实际读音常常接近[ə](参看三、第(9)条),为了便于说明问题,标音时一律用[a]来代表。

	[a]	[ia]	[za]	[zₐa]	[ua]	[na]	[ŋa]
[-ɿ]字	+	+	+	−	−	−	−
[-ʅ]吃	+	+	−	+	−	−	−
[-r]花儿	+	+	−	+	−	−	−
[-i]你	−	+	−	−	−	−	−
[-y]去	−	+	−	−	−	−	−
[-u]哭	+	+	−	−	+	−	−
[-a]打	−	+	−	−	−	−	−
[-o]说	+	+	−	−	−	−	−
[-ɤ]热	+	+	−	−	−	−	−
[-ɛ]写	+	+	−	−	−	−	−
[-ə]·的	+	+	−	−	−	−	−
[-n]看	−	(+)	−	−	−	+	−
[-ŋ]听	+	+	−	−	−	−	+

上表直行所列是出现条件，旁附例字；横行所列是"啊"音变结果。"＋"号表示在某条件下可以出现的读音，"－"号表示不能出现的读音。

由上表可以看出，在十三种音节收声中，"呀"[ia]可以出现在任何一种之后，而"啊"[a]则只能出现在九种之后。换句话说，能出现"啊"的地方都可以用"呀"来代替，能出现"呀"的地方不一定能用"啊"来代替①。

"呀"出现在以下六种音节收声之后时并不是由"啊"音变规律产生的：[-ɿ][-ʅ][-r][-u][-ŋ][-n]。前五种都属于自由的连读音变（既可读[za, zₐa, ua, ŋa]，又可读[a]，参看上表）。"呀"既然有超出"啊"音变范围的趋势，能出现在这五种收声之后，自然是完全可能的事。[-n]后的"哪"[na]本是不自由的连读音变，但在[-n]后也可以出现"呀"，这个"呀"显然不是连读音变的结果，而是表示一种特殊的语气。例如，说

---

① "啊"不读轻音同时前面略有停顿时，常带有一种"劝听"或"命令"的语气，如"听话，啊！"[a]声调上升表示劝听，下降表示命令。这种"啊"和正文所谈的"啊"并不是一个语气词，也没有邪种音变现象，自然可以出现在[-i][-y]等等之后。

"快来看哪[na→a]",带有一种提醒、命令的语气,一般说得比较快;说"快来看呀[ia]",就带有一种强迫或"为什么还不如何如何"的语气,一般"看"的声音要提高、拖长。(表中[-n]行[ia]下的"+"号外加括号,表示它与[na]并不是自由连读音变。)

这种情况可以说明"呀"一方面在语音上有超出"啊"音变范围的趋势,另一方面在语气上又有离"啊"而独立的趋势。"呀"有时完全等于"啊",有时又不完全等于"啊",不只是北京口语如此,在一些用词严谨的典范的现代白话文著作中,"呀"和"啊"的分工也是相当明显的。在典范的现代白话文著作里,我们以《毛泽东选集》为例,在比较能反映出北京口语情况的著作里,我们以老舍《龙须沟》为例,各举出一些例子来说明这问题。

在《毛泽东选集》里,语气词[a]和它的各种音变一般都写成"啊"或"呵",不随音变而改汉字。例如:

这是费了何等大的代价才得来的呵!(199页)
是"很熟悉"啊!是"揭露无遗"啊!(843页)
这一个创造,对于我们的民族解放事业,该有多么重大的意义啊!(932页)

以上三例,按音变规律都可以写成"呀",但原文仍是用"啊"或"呵"。

另外,有一些地方按音变规律不能变"呀",但原文却用了"呀",可以分成下列两种情况:

(1)胪列事物。例如:

但是这种新的"剿共"事业,不是已经有人捷足先登、奋勇担负起来了吗?这个人就是汪精卫,他已经是大名鼎鼎的新式反共人物了。谁要加进他那一伙去,那是行的,但是什么资产阶级专政呀,资本主义社会呀,基马尔主义呀,现代国家呀,一党专政呀,一个主义呀,等等花腔,岂非更加不好意思唱了吗?(675页)

计策已定,事不宜迟,于是雇上几个玄学鬼,再加几名托洛茨基,摇动笔杆枪,就乱唤乱叫、乱打乱刺了一顿。于是什么"一次革命论"呀,共产主义不适合中国国情呀,共产党在中国没有存在之必要呀,八路军新四军破坏抗日、游而不击呀、陕甘宁边区是封建割据呀,共产党不听话、不统一、有阴谋、要捣乱呀,来这么一套,骗那些不知世事的人,……(678 页)

什么召开国民大会制定宪法呀,什么改组一党政府为多党政府呀,其目的原是为着孤立中共和其他民主力量;结果却是相反,被孤立的不是中共,也不是任何民主力量,而是反动派自己。(1225 页)

在胪列事物时,如果都按"啊"音变来读,遇到不自由的"啊"音变,忽而[a],忽而[na],忽而[ia],反而减弱了胪列的语气。正好有一个"呀"可以代替"啊"出现在任何一种收声之后,因此目前在口语里表达胪列语气时,就有用"呀"[ia]一个音来代替"啊"各种音变的趋势。例如:

酱[-ŋ]呀,醋[-u]呀,肉[-u]呀,菜[-i]呀,可真买了不少。
天[-n]呀,地[-i]呀,神[-n]呀,鬼[-i]呀的,我都不信。

上举《毛泽东选集》里的三个例子正反映出了口语里的这种趋势。

(2) 加强语气。例如:

现在你们想减租,我请问你们有什么法子,信神呀,还是信农民会?(35 页)

说理的首先一个方法,就是重重地给患病者一个刺激,向他们大喝一声,说:"你有病呀!"使患者为之一惊,出一身汗,然后好好地叫他们治疗。(834 页)

拿洗脸作比方,我们每天都要洗脸,许多人并且不止洗一次,洗完之后还要拿镜子照一照,要调查研究一番,生怕有什么不妥当的地方。你们看,这是何等地有责任心呀!我们写文章,做演说,只要像洗脸这样负责,就差不多了。(840—841 页)

以上三例"呀"之前的音节或是[-n],或是[-ŋ],按"啊"音变规律都不能读成"呀"。但是原文写成"呀",我们按[ia]的声音来读,不但不觉得别扭,而且还觉得比读[na]或[ŋa]的语气更强烈一些,这就说明"呀"并不完全等于"啊",而已成为"啊"的一种加强语气。

老舍著、焦菊隐改编的《龙须沟》演出本(1951 年 6 月出版)是比较能反映出北京话口语实际情况的剧本,全文 183 页,一共用了约 400 次"啊、呀、哇"等等,粗粗翻阅一遍,其中绝大部分都是符合"啊"音变规律的①,可能只有十二个例外,这十二个例外一律是用"呀"来代替"哇、啊"等等,而没有相反的情况。下面把这十二个例外列举出来,每例只举一句话,句后括号内的汉字表示按"啊"音变规律应该用的字,数字表示原书页数:

  1. 这种话您可别瞎聊呀,(哇)(31)
  2. 您怎么这么会对付呀?!(哇)(33)
  3. 他想办出点事来也可得成呀!(啊)(36)
  4. 哪儿是咱们的卫生呀!(啊)(42)
  5. 也没人说你窝囊呀?(啊)(56)
  6. 他也是难受呀。(哇)(78)
  7. 您今儿个不上工呀?(啊)(87)
  8. (叫卖声:)还是点辣青椒呀!(哇)(93)
  9. 我哪一样儿也没耽误呀!(哇)(102)
  10. 学了本事你也得结婚呀!(哪)(106)
  11. 看见二嘎子没有呀!(哇)(142)
  12. 他这路工人可有活干呀!(哪)(171)

自然,在这些例子里,也可能有一些是作者偶然疏忽写错了的,但这不能解释何以都是以"呀"代替其他,而没有以其他代替"呀"的。总起来看,这些句子都表现了比较强烈的语气,把这些"呀"换成"哇、哪"等等,语气一般就显得弱一些。这点在前面已经谈到,下面再举几个日常谈

---

① 原书[a][ŋa]写成"啊",[ia][za][ʐa]写成"呀",[ua]写成"哇",[na]写成"哪"。[za][ʐa]写成"呀",可能是作者认为声音和[ia]比较近,也可能认为本应该读成[ia]。原文也偶有不管音变结果仍写成"啊"的地方,如"我知道你死得冤啊"(70 页),这并不表明在这里不产生"啊"音变。

话里的例子：

    1.（a）原来他功课不好哇！（一般的出乎意料）

       （b）原来他功课不好呀！（非常出乎意料之外）

    2.（a）快去找人哪！（一般命令）

       （b）快去找人呀！（强烈的命令）

    3.（a）你忙不忙啊？（一般问句）

       （b）你忙不忙呀？（你到底忙不忙?）

从语音上看，各例(b)类"呀"前面那个音节一般要比在(a)类里读得高些、重些、长些，"呀"本身也要比一般语气词读得略略重一些。(b)类全句的语调一般也比(a)类高而快一些。

    在[-i][-y][-a]之后，"啊"音变的结果也正好是[ia]，而且是不自由的连读音变。这时，只从[ia]本身就很难决定全句应该属于(a)类还是(b)类，唯一的办法是看"呀"前面那个音节和全句的语调怎样读。例如："原来是你[ni]呀！""怎么还不去[tɕʰy]呀！""喝不喝茶[tʂʰa]呀？"，如果"你、去、茶"读得较高、较重、较长，全句的语调也比较高而快，就属于(b)类，"呀"是"啊"语气的强调；否则就属于(a)类，"呀"只是"啊"音变的结果。

    总之，从总的趋势看，我们很难承认"呀"仍旧只是"啊"音变的结果。在语音上"呀"能出现在任何一种收声之后，在语气上"呀"常常能表示"啊"语气的强调。过去只把"呀"看成是"啊"音变的结果，看来是不够全面的。

（原载《北京大学学报》第 6 期，1963 年）

北京话儿化韵个人读音差异问题

一

近几十年来,北京话的儿化韵可能正处在比较大的变动时期,其中一些韵母的读音相当不稳定,个人之间的差异是相当明显的。这种个人差异可以分为两种。一种差异不影响整个语音系统。例如舌根鼻音韵母 ang,eng 等儿化以后,有些人元音鼻化比较重,有些人非常轻;韵母 a 儿化后,有些人舌位高一些,有些人低一些。这种个人读音差异现象是任何时候在任何语言里都会存在的,不属于本文的讨论范围。

令人感兴趣的是另一种个人读音差异,这种个人读音差异比上一种明显,而且可能影响到语音系统。例如,不少北京人认为"小褂儿"和"小罐儿"声音不同,但也有些北京人认为没有分别;有的人认为"歌儿"和"根儿"分别明显,但也有的人认为完全同音。如果认为有分别,"褂儿""罐儿""歌儿""根儿"就是四个儿化韵母;如果认为没有分别,就只是两个儿化韵母("褂儿""罐儿"合并,"歌儿""根儿"合并)。

过去讨论北京儿化韵的论著不少,但大都只根据一种读音来归纳儿化韵,有的完全从分,有的完全从合,也有的这个韵母从分,那个韵母从合。北京话到底有多少儿化韵,到目前还没有一致的意见,对儿化韵音值的描写自然也会有相当大的分歧。有一些论著虽然也谈到了儿化韵的个人读音差异,但多半只是举例介绍性质,系统讨论的似乎不多。本文只想比较系统地介绍这种读音差异现象,并对由此引起的音位处理问题做一些尝试性的解释。完全弄清儿化韵个人读音差异的性质,还必须做大量的调查研究工作,这项工作不是短期内所能完成的。

绝大多数的儿化韵都是由非儿化韵语素加语素"儿"形成的。但有两种儿化韵和语素"儿"完全无关。一种是"今儿、昨儿、前儿、明儿、后ᵣ、几ᵣ"和"这ᵣ、那ᵣ、哪ᵣ"里的"儿"，前者是由"日"变来的，后者是由"里"变来的，虽然汉字也写成"儿"，实际是语素"日"和"里"的语素变体，与语素"儿"并无关系。类似的例子也许还有，但肯定不多。

另一种是连读音变的结果，一般只出现在三音节连读时中间的一个音节。如"连二灶"（双眼灶）读成 liánr zào，"普洱茶"读成 pǔr chá，"窦尔墩"（京剧"连环套"中人名）读成 Dòur Dūn。这种儿化韵是由"二、洱、尔"等原来读 er 的音节和前面音节合并而成的，任何读 er 的语素，只要处在三音节的中间，都有可能出现这种连读音变现象。自然，这种连读音变一般只出现在一些人快读时，但是像"连二灶"，即使慢读，一般也是要读成 liánr zào 的（也有读成 liānr zào 的，第一音节进一步变成阴平），在一些人心目中，可能已经不感觉"连二灶"这个词里还有一个语素"二"了。

现在有一些北京人把这种连读音变的儿化现象进一步扩大，在日常谈话时，甚至可以听到他们把"没人去""没人看""没人理"这种格式里的"没人"连读成一个音节 méir[mər]，这样，连语素"人"rén 都可以只剩下声母的卷舌作用，成为儿化韵的组成成分了。以上这些由连读音变产生的儿化韵自然都和语素"儿"毫无关系。

就分析儿化韵来看，后一个语素究竟是"儿"还是"日""里""二""洱""尔""人"或其他，关系不大。无论如何，语素"儿"还是其中的绝大多数。为了便于说明，下文凡是需要提到儿化韵的后一个语素时，一律只以语素"儿"为代表。

二

北京话有几组韵母在儿化后明显地分成两派读法，非儿化韵和儿化韵的分合就形成了比较复杂的局面。这几组韵母是：

（一）ar, iar, uar 三个韵母有两派读法。一派读成[ar][iar][uar]，特点是 a 在儿化后音质基本不变，也有人读成[aər][iaər][uaər]，是前响复元音[aə]的卷舌。这派认为 ar[ar]（或[aər]）和 air, anr（都读成[ɐr]）不同音。另一派则把 a 的舌位略略升高，ar 读成

[ɚ]，和 air，anr 同音。按照第二派读音，要合并三个儿化韵母：

    1. ar＝air，anr（把儿＝板儿）

    2. ia＝ianr（价儿＝件儿）

    3. uar＝uair，uanr（褂儿＝罐儿）

（二）韵母 e 儿化后，一派读成前响复元音[ɤə]的卷舌（也有[ɤ]不卷舌只[ə]卷舌的读法）；另一派则读成单元音，音值不很稳定，介于[ɤ]和[ə]之间，可以用[ɤr]来表示。此外，也有一些人上声和去声按第一派读，阴平和阳平按第二派读。

这两派读音虽然分歧较大，但都认为和 ï①，ei，en 儿化后所读的[ɚ]不同音，"车儿"chēr[tʂʻɤr]（或[tʂʻɤər]）和"吃儿"chīr[tʂʻɚr]的分别是很明显的。但是，现在有一些人（可能主要是一些青年人）读这两套儿化韵母时，在舌根音声母 g，k，h 之后有合并的趋势，在他们嘴里，"车儿"和"吃儿"虽然不同音，但是"歌儿"和"根儿"则没有分别，都读成[kər]。

（三）ier，üer 和 ir，ür（或 inr，ünr）读阴平和阳平时分别很明显，如"街儿"jiēr 不等于"鸡儿"jīr，"橛儿"juér 不等于"局儿"júr。上声和去声则有两派读法。一派同阴平和阳平，两套韵母分别很清楚。另一派则把这两套韵母的上声和去声读成同音："姐儿"等于"几儿（哪一天）"，都读[tɕiɚr]；"叶儿"等于"（玩）艺儿"，都读[iɚr]。

ie，üe 两韵母儿化后音值也不很稳定。有些人读成[iɛər][yɛər]，是前响复元音[ɛə]的卷舌，卷舌作用主要在[ə]。另外有些人则读成单元音，是介于[ə]和[ɛ]之间的元音，暂用[iɐr][yɐr]来表示。

北京儿化韵个人读音差异主要就是以上所举的三类，乍看似乎头绪纷繁，归纳起来不过是两派，可以概括成下表：

	甲派读音	乙派读音
1. ar	[aər]	[ɚr]
iar	[iaər]	[iɐr]

---

① ï 代表舌尖元音[ɿ]和[ʅ]。

	uɑr	[uaər]	[uɐr]
2.	er	[ɤər]	[ɤr]*
3.	ier	[iɛər]	[iɛr]**
	üer	[yɛər]	[yɛr]**

* 一部分人在 g,k,h 后读[ər]。

** 一部分人上声和去声后读[iər][yər]。

表中三类韵母的两派读音是很有规律性的。甲派把这些韵母读成带[-ər]的前响复元音卷舌,乙派读成单元音卷舌。现在有人完全按甲派读,有人完全按乙派读,也有人有的韵母按甲派读,有的韵母按乙派读,情况是相当混乱的。大约甲派可以算是老一派读音,代表儿化韵发展的一个阶段,这阶段"儿"已经和前面音节合并成一个音节,但音节内部的元音还没有合并。乙派则可以算是新一派读音,代表儿化韵发展的一个新阶段。从乙派内部[ɤr]又有和[ər]合并的趋势("歌儿"="根儿")、[iɛr][yɛr]又有和[iər][yər]合并的趋势("姐儿"="几儿")来看,北京的儿化韵是还有进一步合并的可能的。

北京至今还有一些老年人仍旧把一些应该儿化的音节读成两个音节,例如,有时还可以听到他们把"灯儿""歌儿"读成 dēng'er,gē'er 两个音节,并没有儿化成 dēngr,gēr。这可能是北京韵母儿化过程没有完成时期读音的残留,由此可以推测,北京话儿化韵儿化作用的完成,很有可能只是近一百多年的事。"歌儿"的读音从[kɤ＋ər]到[kɤər]到[kər],发展过程非常清楚,这个发展过程同时存在于现代人的嘴里,正可以证明近百年来北京儿化韵正处于比较迅速的变化阶段,这个变化过程至今还没有完成。

除以上三组儿化韵以外,还有一个儿化韵 uengr 存在着个人读音差异。读 ueng 的字本来就很少,可以儿化的大约只有一个"瓮儿"。一派按照儿化的一般规律把它读成[uɐ̃r];另一派就把这个唯一的[uɐ̃r]合并到 ongr 里去读成[ũr],结果 uengr＝ongr,也就是说,[uɐ̃r]的读音由于很少出现,被它相近的读音[ũr]同化了。

三

下面讨论儿化韵的音位处理问题。

分析音位最基本的方法之一就是看两个音处在相同的语音环境时是否产生对立关系,如果对立,这两个音就分属两个不同音位。这种分析方法虽然还有它的缺点,但由于汉语音节结构简单,哪些音有对立关系,往往可以一目了然,用这种方法说明汉语音节内部的音位,是比较简单有效的。

但是,在说明儿化韵音位时,遇到个人读音差异的地方,只看对立关系,就很不好处理。例如,如果认为"板儿"[pɐr]和"把儿"[par]不同音,在这一对词里,[ɐ]和[a]形成对立关系,就应该分属两个音位;可是另外有些人认为"板儿"和"把儿"同音,不存在对立关系,自然根本谈不上分属两音位。这样,[ɐ]和[a]究竟是否形成对立关系,直接影响到儿化韵的音位系统;但是,就这两个音在语言中实际所起的作用看,是否形成对立关系又似乎是无足轻重的,无论是分读两音,还是合读一音,除非受过一定的语音训练,都感觉不到另一种读音的存在。只就这一点来看,这种个人读音差异很像是音位中的自由变体,只是它有系统地存在于不同的人嘴里罢了。

如果从分不从合,把[ɐ]和[a]分成两个音位,显然是行不通的,儿化韵中分合不一致的不只是[ɐ][a]一对,如果都分开,势必把整个音位系统搞得支离破碎。如果从合不从分,把[ɐ]和[a]合成一个音位,只就这一对音来说并没有什么问题,但是其他分合不一致的音呢?有些人认为"歌儿""根儿"同音,那就应该把认为不同音的[kɤr]和[kər]里的[ɤ]和[ə]合并;如果合并,又应该怎样对待"车儿"[tʂ'ɤr]和"吃儿"[tʂ'ər]的分别呢?这一对音是没有人认为同音的。

这种分合两难的情况正说明只用对立关系说明音位是有它的局限性的。两音的对立关系并不是孤立存在,而是处在整个音位系统之中的。为了解决分合两难的问题,有必要先对儿化韵音位总的情况以及它和语素的关系做一番分析。

四

  从语素层次看,所谓儿化韵音节,实际是由一个语素后面加上语素"儿"形成的,包含两个语素。语素"儿"不过是元音的卷舌作用,和前一个语素的元音同时发出罢了。因此,在分析音位时,首先必须把这个卷舌作用单独分出去,作为一个独立的音位,然后再确定剩下的元音成分的音位地位。这个代表卷舌作用的音位,汉语拼音方案用 r 来代表。在分析儿化韵时,多数情况都应该只把其中的卷舌作用归入音位 r[①],但是,以下两类儿化韵却不能如此处理:

  第一类是由韵母 ï 变来的儿化韵,如"丝儿"[sər],"事儿"[ʂər]。如果只把这类韵母的卷舌作用归入音位 r,剩下的元音[ə]的音位地位就成了问题。语素"儿"单独读时正是[ər],可见[ə]和它的卷舌作用应该算是一个单位[ər],代表语素"儿"。

  第二类是由韵母 i,ü 变来的儿化韵(还包括前面提到的甲派读音中由韵母 a,ia,ua,e,ie,üe 变来的儿化韵),如"鸡儿"[tɕiər],"鱼儿"[yər](以及甲派读音中"把儿"[paər])。这类韵母如果也只把卷舌作用归入音位 r,会遇到上类韵母同样的困难,因此也应该把[ər]看成一个单位,代表语素"儿"。

  这样,语素"儿"就有两个语音形式:一个是前一个语素中元音的卷舌作用,可以写成[r];另一个是[ər]。[r]和[ər]都是音位 r 的音位变体。

  在儿化韵音节中,语素"儿"前面的成分代表另一个语素[②],这个语素语音形式的变化,要比语素"儿"复杂。自然,其中也有一些在加上语素"儿"儿化以后,语音变化很小,甚至可以说没有什么变化,例如"兔儿"[tʼur],"桃儿"[tʼaur],"鸡儿"[tɕiər]。但是这样的韵母只占

[①] 为了行文简便,本文音位标音用汉语拼音方案,不另立符号和标记。
[②] 如果这个语素不是单音节的,儿化韵音节就和它前面的音节共同形成一个单位,代表一个语素,如"蝴蝶儿""骨朵儿"。

少数。

大多数情况是儿化以后虽然语音形式有比较明显的变化,但音位结构并没有改变。最突出的例子是-ng韵尾的音节,例如"缸儿"gāngr[kãr],"铃儿"língr[liẽr],"灯儿"dēngr[tẽr],这类韵母的元音鼻化作用[~]和卷舌作用[r]同时发出,和没有儿化的韵尾-ng[ŋ]比较,语音形式变化很大,但鼻化作用[~]只是-ng的音位变体,音位结构并没有因此发生变化。

比较复杂的是-i和-n韵尾的音节,儿化后不但语音形式有很大变化,而且这种变化有可能直接影响到音位的结构。例如"袋儿"dàir[tɐr],"柜儿"guìr[kuər],"板儿"bǎnr[pɐr],"棍儿"gùnr[kuər]。这些音节把语素"儿"分出去以后,语素"袋"的语音形式是[tɐ],"柜"是[kuə],"板"是[pɐ],"棍"是[kuə]。更特殊的是ï韵母音节,例如"词儿"cír[ts'ər],"事儿"shìr[ʂər],这里的[ə]显然是音位r的音位变体,代表语素"儿",把它分出去,语素"词"的语音形式就只剩下声母[ts'],"事"则只剩下声母[ʂ]了。

过去谈儿化韵,一般只从语音层次指出韵尾-i和-n在儿化时脱落(ï是否脱落似乎很少有人提到),不大从音位层次或语素层次说明这种脱落对音位或语素的分析有什么影响,应该如何去解释。

在音位层次上,我们很难承认这是音位性的脱落。这种脱落在北京儿化韵中有极强的规律性,绝无例外,这种具有普遍性的语音现象,显然只能在音位内部寻求解释。此外,如果承认这是音位性脱落,在语素层次就必须承认像"袋""板""词"这样的语素都有两个语素变体:一个有-i,-n和-ï,一个没有。没有-i,-n和-ï的语素变体只出现在后面紧跟语素"儿"的时候。这样解释虽然似乎也能言之成理,但是把[ta]看成是语素"袋"的一种语音形式,距离汉族人的语感实在太远了。这样分析,显然是混淆了音位分析和语素分析的界限。

解释这种语音脱落现象唯一可行的办法是承认一个音位的音位变体可以是零,即不发音。我们过去常用"零声母"这个概念,实际上是用来说明音位之间的结构关系的(从音位结构关系看,"零声母"就是一种"零音位")。现在把"零"的概念从音位结构关系进一步扩大到一个音位内部,认为一个音位的音位变体也可以是零,就能非常简单明了地把这种语音脱落现象解释清楚。从音位层次看,-i,-n 和-ĭ 不发音,并不是它们脱落了,而只是它们各有一个"零变体"而已。这样分析所得出的结论,和汉语拼音方案对儿化韵的拼写法完全一致,也可以说是对汉语拼音方案的拼写法做出音位性的解释。

五

确定了儿化韵的音位结构之后,再看个人读音差异所带来的分合两难问题,就可以迎刃而解了。

先看 ar,iar,uar 这一组。"把儿"虽然有两派读音,但是,不管认为它和"板儿"同音还是不同音,这两类音节的音位结构是完全不同的(用汉语拼音方案来表示,"把儿"是 bǎr,"板儿"是 bǎnr)。两派实际读音虽然有分歧,但在音位的处理上则是相同的,即都把"板儿"里的-n 的音位变体看成是零。读音分歧只是对一个音位的音位变体的个人读法不同,是音位内部各变体的读音分歧,并不影响音位的结构。这种情况在音位分析中本是很常见的,例如北京话的 a,有人读得比央元音略前,有人读得比央元音略后,只是这种读音分歧并没有使得两种音位结构变成同音。"把儿"和"板儿"的特点就在于能够使两种不同的音位结构变成同音。

不同的音位在一定条件下是允许读音相同的,例如,北京大多数人把 ian 里的 a 和 ie 里的 e 都读成[ɛ],a 和 e 两音位在[ɛ]这个音位变体上出现了音位重叠现象。从"把儿"和"板儿"可以读成同音来看,不同的音位结构也是可以出现结构重叠现象的。"把儿"bǎr 和"板儿"bǎnr 本是完全不同的音位结构,但是由于 n 处在 r 之前时的音位变体是零,于是两种不同的音位结构变成了同音,只是这种结构重叠现象目前还只出现在一部分北京人嘴里罢了。

er 组和 ier,üer 组的情况基本和 ar 组相同。一些人把"歌儿"gēr 和"根儿"gēnr 读成同音,把"姐儿"jiěr 和"几儿"jǐr 读成同音,都可以用音位结构的重叠现象来解释,只是这种重叠现象的出现条件比"把儿"

一类更严一些:"歌ㄦ"只限于舌根音声母,"姐ㄦ"只限于上声和去声。"把ㄦ""歌ㄦ""姐ㄦ"实际上都有四种读法,可以列成下表:

	(1)	(2)	(3)	(4)
把ㄦ:	[pa ər]	[paər]	[par]	[pɐr]
歌ㄦ:	[kɤ ər]	[kɤər]	[kɤr]	[kər]
姐ㄦ:	[tɕiɛ ər]	[tɕiɛər]	[tɕier]	[tɕiər]

第一种读法根本没有形成儿化韵,汉语拼音方案应该分别写成 bǎ'er, gē'er, jiě'er,与儿化韵无关。其余三种读法的音位结构相同,汉语拼音方案分别写成 bǎr, gēr, jiěr。第二种读法和第三种读法的分别在于 r 的音位变体不同:前者是[ər],后者是[r]。第四种读法则是 a, e 的音位变体和前两种不同,这种读法把处在 r 前的 a, e 读成[ɐ], [ə],只有这种读法才出现音位结构重叠现象。

  一个语言的语音发展虽然比较缓慢,但总是不断发展变化的。如果儿化韵个人读音差异的现象确实能反映出目前阶段北京话语音发展的一个侧面,那就有可能为研究在语音的共时性中如何反映语音的历时性之类的问题提供一些线索,在这方面,还有大量的工作等待我们去做。

(原载《语文研究》第 2 辑,1982 年)

北京话去声连读变调新探*

一

北京话两个去声音节相连,第一个音节产生变调现象。对这种变调现象目前有两种不同的解释。第一种认为第一个去声音节由全降调[\\]51变为高降调[\\]53,这是目前流行最广的看法,另一种是赵元任先生晚年提出来的,在他的 *A Grammar of Spoken Chinese* 中曾对此有很概括的说明:

> 我曾经订过一条变调的规则,就是去声加去声时,头一个去声并不降到底,即:\\\\→\\\\,或 51:+51:→53:51:,像"大树"。可是因为重音会扩大声调的幅度跟长度,而且除非是轻声,两音节的复合词或词组的第二音节总比较重,所以两个去声连在一起,不必说是53:51:,应该说是一个小的 51:[\\]跟一个大一点的 51:[\\]。而且任何一种声调的组合都有类似的现象。比如上声字出现在第二个音节时,总会降得比半上声低。既然这是普遍的现象,就用不着画两套大小不同的调图了。①

按照这种解释,第一个去声音节之所以会听成高降调[\\]53,是因为它是一个小[\\]51,是音强和音长在起作用,与变调无关。这两种解释虽然不同,但都肯定第一个去声仍旧是降调,调型并没有发生变化。

---

* 本文内容曾摘要在维也纳召开的第五届国际语音学会议(1984年6月25—28日)上宣读。

① *A Grammar of Spoken Chinese*, pp.28—29. 译文引自香港中文大学出版的丁邦新译本第17页。又,1959年,赵元任在《语言问题》(商务印书馆1980年版)中已明确提出这见解,见该书"声调"一节。

最近一个时期,我和北京大学中文系汉语专业的一些教师和学生对北京话进行了比较广泛的调查,发现有不少人把两个去声连读时的第一个去声读成阳平,也就是从全降调[\]51变读成高升调[/]35。这些人都是世居北京的地道北京人,而且这现象遍及城区和近郊,显然不能以例外现象来解释。为了弄清这一问题,我从已经调查到的录音材料中抽选出一部分做了必要的统计分析,统计分析结果表明,这种变调现象和地区、年龄、性别、文化程度都有一定的关系。由于统计取样的数量还不够多,还不能由此得出十分可靠的结论,但至少可以看出产生这种现象的一些线索来。

二

本文所用的统计材料是从北京城区和近郊农村的一百多份录音材料中抽样选出的,共从五个地区选出55个人的材料,每个地区选11人。这五个地区是:城区、东郊、南郊、西郊、北郊。城区选样主要集中在崇文区天桥一带、宣武区牛街一带和东城区东四以北至安定门一带。四郊各在农村选一个调查点:东郊——朝阳区八里桥村,南郊——丰台区西铁营村,西郊——石景山区模式口村,北郊——海淀区清河镇。这些调查点距离城区都比较近,语音系统和城区并没有分别。

从以上五个地区所抽选的材料包括不同年龄、不同文化程度和不同性别的人。年龄的划分以65岁以上为老年,35岁至64岁为中年,20岁至34岁为青年。文化程度分两类,基本以是否受过完整的小学教育为分界线;在文化低的一类里包括一部分文盲和半文盲。调查材料分为询问单词和随便谈话两部分,在从录音材料中挑选两个去声相连的词和词组时,包括了这两部分材料,一共挑选出512个两个去声相连的词和词组。

这512个词和词组是进行统计分析的基础。第一步工作是逐个仔细听辨,结果发现其中有184个前一个音节由原来的降调变成了和阳平相同的升调,占总数的三分之一以上。与地区、年龄、性别、文化程度有关的统计数字在表一中列出,降调一栏表示前一个音节仍旧保持降

调,升调一栏表示已变读成升调,括号内是读成降调或升调的百分比:

表 一

		降调	升调	共计
地区	城区	63(53.4%)	55(46.6%)	118
	东郊	38(48.7%)	40(51.3%)	78
	南郊	73(61.9%)	45(38.1%)	118
	西郊	76(78.4%)	21(21.6%)	97
	北郊	78(77.3%)	23(22.7%)	101
		328(64.1%)	184(35.9%)	512

		降调	升调	共计
年龄	老	127(56.7%)	97(43.3%)	224
	中	107(62.9%)	63(37.1%)	170
	青	94(79.7%)	24(20.3%)	118
性别	女	128(57.1%)	96(42.9%)	224
	男	200(69.4%)	88(30.6%)	288
文化	低	171(57.6%)	126(42.4%)	297
	高	157(73%)	58(27%)	215

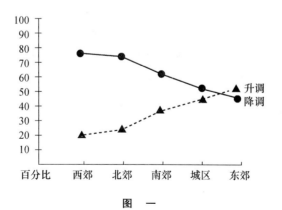

图 一

从地区统计看,西郊和北郊读降调的百分比最高,接近于80%;南郊和城区的百分比显著下降,在60%左右;最低的是东郊,读降调的人还不到50%。这趋势可以从图一中清楚地看出来:图一中圆点和实线代表降调,三角点和虚线代表升调。变调随地区推移而变化的趋势是非常明显的:降调从势力比较大的西郊和北郊向城区和南郊推移,最后达到东郊;升调则相反。这种趋势显然是无法用偶然的巧合来解释的。

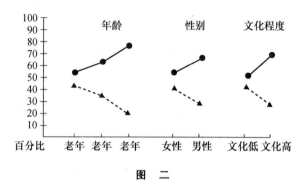

图 二

从年龄统计看,年纪越轻,读成降调的越多,青年人读升调的只有20.3%,还不到老年人43.3%的一半。从性别统计看,男性读降调的百分比要比女性高。从文化程度统计看,文化高的人读降调的百分比要比文化低的人高得多。以上三种统计的比较可以从图二中看出来:其实,年龄、性别、文化程度这三方面的因素是相互密切联系的。目前在我国,青年人所受的教育平均要比中年人高,中年人又比老年人高;男性所受的教育平均也要比女性高一些。在我们调查的一百多人中,文盲和半文盲都是老年人,而且以女性居多。因此,这三方面因素中,文化程度是起关键作用的。也可以说,把去声连读变调读成降调,是文化程度比较高的一种语音标志。

但是,文化程度的差别对地区的分布并没有多大影响。城区的文化程度自然要比近郊农村高,但读成降调的百分比只略高于东郊,远远低于西郊和北郊的农村。可见地区分布是确定北京话去声变调读法的最重要的因素。

三

以上512条材料都是直接用耳朵听辨的,为了验证听辨结果是否准确,又从这512条例子中随机抽选出100条来(每个地区抽选20条),用语图仪做出这100条的窄带语图,观察第一音节谐波的走向,以此确定调型的升降。观察结果表明,凡是听成升调的音节,窄带语图的谐波都表现为上升的调型,证明升调的听辨结果是可靠的。但是,听成降调的音节在窄带语图的谐波上则表现为两种调型:降调和平调。表二是这100个去声音节在窄带语图上所表现的调型分地区的统计:

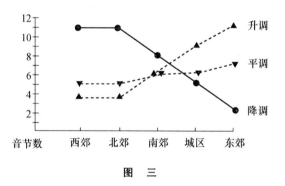

图　三

表　二

	降调	平调	升调	共计
城区	5	6	9	20
东郊	2	7	11	20
南郊	8	6	6	20
西郊	11	5	4	20
北郊	11	5	4	20
	37	29	34	100

从表二可以看出,在随机抽选的这100条材料中,读成平调的比例相当大,降调、平调和升调大致各占去声连读变调的三分之一。所有的

平调在听觉上都听成降调,和真正的降调加在一起,一共66条,和表一对512条材料所做统计中降调占64.1%的百分比基本一致。在这66条中,实际是平调的29条,占43.9%,接近一半。

从地区分布看,升调比率低的地区(如西郊和北郊)平调的比率也低,升调比率高的地区(如城区和东郊)平调的比率也有上升的趋势。从图三中可以很清楚地看出这种倾向:图三中倒三角点和虚线代表平调,它在各地区间的比率变化和升调基本上是一致的。平调虽然在听觉上都听成降调,实际上是升调和降调之间的过渡形式。

四

从以上的统计分析可以看出,北京话去声连读变调实际有三种形式:降调、平调、升调。只从听觉来分析,也有降调和升调两种形式。但是,变读成升调的现象过去从来没有被人注意到,这可能有两方面的原因:一个原因是过去的研究只着重于单个双音词和词组读音的变化,对日常谈话中表现出来的连读变调现象比较忽视;另一个原因是过去的调查对象一般只限于文化较高、识字较多的人,对文化低的人和文盲的语言重视不够。本文的调查统计材料已经证明,变读成升调的现象主要就是存在于文化低的人随随便便的日常谈话中的。有时还出现这种情况:同一个发音人读同一个两去声相连的双音词,在认真单独读这个词时第一个音节读降调,在随便谈话时就读成了升调;同是随便谈话,在着重说这个词时第一音节读降调,在不经心说到这个词时又读成了升调。

文化低的人往往和外界接触少,比较容易保留旧的语言形式。因此,升调的读法很可能是去声连读变调的早期形式,也可能在一定程度上反映出北京话去声还没有读成全降调时的调值。自然,近几百年来北京话去声调值的演变以及连读变调的情况我们还不很清楚,也不准备在这篇文章里讨论,但从各方面的材料看,至少在十五六世纪时,北京话去声调值并不是现在的全降调,而是一个较高的调子,①或许就是一个接近高升调的调子,或许只在连读变调时变成高升调,目前还无法肯定。这个调子在变成现在的全降调以后,可能只在连读变调中仍旧保存着原来的升调读法,只是到后来才逐步向降调转变的。平调则是升调向降调转变时的过渡形式。这个过渡到目前还没有完成,于是形成了这种降调和升调并存的共时变异现象。

升调和降调的调型完全相反,在转变时以平调作为过渡形式,变成平调以后就一律听成降调,这是和音长有密切关系的。我在用合成语音的方法对北京话轻音做听辨测验时,发现听音人听辨能力要受音长的制约,音长越短,调型的变化对听辨所起的作用就越小。② 北京话双音词的前一个音节一般都比后一个略短一些,在我们抽选出做语图的100条材料中,绝大部分都是从日常谈话中截取出来的,速度较快,前一个音节的长度一般都在200毫秒以下,最短的只有130毫秒左右,这时听音人对调型升降的分辨能力已经比较差,往往只是根据上下文来猜测,把听到的比较模糊的调型归入已知的声调模式中去,这可能就是把去声的平调变读一律听成降调的主要原因,也是原来的升调能够逐步转变成降调的一个原因。

另一种可能性是:升调的读法是受邻近方言的影响才形成的,和历史音变并无关系。但是,从已掌握的调查材料看,这种可能性是很小的。前面已经谈到,读升调比率最高的地区在东郊,根据我们的调查,从东郊的调查点八里桥村以东的通县和以南的大兴县一直到以北的顺义、平谷、怀柔、密云各县,去声的读法都和北京城区一样,是全降调[\]51。根据50年代河北省方言的调查材料,甚至东面远到河北省的三河、大厂、香河、蓟县、宝坻,南面远到安次、永清、武清,北面远到兴隆、

---

① 梅祖麟认为16世纪官话去声的调值是[55],参看梅祖麟:Tones and tone sandhi in 16th century Mandarin,*Journal of Chinese Linguistics*,5,pp. 237—260,1977.

② 林焘:《探讨北京话轻音性质的初步实验》。

滦平、丰宁等县,去声的读法也都是[\]51,没有变化。① 在这一大片地区里,并没有把去声读成升调的,因此,没有任何迹象可以说明北京东郊读升调的比率高是受邻近方言的影响;至于比率原就比较低的西郊和北郊,就更难用邻近方言的影响来解释了。

五

只从语音演变的角度看,像这种从升调向降调变化的连读变调现象是很容易产生类推作用的,一旦这种变调现象产生,按说很快就能类推到所有具有这种变调条件的词上去。但是实际情况并非如此。这种变化显然已经经历了比较长的时期,看来可能是通过一个个词或词组读音的变化逐步扩散开的②,这个扩散过程直到今天也还没有完成。

在我们抽选的 512 条材料中,一共出现了 138 个词或词组,其中第一音节只读降调的有 95 个,只读升调的有 18 个,共计 113 个,绝大多数在全部材料中都只出现过一两次。为了便于参考,下面把这 113 个词和词组全部列出,按出现次数排列,出现次数相同的按音序排列:

只读降调(95 个,出现 120 次)

稻地　纪念　去世　睡觉　最后　做事　以上 6 个各出现 3 次　背后　待业　放假　介绍　困难　木料　四辈儿　四代　太暗　外地　下地　再见　种稻子　以上 13 个各出现 2 次　案件　办社　半夜　报废　背兴　部队　大辫子　大地　大褂　大后方　大话　大骆驼　大件儿　第二代　弟妇　地窨子　电镀　电力　电磨　电器　对味儿　兑现　剁碎　恶霸　二寸　二弟　费电　废话　费事　附件　故去　挂面　柜面儿　坏事　会算　计划　记事　酱菜　就这样　扩大　立柜　六瓣儿　六代　六月　卖布　卖破烂　念错　泡料　配电　配料　破碎机　让座儿　上辈儿　上供　是味儿　试验　受累　受气　受热　顺利　四寸　四害　宿舍　蒜瓣儿　外县　细磨　岳父　月票　战斗　照相　正式　正字　治病　自

---

① 参看中国科学院河北分院语文研究所和河北北京师范学院合编的《河北方言概况》,河北人民出版社 1962 年版,第 62—67 页。

② 参看 William S-Y Wang(王士元)Language change—a lexical perspective, *Annual Review of Anthropology*, 8, pp. 353—371, 1979.

动　作价儿　坐这边儿　以上76个各出现1次

只读升调(18个,出现21次)

电线　卖艺　注意　以上3个各出现2次　按份儿　变戏法儿　大妹子　逗乐儿　饭铺　放炮　会用　混饭　叫二姐　扣肉　立夏　弄坏　入社　剩饭　事后　以上15个各出现1次

除以上113个以外,余下的25个都有降调和升调两种读法,出现次数都比较多,下面以出现次数为序列出这25个词和词组(数目字代表出现次数):

	降调	升调	共计		降调	升调	共计
现在	49	44	93	唱大鼓	1	2	3
树叶儿	36	17	53	副业	1	2	3
弟妹	35	15	50	故意	1	2	3
过去	26	23	49	教授	1	2	3
闰月	18	8	26	卖药的	t	2	3
碍事	14	8	22	月月	1	2	3
电视	6	9	15	种地	1	2	3
大队	3	5	8	最近	1	2	3
社会	4	3	7	电扇	1	1	2
唱戏	1	4	5	瘦肉	1	1	2
过日子	2	2	4	算卦	1	1	2
受罪	1	3	4	种菜	1	1	2
毕业	1	2	3		208	163	371

与前面只读降调和升调的两类合计,降调共出现120+208=328次,升调共出现21+163=184次,总计328+184=512次。

仅仅从以上这138个词和词组的读法还很难估计去声连读变调通过词和词组扩散时是否有规律可循。但从这些材料至少可以清楚地看出，只要词和词组出现的频率高，就会有降调和升调两种读法。出现五次以上的词和词组共有十个，其中"现在、过去、社会"两种读法大致各占一半，"电视、大队、唱戏"升调读法超过降调。这六个词都只出现在随便谈话的录音材料中。"树叶ᵣ、弟妹、闰月、碍事"都是回答询问单词时单说的，升调比率显著下降，只占三分之一左右。① 由此可见，升调的读法确实主要存在于漫不经心的谈话中。

　　对比这三类词的出现情况，可以发现日常生活中常用词第一音节似乎比较容易读成升调，例如："电线"比较常用，出现两次，都读成升调；"电视"目前在近郊农村已基本普及，出现十五次，有九次读成升调；"电扇"则升调和降调各一次；"电磨、电镀、电器、电力"都不是日常生活常用词，虽然都只出现一次，但四个词都读降调。在农村中"大队"是常用词，出现八次，有五次读成升调；"大妹子"是亲属称谓，出现一次，读成升调；可是"大件ᵣ、大地、大话、大辫子、大骆驼、大后方、大褂"这七个词就都读成降调。自然，是否常用，并没有绝对的标准，只能说读音变化有这样一种趋向而已。我们分析的材料很有限，只有一百多个词和词组，其中大多数又只出现一两次，很难说究竟哪种读法占优势。像"最后、睡觉、再见"应该说都是很常用的词，但恰巧出现次数都不多，而且都只有降调的读法。实际上在调查现场和发音人分手时，曾听到好几个人把"再见"的"再"读成升调，只是当时并没有录下音，不能算做正式的调查材料统计在内。

　　根据本文的统计分析，可以认为北京话去声连读变调从升调向降调的演变过程目前已接近完成。虽然升调事实上仍大量存在，但出现的条件已很有限制。我们可以把词和词组从升调向降调的演变分为未变、正在变和已变三个阶段。未变阶段早已过去，已经没有一个词或词组还必须变读成升调；正在变阶段仍然存在，表现为升调和降调并存的共时变异现象，但升调的出现只限于讲话人文化低、日常随便谈话和常

---

① 这四个词作为单词来询问的目的与去声连读变调并无关系。"树叶ᵣ"是问儿化韵，"弟妹"是问亲属称谓，"闰月、碍事"是问"闰"和"碍"的声韵母读法。这四个词正好都是两个去声连读，因此可以放在一起统计分析。

用词这三种情况;除这三种情况外,向降调的演变可以说已经完成,达到了已变阶段。读降调目前可以说是有文化修养和讲话认真的一种标志,这种读法正在逐步扩散开。随着人民文化水平的迅速提高和普通话的推广,可能用不了很长时间正在变阶段就会过去,完全达到已变阶段,整个演变过程也就完成了。

(原载《中国语文》第 2 期,1985 年)

北京东郊阴阳平调值的转化

从北京城区往东,经过顺义县到平谷县,虽然仍旧属于北京市,但语音已经发生明显的变化,最突出的是阴阳平调值变得完全相反。平谷人说"鲜肉""糖水",北京城里人听起来像是说"咸肉""汤水"。两种调值的分界线大致在北京城区东北约50公里处,也就是顺义县张各庄以西、曾庄以东一带。1984年4月,北京大学汉语专业部分师生曾到这一带做过方言调查,主要就是想了解这两种相反的调值在分界地带是如何相遇的。这几年来,始终没有时间整理这批调查材料,直到最近,才由我略加整理,写成这篇文章。

一

调查工作是在平谷县城和顺义县城之间进行的,两县城距离约40公里。从平谷县城往西,每隔四五公里,调查一个点,到顺义县张各庄以西,阴阳平调值才开始发生变化,再向西约五六公里到曾庄,阴阳平调值的转化基本完成,再往西,就和北京城区阴阳平调值完全相同了。张各庄和曾庄之间是两种调值相遇的地带,在这地带内又加细调查了7个点,即张各庄(张镇)、良善庄、赵各庄、小三渠村、大三渠村、柏树庄、曾庄,每个点调查了8个人。张各庄、良善庄和曾庄在平谷至北京的公路线上,赵各庄和柏树庄在公路之北,小三渠村和大三渠村在公路之南。

在这个地带,有一条自北向南的河流,当地称为"金鸡河",可能是洵河上游的支流,河床宽不过十几米,目前水流很小,但据当地人说,过去常发大水,能淹没下游宝坻一带,因此有"金鸡开膛,宝坻没粮"的民谣。这条金鸡河,基本上可以作为两种调值的分界线。张各庄、良善庄、赵各庄、小三渠村都在金鸡河东,阴阳平调值都比较接近平谷,大三渠村、柏树庄、曾庄都在金鸡河西,阴阳平调值都和北京基本相同。小三渠村和大三渠村东西相隔仅1公里,只因中间隔着金鸡河,阴阳平调值的差别就相当大。

这地带的东端张各庄已经和平谷的阴阳平调值没有什么区别,西端的曾庄也已经和北京的阴阳平调值没有什么区别。处在这两端中间的良善庄、赵各庄、小三渠、大三渠和柏树庄阴阳平调值都表现出不同程度的不稳定。这种不稳定不只表现在个人之间调值有差异,也表现在同一个人读阴阳平时调值摇摆不定,形成相当复杂的语音变异。语音变异本是语言中普遍存在的现象,但是在这地带,阴阳平调值的不稳定有其特殊性。这种不稳定是在北京和平谷完全相反的两种调值之间产生的,能够反映出完全相反的调值是如何完成互换过程的。这种不稳定又是在力量强弱极为悬殊的两种方言之间产生的,因此发展趋势极为明显,即向强方言北京话靠拢。如果以北京话的阴阳平为标准,从平谷逐步向西,可以明显看出阴阳平调值的"未变—正在变—已变"三个阶段,地区间的语音变化能够相当完整地反映出语音的历时音变过程。

二

调查材料可以分为两类:1. 问单字,阴阳平对比,如"窗—床,枪—墙,烟—盐"等。2. 问阴阳平组成的双音词和词组,如"鸡窝、猪皮、人中、鼻梁""摔交、回家、梳头、摇头"等,包括一些在农村中还使用不久的新词,如"沙发、公粮、承包、经营"等。此外还问一些阴阳平对比的词或词组,如"飞机—肥鸡,梯子—蹄子,衣服—姨夫,鲜鸡蛋—咸鸡蛋"。

从第一类单字对比可以很清楚看出这地带阴阳平调值非常不稳定。阴平调值有[35][33][44][45][55]五种读法,阳平有[55][45][35]三种读法。在调查的原始记音材料中,阴平还有记成[34][334][445]的,整理时分别合并到[35][33][44];阳平还有记成[455]的,整理时并入[55]。在整理过程中,曾选择了少数单字录音材料做出窄带语图,测量计算后与调查时的记音核对,并没有发现明显的记音失误。

从东面的良善庄到西面的柏树庄，5 个点的阴阳平调值呈现出逐渐向北京话靠拢的趋势。5 个点各调查了 8 个人，共 40 人，下面是这 40 人阴阳平读音按地点分布的情况：①

表 一

		良善庄	小三渠	赵各庄	大三渠	柏树庄
阴平	[35]	4	3	1	0	0
	[33]	2	4	2	0	1
	[44]	2	1	2	4	1
	[45]	0	0	3	0	1
	[55]	0	0	0	4	5
阳平	[55]	4	4	1	0	0
	[45]	4	2	0	1	0
	[35]	0	2	7	7	8

虽然每个点只调查了 8 个人，总的趋势已经表现得相当明显。其间金鸡河起了非常重要的分界作用，前面已经提到，河两岸的小三渠和大三渠相隔仅一公里，但阴阳平调值差别相当大，从表一可以很清楚地看出，小三渠仍接近平谷话，大三渠已经和北京话基本相同了。

从 5 个点的分布看，调值从东到西并不是突变的，而是有一个明显的渐变过程。从各点本身看，都明显表现出读音摇摆不定。从各点的关系看，阴平是由平谷的[35]经过 5 个点的[33][44][45]从东向西逐渐变成北京的[55]的，阳平则是由平谷的[55]从东向西经过[45]变成北京的[35]的。在北京话占有绝对优势的情况下，尚且经历了这么一段摇摆不定的过程，如果是处在两种势均力敌的方言之间，估计就会表现得更加错综复杂。

北京话的四声，如果用区别特征来表示，可以分为"高""低""升"

---

① 调查时考虑到了发音人年龄、文化程度和性别的不同分布，可能是由于人数还不够多，整理时并没有发现对调值有明显的影响。

"降"四个特征,即:

阴平 高[H] 阳平 升[R] 上声 低[L] 去声 降[F]

平谷也用这四个特征分辨声调,只是阴平和阳平的特征正和北京相反。调值的互换实质上是区别特征的互换。在调值互换的过程中,区别特征的变化起着决定性的作用。在被调查的40人中,都认为阴阳平有区别意义的作用,即没有一个人认为"窗,床""枪,墙"等同音,但他们用来区别阴阳平的调值又各不相同,下面把调查中已出现的阴阳平调值的不同对立关系全部列举出来:

表 二

阴平～阳平	良善庄	小三渠	赵各庄	大三渠	柏树庄
[35]～[55]	3	3	1	0	0
～[45]	1	0	0	0	0
[33]～[55]	0	1	0	0	0
～[45]	2	2	0	0	0
～[35]	0	1	2	0	1
[44]～[55]	1	0	0	0	0
～[45]	1	0	0	1	0
～[35]	0	1	2	3	1
[45]～[35]	0	0	3	0	1
[55]～[35]	0	0	0	4	5

这地带阴平共有5种调值,阳平有3种调值,可能出现的对立应该有15种,实际出现的只有10种。[35]～[35],[45]～[45],[55]～[55]这三种自然不可能出现,因为那将表示阴阳平调值完全相同,无法区别。余下两种没有出现的对立是[45]～[55]和[55]～[45]。

从以上10种对立关系可以看出,在平谷和北京之间的阴阳平转化过程中,除原来有的区别特征"高[H]"和"升[R]"以外,另外还有一个"中[M]"在起作用。阴阳平共出现5种调值,从区别特征的层次看,应该是:

H　[55][45]　　M　[33][44]　　R　[35]

10种对立关系则是：

R～H　[35]～[55]　[35]～[45]
M～H　[33]～[55]　[33]～[45]　[44]～[55]　[44]～[45]
M～R　[33]～[35]　[44]～[35]
H～R　[45]～[35]　[55]～[35]

[35]～[35]和[45]～[55]等5种对立关系之所以不可能出现,正是因为区别特征相同,不可能构成对立。阴阳平调值的转化实质上是区别特征的转化,M在转化过程中起了中介的作用。

表一所列阴阳平调值分布情况,用这3个特征来表示应该是：

表　三

		良善庄	小三渠	赵各庄	大三渠	柏树庄
阴平	R	4	3	1	0	0
	M	4	5	4	4	2
	H	0	0	3	4	6
阳平	H	8	6	1	1	0
	R	0	2	7	7	8

三

阴阳平调值的转化在这一带也反映在连读变调。当阴阳平音节处在另一音节之前时可能产生变调,变调的方向是向北京话靠拢,但是并没有形成严格的变调规律。总起来看,这一地带的阴阳平变调可以分为两种情况：一是变调结果不同,例如,同是把阴平读成[35]的人,在连读时有的人变读成[33],有的人变读成[55],有的人则根本不变读。二是变调条件不同,有的人只在阴平之前变调,有的人只在阳平之前变调,有的人在四声之前都变调,还有一些人只在某些词中变调(以新词居多,如"飞机、工分、生产、经营、收音机"等),呈现出通过词汇扩散完成调值转化的趋势。

以上两种情况交织在一起,变调现象自然就显得非常零散杂乱,似乎很难理出一个头绪来。但是,如果从调值转化总的趋势入手来整理分析,在这些杂乱无章的现象中是仍旧可以看出一条相当清楚的线索来的。下面选择20个阴阳平相配的双音词(或词组)作为整理的对象:

    阴平+阴平 鸡胗 肩窝 工分 加工 摔交
    阴平+阳平 鸡毛 胸脯 公粮 经营 梳头
    阳平+阴平 羊羔 人中 农村 承包 回家
    阳平+阳平 羊蹄 鼻梁 邮局 完成 摇头

直行第一行是农村常见的与动物有关的名词,第二行是身体名称,第三行是较新的双音名词,第四行是较新的双音动词,第五行是双音动宾词组。以上20个双音词,在5个点所调查的40人中,共应出现800次,有22次漏查,实际出现778次,连读变调情况用前面归纳的特征R、H、M来概括表述如下:

前字阴平变调情况统计(共388次):

表　四

良善庄		小三渠村		赵各庄		大三渠村		柏树庄	
R	10	R	9	R	5	—		—	
R→M/_H	14	R→M/_H	12	—		—		—	
R→H/_R	10	R→H/_R	8	R→H/_R	3	—		—	
R→H/_H	6	R→H/_H	1	R→H/_H	2				
M	40	M	35	M	24	M	20	M	10
—		M→H/_M	10	M→H/_M	5	M→H/_M	10	M→H/_M	5
		M→H/_R	5	M→H/_R	6	M→H/_R	10	M→H/_R	5
				H	29	H	40	H	54
R	10		9		5		0		0
M	54		47		24		20		10
H	16		24		45		60		64
	80		80		74		80		74

前字阳平变调情况统计(共 390 次):

表　五

良善庄		小三渠村		赵各庄		大三渠村		柏树庄	
H	61	H	39	H	4	H	10		
—		H→M/_R	6	—		—		—	
H→M/_H	18	H→M/_H	9	—		—		—	
H→R/_R	1	H→R/_R	2	H→R/_R	2	—		—	
—		H→R/_H	4	H→R/_H	4	—		—	
—		R	18	R	57	R	67	R	76
—		R→H/_R	2	R→H/_R	2	R→H/_R	3	R→H/_R	2
—		—		R→H/_H	3	—		—	
H	61		41		9		13		2
M	18		15		0		0		0
R	1		24		63		67		76
	80		80		72		80		78

表中特征后面的数字是该特征出现的次数。箭头表示变调,斜线后是变调条件。例如,原来把阴平读成[35][R]、阳平读成[55][H]的人,如果两阴平相连,前一阴平变读成[55],就写作 R→H/_H;如果阴平后面跟着阳平变读成[33],就写作 R→M/_H。表中用横线隔开的最后几行是各特征在各点出现的总次数。

以上的调查统计说明,连读变调在阴阳平转化过程中起了非常重要的作用,总的趋势是连读变调走在了单字调值转化的前面,这可能是调值变化过程很容易产生的现象,对研究历史音变可能也有一些参考价值。

从这 5 个点连读变调的总情况看,阴平读 R 的已经变得很少,读 M 和 H 的增加了很多,阳平读 H 的数目也明显下降。以良善庄为例,在单字读音中阴平读 R 和 M 的各 4 人,没有读 H 的(参看表三),阳平则全部读 H。但在连读变调时,80 次读音中阴平读 R 的只剩下 10 次,其余的变成了 M 和 H,H 是单字读音时没有出现过的,也就是说,阴平在连读变调时已经出现和北京话相同的读法了。阳平也不再是全部读成 H,有 19 次读成 M 和 R,都是单字读音时没有出现过的。

把表四、表五和表三放在一起比较,更可以看出在转化过程中 M 所起的中介作用非常重要,转化过程应该是:

    阴平 R→M→H   阳平 H→M→R

阴平和阳平虽然都以 M 作为中介,但转化过程并不是同时发生的,因此不会混淆。① 阴平的转化过程在表三和表四中都表现得非常明显,阳平在表三中并没有出现 M,在表五中只有良善庄和小三渠出现十几次 M 的读法,②转化过程很不明显,这可以说明这地带阳平调值的转化先于阴平。

表四阴平各种变调都符合从 R 向 H 转化的顺序。表五阳平则不同,除符合转化顺序的 H→M 和 H→R 以外,还出现了少数 R→H 的例子,也就是说,已经读成升调的阳平在连读变调时又返回去读成高平调。除良善庄外,其余 4 个点都有少数几个例子,一共出现 12 次,其中有 9 次是"R→H/_R",都集中在"邮局"一个词上,显然这是例外读法,"邮局"的这种例外读法实际上分布很广,连北京城区也有不少人读成"yōujú[HR]"。除此之外,赵各庄还出现了 3 次"R→H/_H"的例子,其中"回家"2 次,"农村"1 次,可以认为是旧读法在一些常用词语中的残留。

常用词语保存旧读的实际远不只这 3 个,例如,大三渠和柏树庄阴平已没有读成[35]的(参看表一和表四),但是,"妈妈、姑姑、哥哥"这 3 个常见的亲属称谓,在被调查的 16 个人中,除"妈妈"全读成[55]以外,仍有 4 人把"姑姑"读成[35],3 人把"哥哥"读成[35]。阳平也有类似的情况,"爷爷、婆婆、姨姨"也并不是都读成[35],仍旧有少数人读成

---

① 实际上阴阳平相混的情况在调查时也发生过。有些发音人阴阳平调值本来就不稳定,有时会把"飞机"和"肥鸡"读成同音,"鲜鸡蛋"和"咸鸡蛋"也没有分别。但是,在请发音人再读一遍时,一般都能意识到应该不同音,并且能够主动改正过来。

② 赵各庄和大三渠因为只有一个人把阳平读成 H,次数太少,可能因此没有出现。

[55]。附近的地名"张各庄"(或"张镇"),这两个点有 4 个人把其中的"张"读成[35],有一位被调查的青年人还主动向我们介绍,这个字该念 zhāng[H],可是当地人读"张各庄"时都念 zháng[R],读 zhāng[H]的很少。但是,我们调查的结果仍是读 zhāng[H]的占大多数,可能是由于发音人在调查环境中尽量想把音念"正"的缘故。

四

上文已经指出,本文选出来整理分析的 20 个双音词(或词组)按直行排列可以分为 5 种类型。在这 5 种类型中,"工分"和"加工"两类新词比较容易产生变调,除此之外,5 种类型在连读变调时并没有表现出明显的差别。

从表四和表五中也可以看出新词容易变调的倾向。例如,表四中良善庄、小三渠、赵各庄都出现了少数"R→H/_H",一共只 9 次,其中良善庄有 1 人已形成较严格的变调条件(即阴平[35]在阳平[55]之前都读成[55]),占去 5 次,余下 4 次集中在"公粮"和"经营"这两个词上。在表五中这 3 个点也都出现了少数"H→R/_R",次数更少,一共只有 5 次,都集中在"承包"一个词上。

一方面,新词比较容易产生变调;另一方面,常用旧词比较容易保存旧读法,也就是不容易产生变调。这种现象说明,这地带阴阳平连读变调实际上是通过词汇扩散的方式来表现的。变调由新词开始,逐渐扩展到常用旧词,用这种方式来完成调值的转化。这种情况和北京话去声连读变调的发展过程很相似。北京话两个去声相连时,前一个去声一般仍读降调,但是,文化较低的人在随随便便谈话时,也常常出现升调的读法,而且大都出现在常用词中,升调的读法可能是旧读法的残留。①

过去的词汇扩散研究证明,在语音变化方面,词汇的扩散是从使用

---

① 参看林焘《北京话去声连读变调新探》。

频率较高的常用词开始,然后逐步扩展到使用频率低的非常用词的。[①]
为什么这里的研究结果恰恰相反,是由新词向常用旧词扩散呢? 这主要是因为,无论是本文所讨论的阴阳平调值转化,还是北京话的去声连读变调,都是在北京标准音的强大影响下进行的,都是向北京话靠拢的一种表现,是有其特殊条件的。北京标准音通过各种途径(包括广播和电视)不断影响当地人的语言,尤其是在听到和学习一些新词时,无论是自觉不自觉,都很容易受到这些词的标准读音的影响。至于常用旧词,原来的读法早已成为习惯,相对来说,自然比较不容易被标准读音所替代。值得注意的是,这种影响首先出现在连读变调,这也说明调值转化时连读变调可能是走在最前面的。

(原载《中国语文》第 1 期,1991 年)

[①] 参看王士元 Language change—a lexical perspective(语言变化的词汇透视),*Annual Review of Anthropology*, 8, pp. 353—371, 1979. (译文载《语言研究》1982 年第 2 期)

北京话儿化韵的语音分歧*

一

北京话儿化韵中有一些韵母存在着明显的个人语音分歧,主要有以下五种:

1. a, ia, ua 儿化以后,有的人分别和 anr(或 air), ianr, uanr(或 uair)变成同音:

　　　　(刀)把儿=(花)瓣儿　　　鸭儿(梨)=烟儿(煤)
　　　　(小)褂儿=(小)罐儿

有的人并不变成同音。

2. 单韵母 e 儿化以后,有的人和 ïr, enr(或 eir)变成同音:

　　　　(小)车儿=(小)吃儿　　　(唱)歌儿=(鞋)跟儿

有的人并不变成同音。另外,有的人只在舌根音声母 g, k, h 之后才变成同音,其他声母之后不同音:

　　　　(小)车≠(小)吃儿　　　(唱)歌儿=(鞋)跟儿

还有的人阴平和阳平不同音,上声和去声同音:

　　　　小(车)儿≠(小)吃儿　　　这儿=(一)阵儿

3. ie, üe 儿化以后,有的人分别和 ir, ür 变成同音:

　　　　(树)叶儿=(玩)意儿　　　(木)橛儿=(金)桔儿

有的人并不变成同音。另外,有的人阴平和阳平不同音,上声和去声

---

* 本文与沈炯合写。

同音：

  爷儿(俩)≠姨儿　　(树)叶儿=(玩)意儿

4. uo 儿化以后,有的人和 unr,uir 变成同音：

  (红)果儿=(打)滚儿　　(对)过儿=(小)柜儿

有的人并不变成同音。

5. 以-ng 为韵尾的韵母儿化以后,多数人是-ng 韵尾消失,元音鼻化；有的人连元音的鼻化作用也消失,于是：

  (花)瓶儿=(粉)皮儿　　(麻)绳儿=(眼)神儿
  (肩)膀儿=(木)板儿

由于存在着上述五种分歧,儿化韵成为北京语音系统中最不稳定的因素。近几十年来,讨论北京话儿化韵的论著不少,大都是根据研究者本人观察所得进行描写和分析。由于每个研究者的学术背景和语言背景不同,所能观察到的往往只是儿化韵语音分歧的一个侧面,对儿化韵的描写和分析自然也就存在不同的见解。长期以来对北京话儿化韵语音分歧的情况一直缺乏比较系统、全面的调查和了解,因此很难对这些不同见解产生的原因以及应该如何认识这些见解做出能够令人信服的论断。1982—1984 年,北京大学中文系汉语专业部分师生对北京话进行过三期比较系统的调查,调查项目中有一项就是儿化韵语音分歧情况。现在由我们把当时的调查资料整理出来,写成文章,对今后北京话儿化韵的研究或可有一些参考价值。

三期调查共调查了 25 个点,其中城区 9 个点(包括北大等邻近城区的 3 个点),郊区县 16 个点,被调查的总人数为 449 人。所设计的儿化韵调查表用的是对比词方法,调查发音人各对比词是否同音。共设计了 23 组对比词,包括了上述五种分歧,我们从中选择了调查记录完整的 16 对作为进一步分析的资料,这 16 对是：

  (1) (刀)把儿—(花)瓣儿　　ar—anr
  (2) (小)褂儿—(小)罐儿　　uar—uanr
  (3) 小(车)儿—(小)吃儿　　er—ïr

(4)（唱）歌儿—（鞋）跟儿　er—enr

(5)这儿—（一）阵儿　er—enr

(6)爷儿（俩）—姨儿　ier—ir

(7)（树）叶儿—（玩）意儿　ier—ir

(8)（红）果儿—（打）滚儿　uor—uenr

(9)（眼）镜儿—（有）劲儿　ingr—inr

(10)（花）瓶儿—（粉）皮儿　ingr—ir

(11)（电）影儿—（马）尾儿　ingr—ir

(12)（门）缝儿—（两）份儿　ingr—enr

(13)（麻）绳儿—（眼）神儿　engr—enr

(14)（肩）膀儿—（木）板儿　angr—anr

(15)（蛋）黄儿—（铁）环儿　uangr—uanr

(16)娘儿（俩）—（窗）帘儿　iangr—ianr

调查人都曾经受过方言调查训练，调查中以三至四人为一组。调查表只供调查人使用。有一些发音人是文盲或半文盲，根本无法使用调查表，即使是文化水平较高的人，也不宜用读词表的办法，那样会使发音人变得过分谨慎，发音不自然，甚至带上念书读字的腔调，会大大降低样品的可靠性。因此我们宁可用一些直观的办法，能用图画表示的，如"刀把儿、树叶儿、眼镜儿"等等，尽量用事先准备好的素描画询问其说法，其他或利用当场实物，或有意从自由谈话引出。调查人根据情况偶尔询问发音人是否同音。按说发音人的判断应该是正确的，但由于受到非儿化韵语音或汉字读音的影响，有时也会做出错误的判断。因此调查人事后要根据自己记的音，参考录音，经过讨论，确定是否同音。有少数对比音节发音人没有用儿化形式说出来，这一部分不计入统计基数。

二

16组对比词由449人发音，得到大约7000个分合记录。经过统计分析，计算出每一对比组合并百分数如下：

(1) 把儿＝瓣儿　83.75%　　（9）镜儿＝劲儿　8.31%
(2) 褂儿＝罐儿　83.14%　　（10）瓶儿＝皮儿　5.81%
(3) 车儿＝吃儿　11.24%　　（11）影儿＝尾儿　4.98%
(4) 歌儿＝跟儿　10.37%　　（12）缝儿＝份儿　5.36%
(5) 这儿＝阵儿　40.00%　　（13）绳儿＝神儿　7.75%
(6) 爷儿＝姨儿　27.70%　　（14）膀儿＝板儿　3.95%
(7) 叶儿＝意儿　48.16%　　（15）黄儿＝环儿　4.47%
(8) 果儿＝滚儿　26.14%　　（16）娘儿＝帘儿　23.91%

在这 16 个对比组中，(1)"把儿—瓣儿"和(2)"褂儿—罐儿"的合并率远远高于其他 14 对，达到 80% 以上，韵母 a 儿化以后和 air, anr 合并在北京话中已占绝对优势，但仍有近 20% 的人次没有把这两个对比组作同音处理。是这个合并过程还没有完成，还是语言风格差异所致，目前还很难肯定。

在单韵母 e 儿化的三个对比组中，(3)"车儿—吃儿"是非舌根音声母，(4)"歌儿—跟儿"是舌根音声母，两对的合并率相当接近，过去一般认为舌根音声母对儿化韵合并有影响，看来并不符合实际情况。这两对都是阴平声对比，合并率只略高于 10%。(5)"这儿—阵儿"是去声对比，合并率升高到 40%。北京话单韵母 e 的舌位在上声和去声时比阴平和阳平时略低，而且往往有复元音的动程、阴平、阳平的 e 跟 en 里央元音[ə]的舌位更接近，去声 e 的舌位离 en 里的[ə]较远，可是合并率反而大大提高，这说明声调的变化确实起了很大的作用。从总体上看，这三个对比组的合并率相当低，一些人在语势较强时并不合并，因此很容易使人得出单韵母 e 儿化后并不和其他韵母合并的结论。调查结果并非如此。有一些人不论语势强弱都以合并为主。即使是语势强不合并的人，在不太经意的日常谈话中也往往会出现合并现象的。

(6)"爷儿—姨儿"属阴平，(7)"叶儿—意儿"属去声，(7)的合并率比(6)高得多，说明声调对 ier(或 üer)有很大的影响，去声(以及上声)时元音有较强的央化倾向，因此有将近一半的人把(7)的 ier 和 ir[iər]合并成同音了。(6)的"爷儿"和"姨儿"所处语境不同，用来对比并不理想。

初期调查中另有"(南小)街儿—(小)鸡儿"一组对比词,可惜后来被"精简"了。统计分析中基数规模的大小对置信度是很重要的,所以这里只好用"爷儿—姨儿"这一对了。"爷儿"处在双音词的前一音节,比单音词"姨儿"的音长要短得多,元音清晰度相应地会低一些,这也可能是(6)合并率较高的原因之一。

(8)"果儿—滚儿"的合并率超过四分之一,和单韵母 e 儿化时相似。一些人在语势较强时不合并,在不经心的谈话中才出现合并现象。也有少数人不论语势强弱都合并。

(9)—(16) 这八个对比组中的一方都是以-ng 为韵尾的。带-ng韵尾的韵母儿化后韵尾消失,元音鼻化,但鼻化程度有强有弱,总的趋势是元音舌位越高鼻化越弱。鼻化作用完全消失因而对比组合并成同音的只占少数,一般都没有超过 10%。鼻化最弱的只是在音节末尾略略鼻化,已接近鼻化消失,可以认为是正在向鼻化消失方向过渡,也就是说,对比词处于正在合并的阶段。这种情况大约也只有 10%。在以-ng 为韵尾的对比组中,只有最后一对(16)"娘儿—帘儿"合并百分数高达 23.91%,属于特例。"娘儿"的对比词本来应该用"年儿"或"黏儿",但组成的词都不常用,只好选择音近的"帘儿",虽然声母由 n 改为 l,对比词并不同音,合并率仍然比其他-ng 韵尾高出许多。"娘儿俩"(或"娘儿仨")里,"娘儿"的韵腹 a 有的人央化成[ə],鼻化作用已经消失的,"娘儿"就被说成[niər],变成和"泥儿"同音,在统计时也归入合并的一类。央元音的发音显然和"娘儿"处在双音词第一个音节时音节时长较短有关,此外,北京话"爷儿俩、姐儿俩、哥儿俩"(或"～儿仨")的韵腹都可以央化成[ə],显然也受到了这些词类推作用的影响。

三

北京话儿化韵在性别方面并不存在语音分歧,这从 449 人简单的合并百分数就可以清楚地反映出来:

性别	人数	对比组(1)—(8)	对比组(9)—(16)	对比组(1)—(16)
女性	210	42.9%	9.0%	24.1%
男性	239	41.3%	7.4%	23.1%

男和女的调查人数基本相同,无论是(1)—(8)和(9)—(16)分别还是合并计算,百分数都十分接近,可见性别对儿化韵语音并没有明显的影响。

民族、文化和年龄等因素的比较以及不同地区的比较,都比性别的比较复杂得多,只凭抽样调查得出的百分数还难以说明这些数字的差别有什么意义。为此,下文在百分数的基础上还进一步计算出相关数(r)和卡方(χ^2)。依据卡方来估计误差概率就可以得出比较可靠的结论来。

本文采用简单的四格表原理来计算有关数字,例如在"果儿—滚儿"一组城区九个点与非城区各点比较所做的计算:

	合并数	非合并数	合计
城 区	a=72(38.7%)	b=114(61.3%)	u=186(100%)
非城区	c=43(16.9%)	d=211(83.1%)	v=254(100%)
全 市	s=115	t=325	n=440

四格表中 a,b,c 和 d 分别是样品数,s,t,u,v 和 n 是纵横合计数。

相关数　　$r=(a\times d-b\times c)\div\sqrt{s\times t\times u\times v}=0.245$

卡方　　　$\chi^2=n\times r^2=26.38$

根据统计学原理,四格表卡方数≥3.84时,误差概率≤0.05,百分数的差别是显著的;四格表卡方数≥6.63时,误差概率≤0.01,百分数差别是非常显著的。本例卡方数 26.38＞6.63,因此合并百分数 38.7 和 16.9 有非常显著的差别。相关数=1 表示完全相关,这里 0.245 的数值并不大,它反映的只是按城区与非城区分类这一对比组会有语音差别的某种相关因素。

下文在百分数后用[＊]号表示卡方数在 3.84 以上差别显著,用

[**]表示卡方数在 6.63 以上差别非常显著。卡方数在 3.84 以下时统计误差过大,所得百分数只能作为分析研究的参考数据。

在 449 位发音人中,汉族 368 人,占绝大多数,满族 39 人,回族 37 人,蒙族 5 人。蒙族人数过少,不能简单地用四格表作推算,因为误差概率相当大,这里就不引用有关数字了。①

民族	人数	对比组(1)—(8) %	对比组(9)—(16) %	对比组(1)—(16) %
汉族	368	39.5**	8.0	22.3**
回族	37	49.3*	10.9	27.9*
满族	39	59.1**	6.2	30.6**

从上表可以清楚地看出,(1)—(16)满族的合并百分数最高,回族次之,汉族最低。(1)—(8)合并百分数依次降低 10%,差距很明显。② 对比组(9)—(16)都以-ng 收尾,满族合并率反而降为最低,因为卡方数太小,只有 1.65,这个合并率只有参考价值。由此得到的(1)—(16)总合并率自然会受到影响,即使如此,满族的百分数也达到 30.6%,仍然最高。

赵元任先生在《汉语口语语法》一书中曾经谈到满族人和其他北京人儿化韵发音不同。根据赵先生的观察,辛亥革命以前满族人常把"儿"念成独立的音节,"兔儿爷"说成 tù'eryé,辛亥革命以后才和其他北京人一样说成 tùryé。③满族这种特殊读法实际上至今也还没有完全消失。我们曾请溥仪之弟爱新觉罗·溥任(金任之)先生发音。在交谈

---

① 北京郊区有一些满族和回族聚居地区,当时未做专门调查。下表统计分析中的满族、回族和蒙族主要是城区居民。

② 城区(1)—(8)对比组汉族和回族的合并百分数接近,非城区汉族合并率降低,造成全市 10 个百分点的差距,而被调查到的满族发音人主要在城区,因此城区满族比汉回两族只高出 10 个百分点。

③ 赵元任《汉语口语语法》英文本 140 页。

时溥任先生就曾有两次把"一个样儿"说成 yíge yàng'er。北京西郊香山脚下原有一片八旗健锐营驻地,这一带村落至今仍聚居着满族人,保存了一些满族风俗习惯和满语词,据调查,当地一些满族人依旧把"这儿、孩儿、院儿、兔儿爷、连儿灶"等词语里的"儿"说成独立的轻音音节。①

以上例证说明满族人儿化韵的语音变化应该是相当慢的,因此至今残留着"儿"独立成音节的形式。但是,根据上文我们的调查统计材料看,满族儿化韵合并率反而最高,似乎又说明语音变化比汉族和回族都快。辛亥革命以后,满族不再处于统治地位,城里大多数满族人和汉族人混居在一起,甚至改用汉姓,语言也自然而然地接近汉族,甚至有意模仿汉族人的口音和说法。一方面可能是由于模仿和类推的"矫枉过正",另一方面可能是各阶层大量外地人拥进北京,新来北京的汉族人儿化韵口音有从分不从合的倾向,这样经过几十年的变化,满族儿化韵的合并率反而变得比汉族还要高。只有望族和满族聚居地区,可能是因为民族保护意识或聚居因素起了作用,依旧保存了辛亥革命前的一些口音。这种表面看去似乎矛盾的现象正可以从一个侧面反映出北京话儿化韵近百年来的发展变化是相当错综复杂的。

文化因素分为高、中、低三个层次,高中以上为高,人数较少,高小以上为中,初小以下包括文盲为低,人数较多。统计结果如下:

文化程度	人数	对比组(1)—(8) %	对比组(9)—(16) %	对比组(1)—(16) %
高	73	43.9	10.0	25.3
中	170	43.2	10.1**	25.1
低	206	40.4	5.8**	21.6**

文化因素和年龄因素实际上是有交错的,文化高的多是青年人,文盲和半文盲几乎都是老年人,因此上表的百分数不能看成纯粹是文化程度

---

① 引自赵杰《北京话满语底层和"轻音""儿化"探源》,北京大学博士论文,1994年。

上的差别,但基本上也能够反映出文化高低对儿化韵语音的影响。此外,上表的九项合并百分数中只有三项有[**],(1)—(8)三项只可作为参考数据,(9)—(16)高类百分数接近中类,合计的(1)—(16)里高和中两类归并在一起后的大类跟低类之间的差别是有显著意义的,置信度也是高的。总的来看,文化程度分类反映的差别对(1)—(8)组没有值得注意的影响,(9)—(16)组里文化低合并率相当低,中高类发音人鼻化消失的比例数略微高一些。(16)"娘ル—帘ル"的情形比较特殊,文化低的人合并率反而比中高类的高出5个百分点。如果把这一对作为特例不计算在内,-ng 韵尾合并率的差别还会拉开,文化程度的影响也会更明显一些。

年龄分为老、中、青三个层次,60岁以上属老年,36岁至59岁属中年,35岁以下属青年。统计结果分析如下:

年龄层	人数	对比组(1)—(8) %	对比组(9)—(16) %	对比组(1)—(16) %
老年	167	46.1**	5.8**	23.8
中年	138	39.7	4.2**	21.0**
青年	144	39.7	14.4**	25.7**

表中(1)—(8)和(9)—(16)呈不同的趋向。(1)—(8)老年人合并率高,中年人和青年人合并率低。(9)—(16)青年人合并率高,老年人和中年人合并率低。赵元任先生曾经说到过新旧两代儿化韵读音的分歧,认为老一代区分以下儿化韵:

果ル ≠ 滚ル　　　　　歌ル ≠ 根ル
(小)鸡ル ≠ (小)街ル　　样ル ≠ 燕ル

新一代已经不能区分。就是说,老一代比青年一代的合并率低。[①]赵先生的论断和上表(1)—(8)不一致,但是和(9)—(16)则是一致的。

---

① 参看赵元任《汉语口语语法》(吕译本)第33页和《语言问题》第129页。

李思敬的观察结果和赵先生恰恰相反，认为是老一代不分，新一代才分，①和上表(1)—(8)虽然一致，但是和(9)—(16)又不一致。从本文的统计分析结果看，老一代和新一代的语音分歧实际上是两种不同的作用在产生影响。一种是元音的央化，作用于(1)—(8)，另一种是元音的鼻化，作用于(9)—(16)。两种作用对青年一代的影响都明显地减弱，央化作用减弱的结果是(1)—(8)的合并率降低，鼻化作用减弱是使(8)—(16)的合并率提高。中年一代处于老、青两代之间，(1)—(8)的合并率和青年一代相同，(9)—(16)则接近老年一代，甚至比老年人还低一些。从中年人所表现出来的特点来看，当代北京话鼻化作用的减弱可能晚于央化作用的减弱。央化减弱使合并趋势逆转的同时或之前应当还有央化的合并势力，所以可以估计，赵先生依据的是早期观察，当时(1)—(8)的央化作用可能仍在加强，因此老一代可能区分，而青年一代可能不区分。当然，那只是对本世纪初叶情形的推测。

　　本文所说合并现象是相当严格的，实际上(9)—(16)还有弱鼻化问题。上文提到鼻化最弱的只是在音节末尾略略鼻化、已接近鼻化消失的现象，并且把这种现象看成对比词处于正在合并阶段。以城区年龄层为例，(9)—(16)合并、正在合并和合计的统计数如下：

合并：鼻化消失	正在合并：弱鼻化	合计：鼻化消失＋弱鼻化
青**　老**　中**	青**　老　中*	青**　老**　中**
26％＞5％＞4％	14％＞9％＞7％	40％＞14％＞11％
差别　　22％	7％	29％

从上表可以明显地看出，弱鼻化是很活跃的因素。把-ng尾韵母已经合并和正在合并的放在一起，"合并"百分数明显地提高了，拉开了差距，置信度也增加了。因为没有仪器的帮助，弱鼻化的调查比较困难，可能掺杂调查者的主观成分，降低了统计材料的可靠性，因此弱鼻化的具体数据只能当作研究的参考，但是从总体来看，还是很有说服力的，

---

① 参看李思敬《汉语"儿"[ə]音史研究》(增订版)商务印书馆1994年版，第107—112页。

从中可以看出年龄层的相关性最佳,青年人和文化中高层是合并倾向的关键。以下是(9)—(16)合并和正在合并合计的各种因素的统计数字:

	年龄	文化	民族	性别
[城区]	青**老**中**	中**高 低**	回 汉 满**	男**女**
	40%>14%>11%	26%>23%>13%	24%>21%>13%	23%>17%
	差别 29%	13%	11%	6%
[全市]	青**老**中**	中**高 低**	回**汉* 满	男 女
	23%>12%>10%	19%>16%>11%	23%>14%>13%	16%>14%
	差别 13%	8%	10%	2%

(9)—(16)全市三个年龄层的合并百分数(不包括正在合并的弱鼻化,下同)分别是:"老"5.8%,"中"4.2%,"青"14.4%。上文在介绍全市总合并率时曾经指出,(9)—(15)的合并率都不到10%,只有(16)"娘ㄦ—帘ㄦ"是例外,达到23.9%。青年一代(9)—(16)的合并率比老年和中年人提高了一倍以上,其中(16)是个例外。前面曾经谈到,(16)的合并率和文化程度密切相关,文化低的人更容易把"娘ㄦ俩"说成"泥ㄦ俩"。我们所调查的青年人一般都有小学以上文化水平,没有文盲和半文盲,在城区,这些青年人(16)的合并率不但没有和(9)—(15)一起提高大约20个百分点,反而比老年低了4个百分点。如果把(16)作为特例除外,只统计(9)—(15)的合并率,全市三个年龄段重新计算的百分数分别是:"老"2.9%,"中"1.8%,"青"12.8%。这就更能说明鼻化作用的消失(以及弱化)在青年一代是相当活跃的因素。

四

在所调查的25个点中,城区9个点共调查了189人,郊区县16个点共调查了260人。城区和郊区县16组对比词的合并百分数分别列举如下:

	合并百分数(%)			相关数	卡方
	全市	城区	非城区	r	χ^2
(1)—(16)	25.15	31.51	>20.46	.126	106.60**
(1) 把儿=瓣儿	83.75	91.44	>78.13	.178	14.08**
(2) 褂儿=罐儿	83.14	89.73	>78.10	.154	10.12**
(3) 车儿=吃儿	11.24	10.27	<11.90	−.025	0.23
(4) 歌儿=跟儿	10.37	14.13	>7.60	.106	4.86*
(5) 这儿=阵儿	40.00	57.06	>27.04	.304	37.78**
(6) 爷儿=姨儿	27.70	41.90	>17.41	.270	31.08**
(7) 叶儿=意儿	48.16	67.21	>34.26	.326	46.03**
(8) 果儿=滚儿	26.14	38.71	>16.93	.245	26.38**
(9) 镜儿=劲儿	8.31	15.30	>2.94	.222	20.73**
(10) 瓶儿=皮儿	5.81	10.27	>2.45	.165	11.78**
(11) 影儿=尾儿	4.98	7.27	>3.38	.088	3.13
(12) 缝儿=份儿	5.36	10.33	>1.63	.191	15.65**
(13) 绳儿=神儿	7.75	12.50	>4.31	.151	9.14**
(14) 膀儿=板儿	3.95	8.02	>0.82	.183	14.42**
(15) 黄儿=环儿	4.47	6.59	>2.97	.086	3.00
(16) 娘儿=帘儿	23.91	13.37	<31.85	−.215	20.03**

表中用卡方数说明城区与非城区合并率差别有显著意义的一对(*),有非常显著意义的 12 对(**),另有 3 对合并率的差别并不显著。16 对中有两对城区与非城区之间呈负相关,也就是说城区的合并率低于非城区,其他 14 对都是正相关,城区的合并率高于非城区。(3)一对没有显著差别,可以忽略不计,实际上只有(16)一对的负相关是有显著意义的表现。上文已经谈到(16)"娘儿—帘儿"是个特例,因此

上表总的情形表明城区的合并率是高于非城区的,表中第一行 16 对总统计的数据表明城区和非城区有 11 个百分点的差别,差别是极其显著的。(5)—(8)四对相关数较大,分别有 22 到 33 个百分点的差别,说明元音央化作用在城区比郊区县普遍。(9)—(15)7 对城区和非城区的合并率都很低,但是城区仍高于非城区,只是相关数都低于 0.23,从总体来看,鼻化作用的减弱远没有央化作用普遍。

全市 25 个调查点 16 对对比词的合并率存在着明显的地区差别,下面分为城区、东北区、西南区、东南区和西北区五部分分别列举:

	调查点	人数	%	r	χ^2
1. 城区 189 人	细米巷(崇文区)	29	28.1	0.018	2.190
28.1—36.2%	北弓匠营胡同(东城区)	24	29.7	0.025	4.318*
	西铁匠营(丰台区)	24	30.6	0.031	6.356*
	牛街(宣武区)	18	31.4	0.029	5.797*
	五道营胡同(东城区)	16	31.7	0.030	5.944*
	阔带胡同(西城区)	27	32.7	0.044	13.05**
	蓝旗营(海淀区)	15	33.3	0.035	8.170**
	天桥(崇文区)	18	33.7	0.041	11.52**
	北大(海淀区)	18	36.2	0.047	14.82**
2. 东北区 80 人	清河南镇(海淀区)	24	21.3	−0.021	3.100
21.3—38.1%	琉璃庙(怀柔县)	12	22.9	−0.009	0.492
	北安河(海淀区)	15	25.0	−0.001	0.003
	顺义(县城)	14	28.1	0.011	0.816
	不老屯(密云县)	15	38.1	0.050	16.63**
3. 西南区 66 人	黄村(大兴县)	12	24.7	−0.002	0.018
24.7—39.4%	卢沟桥(丰台区)	15	25.3	0.001	0.004

	模式口(石景山区)	23	25.8	0.003	0.068
	周口店(房山区)	16	39.4	0.065	28.36**
4. 东南区 56 人	潞县村(通县)	18	4.8	−0.096	62.48**
4.8—17.1%	平谷(县城)	14	9.0	−0.067	30.47**
	管庄八里桥(朝阳区)	24	17.1	−0.046	14.04**
5. 西北区 58 人	延庆(县城)	16	3.4	−0.095	60.80**
3.4—16.2%	怀柔(县城)	15	16.0	−0.041	11.05**
	斋堂(门头沟区)	15	16.2	−0.038	9.486**
	昌平(县城)	12	16.2	−0.035	8.064**

以上五个地区内各调查点按合并率高低顺序排列。北大和附近的蓝旗营在海淀区,本不属于城区,但这两个点的语言特点实际上和城区相似,和海淀区其他调查点清河和北安河反而有较大的差别。清河镇位于北大和蓝旗营东北,从镇南可以望见北大的水塔,距离很近。但是,北大和蓝旗营儿化韵的合并率高达30%以上,清河的合并率则只有21.3%,是东北区中最低的,差别非常明显。不但儿化韵如此,北京话声母 w 有 w 和 v 两种读法,清河读 v 的只占19%,和近郊相同,北大和蓝旗营则以读 v 为主,约占60%,和城区一致,界限也是相当分明的。[①]20年代以来,原燕京大学和毗邻的清华大学都不断有城区居民迁入,50年代北大迁至原燕京大学旧址后,城区居民增加更为迅速,这一带的语言也就逐渐有了城区的特点。从表中还可以看出,北大儿化合并率在城区中也是最高的,这可能是因为北大发音人的文化程度都比较高,因而合并率也相应地高于城区其他各点。另外,西铁匠营就在南三环路以北原北京城墙外,儿化韵发音属城区类型,也归入城区类。

五个地区中,城区的合并率最高,平均在30%以上,东北郊区县和西南郊区县也都相当高,最低的清河也有21.3%。东南地区和西北地区合

---

① 参看沈炯《北京话合口呼零声母的语音分歧》,《中国语文》1987年第5期。

并率大幅度下降，都在 20% 以下，东南部县村最低，只有 4.8%，西北延庆县最低，只有 3.4%。20% 以上的高合并率地区形成一个从东北到西南的中轴线，低合并率地区分别在中轴线西北和东南两侧。中轴线上有三个高峰点，一个是中心的地区，另两个是两极的不老屯和周口店，都在山区，合并率比城区还要高，已接近 40%（见附图）。① 这条中轴线大致呈 45°倾斜，城区这个高峰被四周合并率较低的近邻区所包围。这个现象和北京话声母 w 的 w、v 两种语音分歧的地理分布颇有些相似。北京话声母 w 远郊以 v 音为主，近郊以 w 音为主，城区又以 v 音为主，形成一个 v 型发音的环形山形势，也有一条大约 45°倾斜的中轴线，只是所覆盖的面积比较宽。北京官话的历史发展早已形成了一个东北宽阔西南狭窄的袋形北京官话区，在这个区域中，北京话又是处在一条 45°倾斜的方言分界线上的方言岛。② 这样看来，儿化韵所形成的中轴线和声母 w 的中轴线之所以相似，并不是一种巧合，而是北京话历史发展的结果。

附图

北京市儿化音合并形势示意图 (%)　　北京市城区图

（原载《中国语文》第 3 期，1995 年）

---

① 中轴线两极的高合并率是孤立的两个高峰点，还是东北方向直到河北滦平一带，西南方向直到河北涿县一带都是如此，由于缺少调查材料，目前还无法做出判断。这两个高峰点和城区所形成的高峰点显然并没有直接关系。

② 参看林焘《北京官话溯源》和《北京官话区的划分》。

北京官话溯源

北京官话和北京话是两个完全不同的概念。北京话指的只是北京城区话。以北京市城区为中心，东至通县，西至昌平，南至丰台，北至怀柔，说的都是北京城区话，只占北京市总面积三分之一左右。北京城区话虽然处在河北省的中心，但是和河北省方言的关系反而没有和东北各省方言近。从我国东北地区（包括内蒙古自治区的东部）经过河北省东北部的围场、承德一带直到北京市城区，形成一个东北宽阔、西南狭窄的区域。在这个相当广大的区域内，各方言的声韵系统十分相近，调类完全相同，调值极其相似，无疑应该同属于一个方言区，这个方言区可以称为北京官话区。我另有《北京官话区的划分》一文专门讨论这问题，本文主要从历史的角度探讨这个官话区形成的原因。

在这个官话区内，从东北地区到北京，在历史上有两个共同特点：一是民族长期杂居，二是人口不断流动，这种情况持续将近千年，对东北方言和北京话的发展有极其深远的影响。下文就从这两方面入手分析北京话和东北方言之所以如此接近的历史原因。

一

从历史上看，北京可以说是由汉族和我国北方少数民族共同建立起来的。北京在唐代属幽州，是唐代的北方军事重镇。由于临近北方少数民族，当时的幽州地区已经居住着相当多的少数民族。[①] 公元936

[①] 据《新唐书·地理志三》，唐天宝年间（742—755年）幽州地区共有人口371312人，其中就有不少少数民族，包括突厥、靺鞨、奚、契丹、室韦等族，共计34293人（转引自《北京史》57页）。这个数目虽然不可能十分准确，但也可看出当时幽州地区少数民族相当多，已占幽州总人口的十分之一左右。

年,石敬瑭把燕云十六州割让给契丹,北京地区从此脱离中原汉族的统治,成为辽金两代少数民族政权的南方重镇。契丹把析津府(今北京)定为南京,成为辽代五京之一。金灭辽后,定为中都。公元1153年,金海陵王从上京(今黑龙江阿城县南)迁都到中都燕京,这是北京正式成为一国首都之始。从辽至金,北京的政治、经济地位迅速上升,大量的北方少数民族不断涌进现在的北京地区,原来居住在北京地区的汉族人民和北方少数民族杂居在一起,被迫或自愿加强了与我国东北地区的联系,和宋朝统治的中原地区广大汉族人民反而在政治上完全分离,交往也受到严重阻碍。这种情况一直延续达三百年之久。和外族语言长期密切接触,和广大中原地区的本族语言反而关系疏远,北京话从一千年以前就开始处于这种和其他汉语方言完全不同的特殊语言背景中。这种语言背景对北京话的发展起了很大的推动作用,使得北京话在辽金时期就可能已经成为我国发展最快、结构最简单的汉语方言。

蒙古族统治者灭金建立元朝后,于公元1272年把金中都燕京改建成大都,大批蒙古人来到大都。原金朝统治下的汉族人和契丹、女真同被称为"汉人",是低于蒙古人、色目人,高于"南人"(主要是原南宋统治下的汉族人)的"三等公民"。蒙古族统治者这种分化汉族的政策,使得原居住在大都的汉族人地位不同于"南人",和契丹、女真人能够继续保持密切联系,同时又被迫和新来的蒙古族人相杂而居,和蒙语产生交往。

蒙古族统治者和契丹、女真族统治者不同,在入主中原以前,和汉族接触较少,受汉族文化的影响也很小,所建立的蒙古帝国横跨欧亚,汉族地区不过是其中的一部分。原住在大都的汉族人和蒙古族人有交往,在当时是比较突然的。元朝统治者强迫汉族人学蒙语,有少数蒙语词汇如"胡同"等确实也被当时大都话所吸收,并且一直流传到今天。但是,两种语言的接触是比较突然的,文化背景又相差较大,再加上时间还不到一百年,因此,蒙语对元大都话的影响估计并不很大。① 所谓元大都话,实际是辽金两代居住在北京地区的汉族人民和契丹、女真等族经过几百年密切交往逐渐形成的,到元建大都时已趋于成熟,成为现代北京话的源头。

到了明代,北京脱离四百多年少数民族贵族的统治,重新归属于汉族统治者建立的政权。元朝覆亡时蒙古族统治者仓促撤离大都,但在大都和附近居住的其他少数民族并没有离开。明初学者白范北来,到北京以前路过蓟州时所写的诗中有这样两句:"人烟多戍卒,市语杂番声"(见《明诗综》第 13 卷,《天府广记》第 44 卷亦收此诗)。街市上的"番声"能够给初到的外地人留下深刻的印象,可见当时北京附近的外族人仍是相当多的。

经过元末的大动乱,大都城已残破不堪,人口稀少,土地荒芜,从明代开国到永乐初迁都北京以前,一直是"商贾未集,市廛尚疏"(见《宛署杂记》第 6 卷"廊头"条)。为了发展生产,繁荣经济,明初采取了大量移民的政策充实北京,当时移民的情况,《明史·太祖本纪》和《成祖本纪》记载甚详。例如,攻占大都后不久,洪武四年(公元 1371 年)三月"徙山后民万七千户屯北平"。六月"又徙沙漠遗民三万二千户屯田北平"。移民范围从山西、山东直到江浙一带,每次动辄万户。洪武三十五年(1402 年)明成祖朱棣即位后,更加频繁地从各地向北京移民。是年五月朱棣在南京即皇帝位,九月就"徙山西民无田者实北平"。永乐元年(1403 年)改北平为北京,"八月,徙直隶、苏州等十郡、浙江等九省富民实北京";二年"九月,徙山西民万户实北京";三年"九月,徙山西民万户实北京"。连续四年,向北京大量移民,为迁都做了必要的准备。

永乐十九年(1421 年)迁都北京后,大批高级官吏从南京移居北

---

① 元白话碑中的所谓"白话",晦涩难读,实际是杂糅进蒙语成分的不地道的汉语,是不高明的翻译。从元初到元末,这种"白话"始终没有明显的变化,这也可以从一个侧面说明在元代近一百年的时间内汉蒙两种语言的关系并不密切,现存的《老乞大》《朴通事》中确实有一些受蒙古语影响的痕迹,但有的恐怕只是"洋泾浜"性质的,不见得已在汉族人中通行。《老乞大》中的"是汉儿人有"句,《集览》注明:"元时语必于言终用'有'字,如语助实非语助,今俗不用",就是相当典型的例子。

京,加上从攻占元大都后就一直守卫在北京的大量军队以及从全国各地陆续征召来京的各行各业工匠,数量也是相当可观的。把以上各种来源的移民计算在一起,从明代开国到迁都北京,五十多年的时间,全国各地先后移居北京的汉族人每户如以五口计,估计当有几十万人。这些人分散居住在北京城内和附近各地,大大改变了北京的人口结构,使得明初人口十分稀少的北京再度繁荣起来。这时和北京话接触最频繁的已不再是契丹、女真等少数民族语言,而是来自中原和长江以南的各地汉语方言了。①

　　方言之间虽有分歧,但同是汉语,差别不大,这可能是中古以后发展迅速的北京话到明代趋于稳定的主要原因,当时方言来源不一,五方杂处,也不可能只向某一地区的方言靠拢,自然,在明代这二百多年中,北京话不可能毫无发展,在发展过程中也必然要受到所接触的各地方言的影响。明沈榜《宛署杂记》第 17 卷"方言"条下说"第民杂五方,里巷中言语亦有不可晓者",可见明万历年间(1573—1620 年)北京话词语来源就已相当复杂。沈榜共收集当时北京方言词语八十余条,流传至今的只有一半左右,其余有的来自外族语(如"不明白曰乌卢班"),有的来自其他方言(如"呼舅母曰妗子"),有的随事物消亡而消失(如"总角曰拐子头")。值得注意的是"父曰爹,又曰别平声,又曰大"条,父亲的称呼竟有三种之多,其中"爹"大约是原有的,"大"可能来自山西,"别平声"可能来自江淮一带,至今山西和江淮一带仍有这样称呼父亲的,从中正可以看出当时各地方言对北京话的影响。至于今天最常用的"爸",则当时尚未出现。古清入声字在《中原音韵》全归上声,可是明徐孝《重订司马温公等韵图经》就已经和现代北京话一样把古清入声字分别归入了阴、阳、上、去四声,徐孝所记音系可能代表了明万历年间的北京话(参看陆志韦 1947),当时入声消失未久,可能是在北京的不同方

---

① 俞敏(1984)认为现代北京话受安徽话影响较大,鲁国尧(1985)认为南京话"或许即为官话的基础方言",都是根据明初移民的情况所做的推测。实际上明初移民来源远不限安徽、南京两地,元末随燕王"扫北"来北京的军队和后来迁都从南京移居北京的官吏只是明初北京移民的一小部分,这两部分人也不见得必然是安徽人和南京人占大多数。

言对清入声字的不同读法影响到北京话,才形成今天这种似无规律可寻的局面。

公元1644年清兵入关以后,北京再度成为少数民族统治者管辖的首都。大批满族人移居北京,对北京的人口结构和语言都有很大影响。北京话和东北方言的关系进一步密切,包括东北方言在内的北京官话区开始形成。为了进一步阐述这些问题,有必要先介绍一下古代东北地区民族和语言的情况。

二

远在一千多年以前,我国东北地区就是少数民族聚居的地方。从唐代契丹、靺鞨经金元两代女真直到明末形成的满族,历代在东北占统治地位的民族所用的语言都属于阿尔泰语系。因此,古代东北地区原来很可能是以阿尔泰语作为通行语言的。但是,最迟在辽代(907—1125年),就已经有大批汉族人移居东北。辽代初期,契丹族统治者为了削弱女真族的实力,把一部分汉化较深的女真人迁徙到辽阳一带,称为熟女真,其余的则称为生女真。熟女真的存在,说明一千年前居住在东北的汉人已相当多,否则不可能出现女真人汉化的现象。

自辽至清,一千年来不断有大批汉族人从内地移居东北,其中绝大多数都是在战争中被掠去的,根据历代史书记载,被掠汉人数量之多相当惊人。他们和当地少数民族居住在一起,处于被奴役的地位,但是他们有较高的文化和生产技术,对当地少数民族的发展起了很大的推动作用,自然也影响到当地语言的使用。

契丹建立辽国以前,就已经不断从战争中俘虏大批奴隶,不仅有北部其他少数民族,也有幽燕地区的大批汉人。到辽建国时,汉人的势力已相当大。辽所建都城上京临潢(今内蒙巴林左旗南)的南城"谓之汉城,南当横街,各有楼对峙,下列井肆";东京辽阳的外城"谓之汉城,分南北市,中为看楼,晨集南市,夕集北市"(均见《辽史·地理志》),可见汉人在商业上非常活跃,很有力量。辽还依靠汉族俘虏中的知识分子如韩延徽等制定典章制度,并且采纳他们的意见设置投下州县,把俘虏的人集居在一起,"树城郭,分市里,以居汉人之降者"(《辽史·韩延徽传》,契丹人称之为"汉儿城寨"。这样的州县,有的仍沿用俘虏原来所属州县的名称。《辽史·地理志》中迁各族俘虏建州县的例子比比皆是,其中汉族俘虏多是幽燕地区的人,如沈州(今沈阳一带)"乐郊县,太祖俘蓟州三河民,建三河县,后更名","灵源县,太祖俘蓟州吏民,建渔阳县,后更名";祺州(今开原西北)"庆云县,太祖俘密云民,于此建密云县,后更名"。甚至辽上京临潢府所属临潢县,也是"太祖天赞初南攻燕、蓟,以所俘人户散居潢水之北,县临潢水,故以名"。在辽太祖阿保机时期(907—926年),所俘虏的大批幽燕地区的人分布在东北各地,和当地各民族不断交往,他们所说的方言是幽燕地区的方言,从那时起,北京及其附近的方言就已扩展到东北各地,并且影响东北各少数民族。辽得燕云十六州后,幽燕地区的汉人和少数民族的关系更加密切,语言之间的交往也肯定比过去更加频繁了。

公元1115年,女真族完颜部首领阿骨打在统一女真各部后建立了金朝,七年后即灭辽,女真族兴起时,过去被契丹陆续掠往东北的幽燕地区汉族人已在东北生产蕃息二百年左右,他们在东北各地,和女真族以及其他民族居住在一起,以所掌握的文化和生产技术影响当地少数民族,少数民族中有不少人在汉人长期影响下逐步汉化,甚至放弃了自己的语言。金朝就是在女真族汉化已相当深的基础上建立起来的。

金世宗完颜雍于公元1161年即位,当时迁都燕京不过八年,就已经为女真人不能说女真语担忧了,《金史·世宗本纪中》有这样一段记载:

> [大定十三年]四月,上御睿思殿,命歌者歌女直词。顾谓皇太子及诸王曰:"朕思先朝所行之事,未尝暂忘,故时听此词,亦欲令汝辈知之。汝辈自幼惟习汉人风俗,不知女直纯实之风,至于文字语言,或不通晓,是忘本也。"

当时的皇太子允恭因早逝未能继承皇位,他确实是不大能说女真语。《金史·世纪补》:

> [大定]十年八月,帝(指皇太子允恭)在承华殿经筵,太子太保

> 寿王爽启曰:"殿下颇未熟本朝语,何不屏去左右汉官,皆用女直人。"

这条建议并没有被采纳。皇太子生于金皇统六年(1146年),大定十年时二十四岁,迁都燕京时已有七岁,如果迁都前生长在女真语的环境中,必然已能说女真话,长大不至于"颇未熟本朝语",可见迁都前女真贵族在上京时就已经习惯于使用汉语了。

女真贵族文化高,较早接受汉化,以至完全放弃了本族的语言,但并不能认为当时整个女真族都已经不说女真话。金开国不久,就创制了女真文字(女真大字创于公元1119年,小字创于1138年),文字是纪录语言的,如果女真人在当时都已经不通晓女真语,就没有创制文字的必要了。汉语是在女真族中逐步扩展开的,到金世宗时,连宫廷卫士也有不说女真语的了。为了防止女真族完全汉化,金世宗不得不下命令:"应卫士有不闲女直语者,并勒习学,仍自后不得汉语"(见《金史·世宗本纪中》)。

一个民族主动放弃自己的语言,一般要经过相当漫长的过程。前面已经提到,女真贵族在迁都燕京时就已经习惯于使用汉语,当时距金开国只有38年,在这短短的时间内,语言的使用不可能突然发生如此大的变化。由此可以推测,在金开国以前汉语在女真族中的使用已经相当普遍。迁都以前,女真族所接触的汉族人主要是契丹从幽燕地区陆续掠去的,因此女真族所说的汉语应该也就是原来幽燕地区的汉语方言,迁都以后,又把这种方言带回燕京。

在金统治我国北方的一百多年中,中原地区和东北地区之间的人口流动十分频繁。女真贵族每次南侵,都要掳掠大批汉人和财物回去,先在幽燕地区,后来遍及中原各地,次数之多,数量之大,相当惊人。金太祖阿骨打和北宋联合破辽,于公元1122年攻下辽都燕京,次年退出时,把燕京城掠夺一空,燕京人几乎全部被迫北迁,"民庶寺院,一扫而空","城市丘墟,狐狸穴处",北宋所得的燕京几乎是一座空城,当时的北京遭到了一次空前的劫难,人口也发生极大变化。女真贵族掠夺规模之大,由此也可见一斑。金灭辽后,除继续强迫汉族人北迁外,又陆续把大批女真人南迁到燕山以南,淮河以北。大批人口不断南北交流,无疑会对我国北方语言的发展产生影响。南迁的女真人逐渐被汉族同化,语言早与汉人无别。东北地区则不断增加新迁入的汉族人,和早期来的汉人加在一起,数量是相当可观的。汉族文化高,人口又多,汉语在东北各族语言中自然就占了优势,而当时东北通行的汉语正是在以燕京话为中心的幽燕方言的基础上发展起来的。

三

辽金两代移居东北的汉族人主要定居在今辽宁、吉林和内蒙古东南部。原居住在黑龙江和松花江下游的女真人当时和汉族人接触还比较少,从元代开始,也逐步南迁,接近汉人居住的地方。明朝根据居住地区和生产水平的不同,把他们分为建州、海西和"野人"三大部。建州女真住在牡丹江流域,和汉人接触最多,较早地接受了汉文化。明初建州女真的首领阿哈出和猛哥帖木儿都曾被明封为建州卫指挥使。阿哈出曾把女儿嫁给明成祖,猛哥帖木儿曾几次到南京和北京朝贡,可见当时建州女真和汉族人的关系已非常密切。

一百多年以后,猛哥帖木儿的后代努尔哈赤统一了女真各部,于公元1616年称汗建国,天命四年(1619年)时,"东至海,西至明辽东界,北自蒙古科尔沁之嫩乌喇江,南暨朝鲜国境,凡语音相同之国,俱征讨徕服而统一之"(见《清太祖实录》第6卷)。这时,我国一个新民族共同体开始形成,这就是满族。满族有自己的"相同语音"满语,但在满族形成时,汉语在东北早已居于优势地位,当时又有不少汉人自愿加入满族或和满人通婚,他们说的仍是汉语。因此,在满族形成阶段,汉语在满族中就已经成为通行语言了。

努尔哈赤幼年家世已经衰微,曾任当时建州女真首领王杲部下。他自幼精通汉语,才智出众,广交汉人,爱读《三国演义》《水浒》等书,受汉文化影响很深,终于完成统一女真各部的大业。从努尔哈赤统一女真各部到顺治元年(1644年)入主中原,只有二十多年的时间,语言本身不可能发生很大变化,可是在这期间,又有大量的汉族人涌进东北,汉语在东北处于更加重要的地位。

这二十多年主要是清太宗皇太极统治时期。皇太极即位后,定族名为满族,建立了清朝,他着重于改善大清统治下满汉两族的关系,重用汉官,解放大批汉人奴隶,编为民户。这个政策很得汉族人心,当时明辽东地区政治极为腐败,大批辽东汉人逃亡到满族权贵的统治区,有所谓"生于辽,不如走于胡"的说法,努尔哈赤和皇太极都曾多次入侵明朝,攻占了大批土地,俘掠大批人畜。崇祯九年(1636年),清军入关长驱直入,包围了北京城,从北京附近俘虏了18万人畜和各种物资回去。两年以后,再度入关,所向披靡,经河北至山东,攻占济南,沿途仅人畜就俘获46万。清太宗逝世的前一年(1642年),清军又一次攻取山东,直抵兖州,沿途掠夺更多,仅人口就俘获了近37万人。史书记载,也可能有所夸张,但六年之中,如此胁迫大量汉人北去,确实可以说是空前的。

清军入关前的多次入侵,对内地人民是空前浩劫,北京附近和河北、山东大批的汉族人再一次被迫进入东北地区,再加上新被占领的辽东一带的大量汉人,满族统治者管辖地区的汉族人口骤增。当时满族人和人数众多的汉族人接触,不能不使用这种汉语方言;新加入满族的汉人原来就不会说满语,使用的也是这种方言。满语在满族中退居次要的地位。到清入关前,满族人之间一般也都以汉语对话,连地名和官名等用语也都用汉语名称了。清太宗对满族人不说满语深感忧虑,采取了一系列的措施加强满语的地位。天聪六年(1632年)对努尔哈赤创制才三十年的满文做了重大改革,以便满人学习,扩大满语影响。两年以后,又决定将地名和官名的汉语名称改为满语名称,天聪八年四月下谕:

> 朕闻国家承天创业,各有制度,不相沿袭,未有弃其国语反习他国之语者。事不忘初,是以能垂之久远,永世弗替也。……今我国官名,俱因汉文,从其旧号。夫知其善而不能从,与知其非而不能省,俱未为得也。朕缵承基业,岂可改我国之制而听从他国。嗣后我国官名及城邑名,俱当易以满语。……毋得仍袭汉语旧名,俱照我国新定者称之。若不遵我国新定之名仍称汉字旧名者,是不奉国法恣行悖乱者也,察出决不轻恕。(《清太宗实录》第18卷)

历史并不像清太宗所估计的那样,清朝并没有因为使用"他国之语"而国运不能"垂之久远"。这是清军入关前十年的事,尽管清太宗忧心忡忡,也已无法挽回满族人"弃其国语反习他国之语"的大势。满族统治者就是在这样的语言背景下倾八旗兵力进关入主中国的。

四

努尔哈赤初建八旗时,以三百丁为一牛录,根据《皇朝文献通考》等书记载,初建时共有满洲牛录308个,蒙古牛录76个,汉军牛录16个(参看《皇朝文献通考·兵考一》)。因此,当时八旗兵力共计应有12万人,满、蒙、汉人分配情况和比例如下:

满人　　308×300＝92400人(77%)
蒙古人　76×300＝22800人(19%)
汉人　　16×300＝4800人(4%)
共计　　　　　　120000人

很明显,当时满人在八旗中占有绝对优势。随着军事活动的需要,八旗组织迅速扩大,已经不可能只依靠人数有限的满人力量,于是在清太宗时陆续增编了汉军八旗和蒙军八旗,大批投满汉人就这样被补充进去。到清军入关时,八旗成分已经发生根本性的变化,安双成(1983)根据中国第一历史档案馆所藏雍正时满文档案介绍了清初八旗人口的情况。雍正元年,怡亲王允祥奉雍正命用满文奏本向雍正密奏了顺治、康熙、雍正三朝有关年份八旗男丁的具体数目,根据这份材料,顺治五年(1648年)八旗男丁共有346931人,满、蒙、汉人的分配情况和比例如下:

满人　　55330人(16%)
蒙古人　28785人(8%)
汉人　　262816人(76%)
共计　　346931人

当时入关才四年,八旗兵力的比例和四年前攻占北京时不会有很大的不同。这时八旗男丁总数比四十多年前初建时增加了约三倍,其中汉人(包括汉军和"包衣"等)数量骤增,从原来只占4%上升到76%,代替满人占了绝对优势。这些在旗汉人中的大多数原来都是世代居住在东北的汉族人,他们所说的汉语方言就成为八旗的通用语言,在清军攻占北京后,这种方言随着八旗兵进入北京。在金迁都燕京时随女真族回到北京之后,这种方言又随清军再一次回到它的"故乡"北京。

清军进入北京后,大量圈占北京城郊的房屋和土地,北京内城全部划为八旗驻地,所有内城汉人除已投充者外一律被迫迁居外城。内外城居民界限分明。内城主要是新从东北移居来的八旗军(包括满洲、蒙古和汉军三种人),外城则是原来住在北京的汉族人和其他民族的人。八旗在内城各有自己的驻地:正黄旗和镶黄旗在内城之北,正红旗和镶红旗在内城之西,正白旗和镶白旗在内城之东,正蓝旗和镶蓝旗在内城之南。各旗内部的满、蒙、汉军也都各有自己的管辖范围。

清朝是倾八旗兵力入关进占北京的。北京是新夺取的首都,又是通向中原的咽喉要地,自然是重兵镇守。当时进驻北京的八旗男丁估计总有几万人,八旗兵一向是携带家属和奴隶进驻各地的,每男丁如果按五口之家计算,再加上皇亲贵族带来的大批家属和奴隶,则新从东北移居北京内城的人总数当有几十万。这是北京又一次的人口大变动。八旗驻地是严禁一般汉人居住的,顺治三年曾专为此事下谕:"嗣后投充满洲者,听随本主居住;未经投充,不得留居旗下。如违,并其主家治罪"(见《清世祖实录》第24卷)。直到清中叶,满汉分居内外城的规定仍执行得相当严格。乾隆时,吴长元编《宸垣识略》,仍分卷记载当时八旗分驻内城的详细情况,所附北京地图中也绘明各旗驻地的界限。可见经过一百多年,满汉分居和八旗分驻内城的情况并没有任何改变。

清初的满汉分居政策使得北京外城的汉族人口骤增,外城很快就发展成为北京的商业和文化中心。各地来京的官宦、商贾以及历年的应试举子也都只能居住在外城。外城各业杂陈,会馆林立,《宸垣识略》"采录省郡会馆之著者,以便公车戾止",在卷九和卷十的最后,共列出乾隆时北京的各地会馆近二百所,这些会馆都聚集在外城,可见当时北京外城五方杂处、人口密集的程度。

乾隆以后，满汉分居内外城的规定就执行得不十分严格了，原住外城的汉人逐步迁居到内城，原属八旗的人也有住在外城的了。但一直到清末，内外城人口结构并没有根本性的改变。根据光绪 34 年(1908年)民政部的统计，这一年北京人口总数是 705604 人，内外城和八旗人口的分配如下表（材料转引自《北京史》356 页）：

  内城人口：414528 人（八旗人口：223248 人，占 53.9%）
  外城人口：291076 人（八旗人口：13523 人，占 4.6%）
  共 计：705604 人（八旗人口：236771 人，占 33.6%）

内城人口中，八旗只占 53.9%，虽然大大降低，但仍是多数。内城八旗人口比清初大幅度下降，主要有两个原因，一是不少原在旗汉人已出旗为民户，一是从外城迁入大量汉人。外城人口中，八旗不过一万多人，只占 4.6%，外城二百多年来一直是汉族人占绝大多数，其中除历代居住北京的本地人以外，还包括许多从全国各地来京的操各种方言的汉族人。

现代北京话就是在三百年来内外城人口结构完全不同的条件下逐渐形成的。外城汉人说的是土生土长的北京话，这种方言在元代以后一直和汉语各地方言有密切接触。内城八旗人说的是从东北带来的汉语方言，源头是辽金时期以燕京话为中心的幽燕方言，一直和东北少数民族语言有密切接触。两种方言来源相同，但所处地区和所接触的语言不同，自然会逐渐产生一些差异，但自辽至明，两地区的人口不断大量流动，两种方言之间始终保持密切的联系，因此并没有产生重大的分歧。到了清代，两种方言在北京汇合，一在内城，一在外城，相互之间差别本来就不大，再经过极为密切的长时期的交流，就逐渐融为一体，成为现代的北京话。由于内外城人口结构在清代一直没有重大改变，这个融合过程是相当缓慢的，直到五六十年前，还能明显感到内城满族人和外城汉族人说话不完全一样。随着城市交通不断发达，内外城人口大量流动，这种差异到目前可以说已基本不存在，从现在年轻的北京人嘴里，已经完全听不出内外城还有什么区别了。

五

一千年来我国东北地区和北京人口相互流动的历史情况充分说明东北方言和北京话有非常密切的关系。东北方言是一千年前在现代北京话的前身幽燕方言的基础上发展起来的,在发展的过程中,仍旧不断和北京话保持密切接触,并且曾两次"回归"北京:一次是12世纪中叶金女真族统治者迁都燕京时,另一次是17世纪中叶清八旗兵进驻北京时。这两次的语言回归对北京官话区的形成和现代北京话的发展都起了很大的推动作用。两种方言相互影响,日趋接近,形成了一个包括东北广大地区和北京市在内的北京官话区。①

清初八旗兵从东北大量涌进北京是这个官话区形成的重要时期。为了保证东北到北京的通路,从赤峰经围场、承德直到北京市东北的怀柔、密云,清代一直派有八旗重兵镇守,这一带就成为东北方言和北京话之间的联系地带。围场和承德是清朝历代皇帝每年必去的狩猎场所和避暑胜地,和北京之间更是人员来往频繁,联系极为密切。于是,从东北地区经赤峰、围场、承德直到北京市,形成一个在东北非常宽阔、进入河北省后逐渐狭窄、到达北京市后只限于城区的北京官话区。这个官话区是一千年来逐渐形成的,但清军入关无疑起了非常重要的促进作用。

从辽代到清末,北京官话区主要处于我国东北少数民族统治者管

---

① 清朝倾八旗兵力入关后,东北人口锐减。清咸丰以后,改变了过去禁止内地人到关外居住的政策,河北和山东地区的人大量流徙关外。据全汉升、王业键(1961)统计,道光三十年(1850)东北人口为290万人,到光绪三十三年(1907)已达1500万人,五十多年猛增五倍。由于移民中的绝大多数来自河北和山东,东北方言在这时自然会受到河北和山东方言的影响,近几十年,随着东北工业的发展,全国各地都陆续有人移居东北,人口已达一亿。但由于大量移民不过是近百年的事,时间还比较短,而且移民来源不只一地,又分散居住在东北各地,因此,除辽宁旅大至桓仁一带以及黑龙江东部唐林、抚远两地当初可能是山东移民聚居地区因而至今方言接近山东话以外(参看贺巍 1986),东北其余绝大部分地区的方言近百年来估计并没有因大量移民而发生重大变化。

辖之下。东北地区自然不必说。北京作为一国的首都,从金迁都燕京算起,到清末共七百多年,在这么长的时间内,除了明朝270多年是汉族统治者管辖外,其余将近五百年时间都在少数民族统治者管辖下,成为该政权的政治、经济、文化中心,这在我国历史名城中是独一无二的。

　　统治北京官话区的少数民族包括契丹、女真、蒙古和满族,都属于阿尔泰语系。因此,北京官话在形成的过程中,很可能会受到阿尔泰语的影响。在这方面,国外的一些学者如日本的桥本龙太郎和美国的罗杰瑞、梅祖麟都曾做过非常有意义的探索,并且已经取得很大成绩。但在当时的少数民族统治者管辖的地区,汉族的人数和文化始终处于优势地位,汉语始终是最通行的语言。当时的汉语虽然可能会受到阿尔泰语的一些影响,但估计影响不会很大。对北京官话的形成和发展产生重大影响的并不是这些少数民族的语言,而是这些少数民族统治者历代所执行的掠夺人口的政策。当时居住在现在北京官话区内的汉族人不断被迫大批迁徙,他们所说的方言也随着不断流动,经常和不同的语言和方言接触。语言和社会一样,越是封闭,发展得就越慢;越是开放,发展得就越快。北京官话就是始终处于相当开放的环境之中的。现在的北京官话和汉语其他方言比较,不但方言内部的分歧最小,而且语音结构最简单,保留的古音成分最少,可以说是发展最迅速的汉语方言。虽然历代的东北少数民族统治者掠夺人口的手段相当原始和残酷,但在客观上确实起了促进北京官话形成和发展的重要作用。

参考文献

北京大学历史系《北京史》编写组(1985):《北京史》,北京出版社。

陆志韦(1947):《记徐孝重订司马温公等韵图经》,《燕京学报》32.169—196。

俞　敏(1984):《北京音系的成长和它受的周围影响》,《方言》1984.272—277。

鲁国尧(1985):《明代官话及其基础方言问题》,《南京大学学报(哲学社会科学)》4.47—52。

徐通锵(1981):《历史上汉语和其他语言的融合问题说略》,《语言学论丛》7.195—210。

贺　巍(1986):《东北官话的分区(稿)》,《方言》1986.172—181。

贺　巍、钱曾怡、陈淑静(1986):《河北省北京市天津市方言的分区(稿)》,《方言》1986.241—252。

林　焘:《北京官话区的划分》,见本集。

全汉升、王业键(1961):《清代的人口变动》,《历史语言研究所集刊》32.139—180,台湾。

安双成(1983):《顺康雍三朝八旗丁额浅析》,《历史档案》10.100—103,北京。

(原载《中国语文》第 3 期,1987 年)

北京官话区的划分

本文主要讨论两个问题：一是如何确定北京官话的区域，一是在北京官话的区域内如何确定北京城区话的区域。

一

北京城区话在北京官话区中具有特殊重要的地位，确定北京官话的区域时，可以以北京城区话为核心，比较各方言点和它的异同，决定是否属于同一方言区。如果一个方言点和北京城区话的声韵系统没有重要的差异，同时调类相同，调值相似，就应该承认这个方言点和北京城区话同属于北京官话区。以这个标准来衡量，北京官话不只包括北京市附近河北省的一些方言，还应该包括大部分东北方言。

我国东北地区（包括内蒙古自治区的东北部，下同）绝大多数方言的声韵系统和北京城区话十分近似，主要差别只在[tʂ tʂʻ ʂ ʐ]这套声母的读法，东北方言[tʂ tʂʻ ʂ]往往和[ts tsʻ s]相混，[ʐ]则大都读成零声母。东北方言的调类和北京城区话完全相同，古四声在今调类中的分合关系也基本一致，只有古清入声字的分配不尽相同，东北方言古清入今读上声的字比北京城区话多。从东北各省直到河北省南部石家庄、邢台一带，在这广大地区内绝大多数方言的调类分合关系都是如此，即分为阴平、阳平、上声、去声四类，这就为我们提供了极其方便的条件来比较这些方言之间调值的异同，从而确定这广大地区内各方言和北京城区话之间的关系。

调值是汉语语音中相当"敏感"的成分，是一般人从听感上判断两个方言是否相似常用的标准。一般人都感觉到，离北京只有二百多里的天津话和保定话，听起来还没有离北京千里之遥的哈尔滨话和长春话更接近北京话，原因也就在此。学说普通话或一种方言，如果调值掌握不好，即使声母和韵母读得很正确，听起来也还是不像的。在其他条件基本相同的情况下,根据调值来确定方言之间的关系,应该说是比较可靠的。

50年代方言普查时期曾发表过一些有关东北各省和河北省方言的资料,最近《方言》季刊又陆续发表了几篇这方面的文章。我们可以根据这些材料来考查以北京市为中心、从东北各省到河北南部这广大地区调值的异同情况,北京市的方言资料(包括远郊区)则主要依据近几年北京大学汉语专业部分师生所做的调查记录。这些调查材料由于调查的时代不同,调查人的水平也不一样,调值的描写可能会出现一些细微的分歧或误差,如果只用来比较少数方言之间的调值关系,这种分歧或误差可能会影响结论。我们现在是用来考查从东北到河北南部广大地区方言调值异同总的情况,即使其中有少数方言的调值描写不十分准确,也不会影响总的结论。

比较方言调值的异同可以只比较一个调类的调值,画出同言线。例如,在这个地区内,以北京城区话为核心,把上声读成降升调的范围最大,把阳平读成升调的范围最小。这种比较自然也很有意义,但不能只根据一个调类的读法确定方言之间的关系。如果把四个调类的调值放在一起比较,调值全同或全相似,关系必然密切,就应该同属一个方言区。根据这个标准画出同言线,就可以了解到以北京城区话为核心的北京官话区的基本轮廓,如图一:

从图一可以看出,北京官话区以北京市为起点,从西向东,范围逐步扩大,形成西南狭窄、东北宽阔的喇叭形区域,包括河北省东北部、内蒙古东部和东北三省的绝大部分。在这个人口达一亿以上的广大区域内,不但声韵系统基本相同,调类全同,而且调值全同或极近似,这在汉语方言中是绝无仅有的。这个方言区如果按惯用的地理位置来命名,似乎应该称之为"东北官话",但由于北京话的重要地位,仍以称"北京官话"为宜。贺巍、钱曾怡、陈淑静(1986)所划分的北京官话区范围比本文小得多,不包括东北方言。李荣(1985)先生认为"北京官话的特性是古清音入声今分归阴平、阳平、上声、去声……东北三省有许多方言比河北省更接近北京",但未明确说明这些东北方言是否也应该属于北京官话。东北大多数方言的古清音入声也是分别归入阴平、阳平、上声、去声的,只是归入上声的较多,另外三声的分配也和北京话不尽相

图一　北京官话分布图

同。这只是数量上的差别,并未影响方言的特性。因此不宜把东北方言从北京官话中分离出去。

　　从北京市向东北方向延伸,经过河北省承德、滦平、隆化、围场直到内蒙古自治区的赤峰、林西、开鲁、通辽,这一片地区四个调类的调值都被记成[55]、[35]、[214]、[51],和北京城区话全同;再向北经内蒙的乌兰浩特、扎兰屯直到海拉尔、满洲里一带,所记调值略低,是[44]、[35]、[213]、[42](以上参看《河北方言概况》和张清常1959)。从内蒙东北部向东南经黑龙江、吉林至辽宁省中部,各材料所记调值大致是[33]、[35]、[213]、[42]。郭正彦(1986)所记黑龙江方言、孙维张等(1986)所记吉林方言和贺巍(1986)所记东北官话都把阴平记成[44]或[33],宋学等(1963)所记辽宁方言则把辽宁北部阜新、朝阳、法库一带的阴平记成[44],中部沈阳、本溪、鞍山一带记成[33]。记音时调值的高低略有差异,只要不影响调类的分合,本无关紧要,但把以上这些材料放在一起比较,就可以看出北京官话区调值变化的总趋势是从西向东,逐渐降低。这趋势在阴平表现得最为突出,辽宁中部可能是变化比较明显的区域。

至于辽宁南部,以最南端的旅大市为中心,向北到辽宁瓦房堡、盖县,向东经辽宁东南的桓仁直到吉林南部通化一带,阴平调值都记成降升调(参看宋学 1959,1963,孙维张等 1986,贺巍 1986),与北京城区话和东北其他地区相距甚远,这个地区的绝大部分都应该属于胶辽官话。南端的新金和长海的阴平和阳平合并,只有三个调类,和隔海相望的山东烟台一致,更可以看出山东移民的影响。

二

北京官话区从东北地区进入河北省后,范围就逐步缩小,只占河北省东北部和北京市的一部分,形成狭窄的袋形。到达北京城区以后,又继续向南延伸到距北京市不远的河北涿县、固安和武清一带。这个狭窄的袋形区域大致如图二所示：

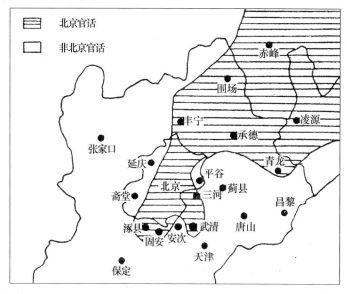

图二　北京官话区南部

图二中袋形区域内各方言点四个调类的调值可以说是完全相同（邻近东北地区的赤峰、凌源以及青龙可能略低一些）。袋形区域以外各方言点的调值则分歧很大，其中除张家口平声不分阴阳且有入声，与北京官话调类完全不同以外，其余各点也都是四个调类，古四声在今调类中的分合关系和北京官话也完全相同，但是调值的差别则很大，下面比较保定、天津、唐山、平谷、蓟县、昌黎等九处今四声的调值：

	阴平	阳平	上声	去声
保定	45	22	214	51
天津	21	45	213	53
唐山	55	22	213	51
平谷	35	55	214	51
延庆	42	55	214	31
斋堂	52	11	25	33
安次	35	31	24	51
蓟县	55	22	213	51
昌黎	32	13	213	55

以上九个点除唐山和邻近的蓟县调值全同以外，其余各点的阴平和阳平调值分歧很大，看不出相互之间有什么密切的关系。袋形区域内的十几个方言点则恰恰相反，不但调值完全相同，而且一直扩展到东北广大地区。袋形区域内外的调值表现如此不同，正可以证明北京官话区域的范围应该根据调值的异同来确定。

三

平时所说的北京音系实际指的是以北京城区话为核心的语音系统。几十年前，北京城区话的内部可能还有一些地区差异，据说，东城话和西城话，南城话和北城话，都有一些不一样，但恐怕主要也只是少数词的用法或轻音儿化的一些读法不同，就整个音系来说，可能并没有什么分别。随着交通不断发达，人口不断流动，这种可能有过的地区间的细微差异目前已经不复存在了,不但住在不同地区的青年人之间没有差异,就是老年人之间也已没有明显的分别。自然,不同民族或不同文化程度的人目前在词的用法或轻音儿化的读法等方面还各有一些特点,这些特点也可能反映在某一地区(如牛街一带回族居民较多,天桥一带知识分子居民较少),但这并不能算是地区之间的方言差异。

近几年来,北京大学中文系汉语专业的部分师生对北京市各区县近40个点约600人做了调查,其中属于城区的东城、西城、宣武、崇文四个区共调查了9个点,约200人,并没有发现明显的地区性的语言差异。郊区共调查了约30个点,近400人,其中除东部远郊平谷县、西部远郊延庆县和门头沟区斋堂乡一带所调查的各点不属于北京官话范围以外,其余二十几个点和标准北京音系比较,北部近郊海淀区和昌平县一带差异很小,其他各点则有较明显的分歧,主要表现在以下两方面:

(1) 一些字的读音不同,北京城区读[tsɤ tsʻɤ sɤ]的一些古入声字如"责、择、册、策、色",远郊各县大都读成[tṣai tṣʻai ṣai],近郊区县则和城区相同。北京城区一些古浊声母合口字郊区读成开口,如"农[nəŋ˥],暖[nan˩˥],乱[lan˥˩],闰[z̩ən˥˩],弱[z̩au˥˩]",除海淀、昌平一带以外,远郊和近郊都如此读。

(2) 古影疑母开口一二等字如"爱、安、藕、恶"城区读零声母[ai an ou ɤ],北部远郊怀柔、密云一带读[nai nan nou nɤ],南部远郊大兴、房山一带读[ŋai ŋan ŋou ŋɤ]。

以上两方面的分歧是确定北京城区话的区域可能采用的两项标准。但是,一些字读音的不同不适于采用。首先,这种不同只限于少数字的读音,并没有引起音韵结构的变化。其次,这种读音分歧的界限并不十分分明。例如,北京城区人一直也说"择[tṣai˥]菜_{拣菜}""掉色[ṣai˩˥]_{颜色脱落}",一些人甚至也说"暖[nan˩˥]和""乱[lan˥]七八糟";远郊区也有不少人受广播和电视的影响,说"毛泽[tsɤ˥]东"和"农[nuŋ˥]村"了。

古影疑两母开口一二等字的不同读法是相当理想的确定北京城区话区域的标准。贺巍(1986)根据这个标准为东北官话分区,实际上完全可以扩大用于整个北京官话区,北京城区话的区域也可以据此来确定。

北京城区把"爱、安、藕、恶"等字读成零声母,范围是很小的。城区以东和以北的怀柔、密云和平谷都读[n-],城区以西和以南的延庆、门头沟、房山、大兴都读[ŋ-],零声母的读法处在中间。实际上,[n-]的读法从北京市东北部远郊县一直延伸到河北省东部(包括天津市)和东北各省,[ŋ-]的读法从北京市西部和南部远郊县一直延伸到河北省西部以及内蒙古和山西。如果以北京市为中心向东北方向和西南方向画一条线,线右都读[n-],线左都读[ŋ-],北京城区话的零声母读法实际是被这两种读法所包围的,大致如图三所示:

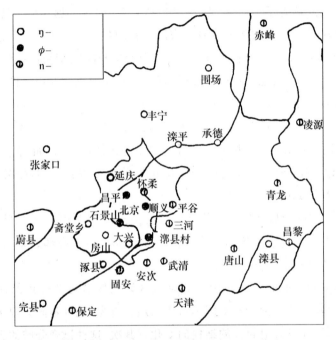

图三　北京市及附近地区"爱安藕恶"四字的声母

图三表示北京官话在北京市和河北省的大致范围,从东北走向西南的粗线是[n-]和[ŋ-]的分界线,这条粗线到北京城区分为两股,两股中间正是读零声母的北京城区话。

贺巍(1986)根据是否读零声母把东北地区的官话分为哈阜、吉沈、黑松三片:哈阜片读[n-],吉沈片读零声母,黑松片读[n-]或零声母不定。东北地区的官话既然和北京话同属一个大方言区,贺文所划分的哈阜片就不必局限于东北地区,还可以继续向西南方向延伸,一直延伸到北京市以南的河北固安、武清和三河(参看图二)。这个片的名称似也可相应的改动,或可称为"哈承片"。

图三中北京官话区的范围内还有一些读[ŋ-]的地方,包括承德以北的围场、丰宁和北京市南部的大兴、房山以及河北省涿县,这种读法是北京官话区和河北省西部从张家口直到完县以南大片读[ŋ-]的方言区之间的过渡,不必另划分成独立的方言片。

四

北京城区话实际上只是北京官话区西南角上的一个小小的方言岛。由于它的特殊重要地位,邻近的方言正在逐步向前靠拢。这个方言岛的范围日益扩大,不断变化,很难为它画出一条准确的分界线,只能根据目前掌握的材料大致描绘出它的轮廓。

根据北大师生对北京市各区县近40个点的调查记录,有一些地点零声母和[n-](或[ŋ-])的读法同时并存,说明这些地点受北京城区话的影响正处在由[n-](或[ŋ-])向零声母过渡的阶段,可以把这些地点看成是北京城区话的分界线。其余大部分地点只有一种读法,如果读零声母的地点邻近读[n-](或[ŋ-])的地点,就暂以两地点之间的中线作为北京城区话的分界线。图四是根据这种办法为北京市零声母、[n-]和[ŋ-]三种读法划分的大致界限,从中可以看出北京城区话的大致范围:

图四各点中,北安河属海淀区,琉璃庙属怀柔县,沸县村属通县,西铁匠营属丰台区,模式口属石景山区,斋堂乡属门头沟区,不老屯属密云县。怀柔[n- ∅]两种读法并存,西铁匠营和模式口[ŋ- ∅-]两种读法并存。琉璃庙是[n- ŋ- ∅-]三种读法同时并存,可以说是正处在三种读法的交界线上。所谓同时并存,包括各种不同情况:有的是不同的人读法不同,一般是青年人读零声母的多,中老年人读[n-]或[ŋ-]的多;有的是不同韵母读法不同,如"爱、安"读[ai an],"藕、恶"读[ŋou ŋɤ];也有的是任意自由变读。凡是出现两种或三种读法的地点,不管属于

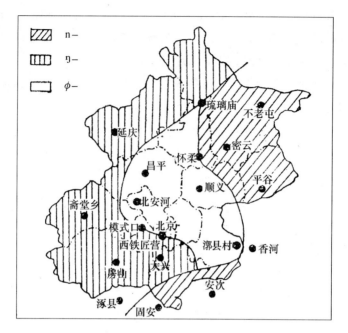

图四　北京市"爱安藕恶"四字的胃母

哪种情况,也不管哪种读法占优势(西铁匠营调查的24人中,绝大多数都读零声母,只有两个人读[ŋ-]),都一律作为北京城区的分界线。

北京市北部昌平读零声母,延庆读[ŋ-],北安河读零声母,斋堂读[ŋ-]。东部顺义读零声母,平谷读[n-];东南角都县村读零声母,与都县村邻近的河北省香河县则读[n-]。由于调查的方言点有限,在这些地方还没有发现两种读法并存的现象,只能暂以两种读法之间的中线作为分界线。

根据以上办法确定的北京城区话的区域只占北京市总面积的三分之一左右,约五千多平方公里。过去的面积可能更小一些,现已无从查考。目前邻近方言正迅速向北京城区话靠拢,城区话的面积今后无疑将会逐步扩大。这个扩大过程过去大约就一直存在,只是不会有今天这样迅速。如果能对周围的方言点再做比较全面细微的调查,就可以对北京城区话目前的状况和今后的发展趋势了解得更清楚一些。

参考文献

贺　巍、钱曾怡、陈淑静(1986)：《河北省北京市天津市方言的分区(稿)》，《方言》1986.241—252。

贺　巍(1986)：《东北官话的分区(稿)》，《方言》1986.172—181。

林　焘(1987)：《北京官话溯源》，见本集。

郭正彦(1986)：《黑龙江方言分区略说》，《方言》1986.182—185。

孙维张、路野、李丽君(1986)：《吉林方言略说》，《方言》1986.39—45。

辽宁大学中文系语言教研室(执笔人宋学)(1963)：《辽宁语音说略》，《中国语文》1963.104—114。

宋　学(1959)：《辽宁(九个地区)与北京声调对应关系》，《方言与普通话集刊》第七本 1959.14—17，文字改革出版社。

张清常(1959)：《内蒙古自治区汉语方音与普通话语音对应规律》，《内蒙古大学学报》第 1 期 1959.7.5—103。

李　荣(1985)：《官话方言的分区》，《方言》1985.2—5。

河北北京师范学院、中国科学院河北省分院语文研究所(1961)：《河北方言概况》，河北人民出版社。

河北省昌黎县县志编委会、中国社会科学院语言研究所(1960)：《昌黎方言志》，科学出版社。

(原载《方言》第 3 期，1987 年)

现代汉语补语轻音现象反映的
语法和语义问题

现代汉语补语里的轻音现象可以根据补语的性质分成以下四类：

一、趋向补语

  走·来① 走·过·来 走·起·来

趋向补语紧接在动词或形容词之后，经常只是一个单词。所有的趋向补语都要轻读，没有例外。

二、可能补语

  跑·得快 跑·不快

可能补语的特点是在主要动词和它的补语之间有"得"或"不"，"得"表示可能，"不"表示不可能。"得"或"不"永远轻读，它们的后面经常是一个单词，这个单词不轻读。

三、程度补语

  跑·得很快 跑·得不快 跑·得我简直喘不过气来

程度补语在动词之后常常有一个"得"，"得"永远轻读，它的后面可以是一个单词，也可以是一个词组，这个单词或词组不轻读。

四、少数结果补语

  听·见了 气·死了 记·住了

---

① 本文依照一般习惯，在汉字前面用"·"号表示轻音，除必要外，不用拼音字母拼写汉字。

一般的结果补语都不能轻读（例如"吃完了""听懂了"），只有少数意义有显著改变的是例外，这类轻读的结果补语数目很少，都是一个单词。

有些语法学家把"住在北京、跑到街上"的"在北京、到街上"算做"住、跑"的补语①，"在"和"到"也要轻读。这一类所谓"补语"的性质和以上所举的四类很不相同，算做补语是很不妥当的。"在"和"到"的轻音现象应该另行处理，不能和以上四类并列，在这篇文章里不准备讨论这类轻音现象。

以上所举的四类轻音现象反映出来的问题并不相同，必须分别进行分析，分析时着重说明这些轻音现象所反映出来的语法和语义的问题。

一、趋向补语里的轻音现象

走·来　　　　跑·去　　　　放·下
走·过·去　　拿·进·去　　送·回·来
走·起·来　　念·下·去　　写·出·来

上例第一行都是单音节的趋向补语，永远轻读。第二行都是双音节的趋向补语，在一般情况下两个音节都要轻读，但是在加重语气时第一个音节可以不轻读，例如：

走·过·去　　拿·起·来　　抬·上·去
走过·去　　　拿起·来　　　抬上·去（加重语气）

第三行的补语实际上并不是表示真正的趋向，而是由表示趋向引申出新的意义来，这种具有引申意义的补语也要轻读，可以和一般的趋向补语放在一起讨论。这种补语多半都是双音节，但是不能用一般双音节趋向补语的办法来加重语气，我们只能说"念·下·去"，不能说"念下·去"。

---

① 例如中国科学院语言研究所语法小组《语法讲话》，见《中国语文》1953年2月号，第22页。

趋向补语之前如果加上"得"或"不",就变成了可能补语,原来的补语就不再轻读,如果是双音节的,两个音节都不能轻读。例如:

  放・得下   拿・得进去   写・不出来

以上这些轻音现象中值得注意的是双音趋向补语。双音趋向补语的第二个音节只能是"来"或"去",有三种不同的语音现象:

1. "他拿・进・去了"——一般趋向补语。

2. "他拿进・去了"——加重语气,语音现象和"进"做主要动词时相同(例如"他进・去了")。

3. "他拿・得进去"——变成可能补语时两音节都不再轻读。

我们应该把两个音节都轻读的"・进・去"作为双音趋向补语正常的语音格式,"进・去"的格式在正常情况下只用于"进"做主要动词的时候,加重语气时读成"拿进・去",正说明这时趋向补语里的"进"已经多少带有主要动词的意味,虽然它还不是主要动词。

变成可能补语后的"他拿・得进去"情况又不同,只有在这种情况下"进去"两个音节才都不轻读。前面已经说过,可能补语的语音格式是"得"或"不"轻读,它们后面的音节不轻读,这种语音格式没有例外。例如:

  看・见:看・得见   回・来:回・不来

按照这种语音格式,"拿・进・去"变成可能补语后,就可能有"拿・得进・去"和"拿・得进去"两种读法。但是,"拿・得进・去"的格式不宜于用,因为"进・去"这种语音格式已经用于主要动词加补语,这样读就很容易给人一种错觉,以为"进・去"是句中的主要成分。因此,只能采取"进去"两个音节都不轻读的语音格式。从下面几句话的比较就可以看出来语音格式的不同对语法和语义的影响:

  ⎧ 想了很久,我才想・起・来。(趋向补语——引申义)
  ⎪ 天气不早,我想起・来了。(主要动词)
  ⎨ 日子隔得太久,我想・不起来了。(可能补语)
  ⎩ 今天我有点不舒服,我想不・起・来了。(主要动词)

> 他的两个孩子都找不着家了,可是后来都让他给找·回·来了。(趋向补语)
> 我想他这两个孩子一定找·得回来。(可能补语)
> 我们分头去找,我找·的回·来了①,他找的还没有回来。
> (主要动词)

"想·起·来、想起·来""想·不起来、想不起·来""找·得回来、找·的回·来"这三组词都只是靠着不同的轻音现象来分别它们的语法作用和意义。两个音节都不轻读的"起来"应该算是可能补语里的语音格式,和趋向补语的语音格式完全不同。

我们肯定了只有两个音节都轻读的"·起·来、·进·去"等等才是真正的趋向补语,对解决趋向补语和宾语在位置上的关系有很大的帮助。

趋向补语和宾语如果同时存在于一个句子里,一般说起来,宾语有三个位置可放:

拿·出·来一本书。

拿一本书·出·来。

拿·出一本书·来。

三种句子的"·出·来"都轻读,那么是不是可以肯定这三个"·出·来"都是趋向补语呢?这要看情况。

第一种句子的"·出·来"毫无疑问是趋向补语。第二种句子很有些像所谓"连动式",但是我们不承认它是连动式,因为它的语音格式说明"·出·来"的"·出"不像是主要动词。这种句子事实上有两种读法:

我拿一本书·出·来。

我拿一本书出·来。

第一句的"·出·来"只是说明"拿书"的情况,是趋向补语;第二句的

---

① "的"和"得"汉字写法不同,但是声音完全相同,在语音上是无法分别的。

"出·来"则是说明"我"的情况,是连动式①;二者的语音形式并不相同。如果只从书面语言来考虑问题,就会把这两种不同的语音现象混同起来。也可能有人会认为动词和趋向补语之间不应该允许插进宾语去,但是这种看法是没有根据的,宾语既然可以放在主语和动词之前,又为什么不能放在趋向补语之前呢?问题还是要看它本身的性质。趋向补语放在宾语之后的时候,实际上它所补足的已经不只限于动词,还应该把动词后面的宾语包括在内。

比较麻烦的是宾语插在"·出·来、·进·去"中间的格式。"拿·出一本书·来"的"·出"和"·来"都轻读,按照语音格式来看,似乎应该算是趋向补语,但是问题出在它们中间插进了一个宾语。补语在句子里是作为一个成分存在的,一个成分的前后不管放上其他什么成分按理说都没有问题,但是在一个成分中间插上其他成分就很难说得通。(例如我们不能在主语中间插上宾语,宾语中间插上主语。)只就这一点来看,我们就有理由怀疑"·出……·来"不是一个成分。我们再看这种句子变成可能补语时的语音现象:

我拿·出一本书·来。
我拿·得出一本书·来。

一般的双音趋向补语在变成可能补语后,两个音节都不再轻读,可是这里的"·来"仍然轻读。因此我们更有可能认为只有"·出"才是趋向补语,"·来"不是。为了进一步说明这种看法,我们再比较下面这两组句子:

⎰ 拿一本书·来。　　　　　⎰ 搬一把椅子·去。
⎨ 拿·出一本书·来。　　　⎨ 搬·进一把椅子·去。
⎱ 喝水·来。　　　　　　　⎱ 找朋友·去。

六句话的"来"和"去"都放在句尾表示全句的趋向。不同的是"拿……·来"

---

① 自然,也有可能是所谓兼语式,例如"叫·进·来一个人"可以说成"叫一个人进·来",这格式和"叫他进·来"(兼语式)完全相同。这种句子不能说成"叫一个人·进·来",因为意义上不允许,"进来"不能说明"叫一个人"的情况,只能说明"一个人"的情况。

"拿·出……·来""搬……·去""搬·进……·去"可以说成"拿·来……""拿·出·来……""搬·去……""搬·进·去……",而"喝水来""找朋友去"不能说成"喝·来水""找·去朋友"。

不管这六句话的"来"和"去"来源是否相同,它们在这六句话里的作用应该说是一样的。它们放在句尾表示全句的趋向,而且永远轻读,性质已经接近于语气词。①

我们也可以假设"拿·出……·来、搬·进……·去"的"·来"和"·去"原来就是趋向补语,但是既然用宾语把它和"·出""·进"隔开,又放在句尾轻读,我们就没有理由再承认它们还是趋向补语。我们再比较下面的两组话:

$$\begin{cases}我看·见·了一本书。\\我看·见一本书·了。\end{cases} \qquad \begin{cases}我拿·出·来一本书。\\我拿·出一本书·来。\end{cases}$$

这两组句子的语法结构并不完全相同,但是可以用它来说明这个问题。我们都承认"看·见·了"和"看·见……·了"里的两个"了"作用不同,从来没有人主张过"看·见……·了"是一种宾语提前的格式。那么,我们又有什么理由一定要把"拿·出……·来"算做宾语提前呢?

由于以上种种理由,我们不能承认"拿·出……·来""搬·进……·去"的"·来"和"·去"仍是趋向补语。它们的前面有"拿·出""搬·进"遥相呼应,就很容易给人一种错觉,以为"·出……·来""·进……·去"是一个单位。实际上这种"·来""·去"的性质已经接近于语气词,把它们算做一种特殊的语气词,似乎也没有什么不可以。

二、可能补语里的轻音现象

跑·得快　　　　跑·不快

---

① "他吃饭·来·着"的"·来·着"表示全句的行为刚刚完成,也许和这里所说的"·来"有关系。古代白话只说"来",不说"来着",例如"官人今日在何处吃酒来"(《错斩崔宁》)。这个"来"是否和本文所讨论"来"有关系暂不讨论,但是至少可以证明"来"放在句尾单独起作用的现象在几百年以前就已经存在了。

写·得完　　　写·不完
看·得清楚　　看·不清楚

可能补语里有三个现象值得注意：

1. "得"和"不"永远轻读，它们后面的补语永远不轻读。

2. "得"和"不"后面的补语只能是一个单词①，如果是一个词组，就成了程度补语。例如"跑得快"是指"能跑快"，"跑得很快"就不是指"能跑很快"，而是指"跑"的程度"很快"。补语如果是一个词组，在表示可能时就不能用"得"或"不"，唯一的办法是在动词前面用"能"或"不能"，例如"能跑得很快、不能跑得很快"。

3. 用"得"的可能补语非常容易和用"得"的程度补语相混，"跑得快"可以理解为"能跑快"，也可以理解为"跑"的程度"快"。

就意义上所起的作用来看，"得"和"不"都表示可能性，是应该算做一类的，但是它们在语法上所起的作用是否相同，很值得我们注意。

首先我们可以肯定"得、不"不是所谓"词嵌"，因为它们永远不嵌在一个单词的中间。"改动、说明"都是动补结构的单词，我们就不能说成"改得动、说不明"，只能说"能改动、不能说明"。"跑快、写完"都是动补结构的词组，包含两个单词，我们就可以说成"跑得快、写不完"。这种情况就使我们无法承认"得、不"是词嵌，何况承认它们是词嵌，像"对他不起、放心不下"这类宾语插在动词和可能补语之间的句子就完全没有办法解释。

"得、不"也不能都是词尾，把"不"算做"写"的词尾恐怕没有人会同意。它们也不能都是词头，把"得"算做"快"的词头也不会有人同意。

那么，是不是可以把"得"算做词尾，把"不"算做词头呢？这也不妥当。把"得"算做词尾在一般情况下还勉强可以说得通，但是遇到"跑得跑不得"这种格式就很难解释，词尾是应该紧连着它前面的词的，我们很难承认词尾本身还可以带有一个否定副词"不"构成"跑不得"的格式。把"不"算做词头困难更多，在"跑不好"和"他不好"这两句话里，

---

① 而且只能是音节较短的单词。"写得清楚"可以理解成"能写清楚"，"写得乱七八糟""打得稀里哗啦"就不能理解成"能写乱七八糟""能打稀里哗啦"。

"不"都是用来修饰"好"的,如果认为前一个"不"是词头,后一个"不"是否定副词,就必须举出充足的理由,可是这种理由是很难找到的。

　　唯一的办法就是肯定"不"是一个独立的词。至于"得",它本来是介乎词和词尾之间的成分,为了在语法上和"不"取得同样的地位,也应该把它算成一个独立的词。否则我们就必须承认"跑得快"是两个词,"跑不好"是三个词。但是在形式上它们都是插在两个词中间,在意义上也都是表示可能性,除非不得已,实在没有必要对它们采取不同的处理办法。

　　确定了"得"和"不"都是独立的词对划分词和词组的界限有很大的帮助。凡是两个音节中间能够插进"得、不"变成可能补语的都应该算是两个独立的词,例如"打倒、看见",既然可以说成"打得倒""看不见",就没有理由认为它们是一个词。否则就得承认"打得倒、看不见"是词中有词,或是承认"得、不"是词嵌,这两种说法都是很难成立的。

　　有些人主张"打倒、看见"是一个词,理由是这些词中间只能插进"得、不",不能插进任何其他成分。例如"吃饱、站稳",不但可以说成"吃得饱、站得稳",而且可以说成"吃得非常饱、站得不太稳",因此"吃饱、站稳"都是词组。"打倒、看见"则绝对不能说成"打得非常倒、看得不太见",因此"打倒、看见"都是一个词。

　　这种主张只注意到"得"和"不"在形式上的地位而忽视了它们后面补语的作用。在这两个音节之间是不是只能插进"得、不"实际上和这两个音节是不是一个单词丝毫没有关系,起作用的是"得、不"后面的成分(也就是补语)的性质。前面已经说过,可能补语在"得、不"之后只能是一个单词,因此一切可能补语在"得、不"之后都不能插进任何其他成分成为词组,如果成为词组,也就由可能补语变成程度补语了。例如:

　　　跑得快　　　吃得饱　　　　站得稳
　　　跑得很快　　吃得非常饱　　站得不太稳

"得"后面是一个单词时,表示可能(有时也可以表示程度);"得"后面是一个词组时,表示程度。因此"得"后面是词还是词组基本上可以确定"得"的作用和意义。无论是哪一种情况,"得"的前面总是一个独立的词,它不能抛开紧接在它后面的"得"而与"得"后面的成分构成一个单词。

至于哪些可能补语可以变成程度补语,则是由补语本身的性质确定的。凡是补语本身不能有程度上分别的,也就是前面不能加上程度性的修饰语的(一般自然是动词),就只能是可能补语,在形式上也就不能由词变成词组。例如:

打得倒	碰得掉	看得见
(打得很倒)①	(碰得非常掉)	(看得不太见)
做得完	推得翻	记得住
(做得很完)	(推得非常翻)	(记得不太住)

凡是补语本身可以有程度上分别的,也就是前面能加上程度性的修饰语的(一般自然是形容词),就可以是程度补语,在形式上也就可以由词扩展成词组。这种补语在只是一个单词时,常常无法决定它是表示可能还是表示程度。例如:

打得碎	吃得饱	看得清楚
打得很碎	吃得非常饱	看得不太清楚
做得好	站得稳	跑得快
做得很好	站得非常稳	跑得不太快

"不"的情况有些不同,"不"只能用于可能补语,不能用于程度补语,因此没有上述的问题。"不"在其他任何情况下都是一个独立的否定副词,把"打不倒、看不见"解释成一个词更是勉强。

"不"不能用于程度补语,也就是说它的后面不能带上一个词组。但是下面的例子好像可以推翻这种看法:

写不好	搬不动	看不清楚
写不大好	搬不太动	看不很清楚

在这种句子里,我们应该把"不大、不太、不很"看成一个单位。因为第

---

① 加括号的句子表示不成话。

一,在不用可能补语的形式来说出这句话的时候,我们只能说"不大能写好、不太能搬动、不很能看清楚",不能说成"不能写大好、不能搬太动"。"不能看很清楚"可以说,但实际上这是程度补语"不能看得很清楚"的省略。可见"不大、不太、不很"是作为一个单位存在的。第二,如果我们用"得"只替换"不",或是不成话(例如"写得大好、搬得太动"),或是变成程度补语(例如"看得很清楚")。只有用"得"替换"不大、不太、不很"时才保持它原来的可能性。试比较:

写<u>不大</u>好　　　　写<u>得</u>好　　　　（写<u>得大</u>好）
搬<u>不太</u>动　　　　搬<u>得</u>动　　　　（搬<u>得太</u>动）
看<u>不很</u>清楚　　　看<u>得</u>清楚　　　看<u>得</u>很清楚（变程度补语）

第三,"不大、不太、不很"在这种句子里结合得非常紧密,除了"大、太、很"以外,很少能换上其他的词。有时可以用"不老"(例如"看不老清楚"),这"不老"更是一个单位,因为"老清楚"根本就不成话。

我们既然肯定了在可能补语里"得、不"的前后都只能是独立的词,就应该进一步分析一下"得、不"和它前后的词的关系是怎样的。

在一般情况下,"得"总是和它前面的动词关系近(例如"吃得很饱、看得很清楚"),"不"总是用来修饰它后面的动词或形容词(例如"他不好、我不去"),二者作用并不相同。在可能补语里也正是如此①,我们可以由它们所表现出来的轻音现象看出这不同的关系。

"得"在可能补语里轻读的高度永远随着它前面音节的调值而改变,"不"则不然,它除了要受前面音节的影响以外,有时还要受后面补语调值的影响。我们先看"得":

说得清 ⏋·|⏋　　　说得完 ⏋·|⏋

---

① 可能补语里的"得"和"这条路走·得""这个菜吃·得"里的"得"一定是同一来源,后面这种"得"更是很清楚地表示可能性,它只能和前面的动词发生关系。古代汉语"得"常放在动词之前表示可能,例如"圣人吾不得而见之矣,得见君子者斯可矣"(《论语·述而》篇),这个"得"很明显是助动词,只就语法作用来看,和现代汉语放在动词之后的"得"完全不同。

说得好 ⌐·↓ 　　说得快 ⌐·↘

这里只举出第一音节是阴平的例子，一般轻音音节在阴平之后是三度（或二度），"得"也正是如此，它的高度丝毫也没有受到它后面音节的影响。

　　"不"则不然，我们试看下面的例子：

　　说不清 ⌐·⌐　　说不完 ⌐·⌐
　　说不好 ⌐·↓　　说不快 ⌐·↘

轻音在阴平音节之后照理应该是三度，"不"后面跟着阴平、阳平和上声时都合乎这规律，只有后面跟着去声时，由三度升到五度（至少是四度），这显然是受了后面去声音节的影响。固然，在说得很快的时候，我们有时也可以把"说不快"的"不"说成三度，但是在任何情况下我们都不能把"说不清、说不完、说不好"的"不"说成五度或四度。

　　"不"在去声前的特殊变化是和它不轻读时的特殊变调有关的。在不轻读时，"不"经常读去声，只有在去声之前变调读阳平（例如"不去 ↑↘"），也就是由降调变成升调，这种变调影响到可能补语的"不"，使得它的轻音高度升高。这一方面可以证明"不"和它后面补语有比较密切的关系，另一方面也说明过去我们以为轻音的高度只受前面音节影响的看法是不够全面的，在一定的情况下，轻音的高度同时要受到它后面音节的影响。

　　除了轻音的高度以外，我们还可以找到两方面的证据来证明"得"和"不"在可能补语里的作用并不相同。第一，在个别情况下宾语可以放在动词和可能补语之间，这时"得"一定紧连它前面的动词，宾语要放在它后面；"不"一定紧连它后面的补语，宾语要放在它前面。例如：

　　　　"岂能瞒得我过。"
　　　　"真会拗他不过。"①

---

①　二例均见中国科学院语言研究所语法小组《语法讲话》，《中国语文》1953 年 2 月号，第 23 页。

"得"的例子比较少,"不"的例子则很多,例如"对他不起、请你不动、放心不下"等等都是。

第二,有些方言(粤、闽南、客家)处理可能补语的办法和一般不同,表示不可能时"不"放在动词之前,动词之后仍用"得",这也可以证明"不"的作用永远是修饰后面,不是补足前面。例如:

教得坏　　　　不教得坏
饿得死　　　　不饿得死[①]

由以上对可能补语的分析,至少我们可以肯定以下两点:1. 可能补语只能是一个音节较短的单词。2. 表示可能时在动词之后加"得",表示不可能时在补语之前加"不","得"和"不"的前后都是独立的词。只从形式上看,"得"和"不"好像只是插在两个音节之间的成分,但是我们不能只是简单地从形式上来解释"得"和"不"的作用,如果认为"得"和"不"的作用只是插在两个音节之间表示可能性,那就很容易混淆一些词和词组的界限。

三、程度补语里的轻音现象

跑·得快　　　　　写·得不慢
跑·得很快　　　　写·得很不慢
跑·得我满头大汗　写·得我头昏眼花

程度补语里的"得"一定要轻读,和可能补语里的"得"声音相同,但是表达的意义并不一样。

在北京话里,程度补语的"得"有两个读音。在一般情况下"得"读成轻音 de,如果后面跟着一个主谓结构的补语,这个"得"既可以读成 de,又可以读成 dou。例如:

跑·得(de 或 dou)我简直喘不过气来。
气·得(de 或 dou)他都哭了。

[①] 二例均见王力《中国语法理论》上册 162 页。这些方言现在也大都可以说"教不坏""饿不死",这可能是受了其他方言(尤其是普通话)的影响。

闹·得(de 或 dou)我都没法子工作了。

像"跑·得很快"一般就不能说成"跑 dou 很快"。这种 dou 的读法很奇怪,按照一般的情况,复合元音的韵母在轻读时都是向单元音集中①,这个"得"则不然,原来读单元音 de,在这里反而可以读复合元音 dou,这是不合轻音语音变化规律的。

有一些语法学家认为这个"得"是由"到"变来的②,但是他们把程度补语里所有的"得"都看成一个来源。这种看法就不太妥当,在北京话里并不是所有的"得"都可以读成 dou,是否能读 dou 是有一定条件的,二者界限分明,不能乱读。有一些方言和北京话有同样的分别,吴语一部分方言(如常州、宜兴、无锡、绍兴)和湖北通山都把北京话的 dou 读成"到"或"到则"(常州:"倦到则眼睛张勿开"),把北京话的 de 读成"得"或"则"(常州:"走则慢")③。吴语区的"得"或"则"仍读入声,从语音演变上来看,这两个入声字根本不可能是由非入声的"到"变来的。④

也有一些语法学家认为这个"得"并不是由"到"变来的⑤,这种看

---

① 例如"木·头"的"头"由 tou 变 tə,"进·来"的"来"由 lai 变 lɛ。
② 例如黎锦熙先生在《新著国语文法》里说:"特别介词'得'字就是介所到的'到'字的音转。"(第 237 页)
③ 参看赵元任《现代吴语研究》,第 124 页,赵元任等《湖北方言调查报告》第二册,第 1529 页。有些方言虽然不用"到",但是仍可以看出二者的分别,例如苏州话,北京话的 de 苏州话也用"得"("走得慢"),北京话的 dou 苏州话可以说成"得",也可以说成"得来"("倦得(来)眼睛张勿开"),摇摆的情况很像北京话。
④ 水浒天都外臣本 23 回"打得五七十拳",贯华堂本"得"作"到"。见《水浒全传》(上册)第 352 页注 48(人民文学出版社 1954 年重印本所附各本校勘)。
⑤ 例如王力先生在《中国语法理论》上册的注里说:"关于'得'字的来源,胡适在《国语文法概论》(《胡适文存》内)里说是从'到'变来的,'到''得'一声之转。黎锦熙先生采用此说(《国语文法》,第 237 页)。我们不相信这种说法。'到'和'得'的韵母相差很远,'一声之转'的解释是不够的。'我来到不巧了'和'说到林黛玉扑嗤的一声笑了'也是很费解的。"(第 226 页注 50)"到"和"得"的韵母确实相差很远,但是"到"dau 轻读后读成 dou 是非常自然的,何况复合元音韵母轻读后总是向单元音集中,dou 再受"得"de 的影响变成 de (dou→dou→do→de)也是非常可能的事。

法也是把所有的"得"都看成了一个来源,这样就很难解释为什么北京话有 dou 这一种读法,而且前面所提到的一些方言明明是直到今天仍旧读"到"或"到则",认为"得"完全和"到"没有关系,恐怕也不合事实。①

由此看来,唯一可能的解释是程度补语里的"得"本来就有两个来源:一个是由"到"变来的,这种"得"在北京话有"de,dou"两读,在一些方言里仍读"到"或"到则"②;另一个原来就是"得",北京话只读"得",一些方言仍读入声"得"或"则"。前者只用于主谓结构之前,后者用于其他结构之前。

古代汉语在这方面也可以给我们一些启发。"走得(de)很快"在古代汉语要说成"行甚速","愁得(de,dou)胡子头发都白了"在古代汉语要说成"愁至须发尽白",古代的"至"和现代由"到"变来的"得"(de,dou)之间很可能是有关系的。

"得"的两个不同来源在现代许多方言里都已经混淆起来了,"到"已经逐渐被"得"吞并,只在北京话和其他少数方言里还保留它的痕迹。在北京话里,由"到"变来的"得"原来可能只读 dou,但是这读法逐渐被读 de 的"得"吞并。目前 dou 已经降为土语成分,一般人已经把这两个"得"都读成 de 了。"得"的来源问题很值得参考其他方言做进一步的研究,本文不准备再做更进一步的探讨。

分析"得"的不同来源只不过是为了解释北京话里为什么有时把"得"读成 dou,不能因此就认为应该把读 dou 的"得"复原成"到"。在

---

① 王力先生虽然不相信"得"是由"到"变来的,但是他把"我来的不巧了"称为"递系式",把"说的林黛玉扑嗤的一声笑了"称为"紧缩式",并且列出三项理由说明这两种句子中的"的"不同(《中国语法理论》上册,第 204—205 页),这种见解是非常精到的。王先生同时认为像"我来的不巧了"一类的句子应该以"我来"作为"不巧"的主语(《中国语法理论》上册,第 195 页),这虽然和一般认为"不巧"是"来"的补语的看法非常不同,但是很有道理。本文不准备对这问题多所论述,我们讨论的重点在轻音现象,为了便于和其他补语的轻音现象比较,就暂从一般的说法仍把这种句子算做程度补语。

② 北京话里的单词"认得、记得、免得、省得"里的"得"也可以有"de,dou"两读,可能原来也是由"到"变来的。

普通话里,只有一个读 de 的"得",读 dou 应该算是方言现象。

有人把程度补语的"得"写成"的",以区别于可能补语里的"得"(例如"跑的快"是表示程度,"跑得快"是表示可能)。这种办法虽然在声音上没有根据,但是确实能把"得"的不同语法作用区别开来[①]。汉字给我们带来的这一点点好处在拼音文字里就无法表现出来,但是我们可以用词的连写办法来弥补。根据可能补语的特性,我们似乎可以把可能补语连起来写成"跑得快 pǎodékuài",程度补语分开来写成"跑得快 pǎodé kuài"。可能补语在"得、不"之后只能是一个单词,和前面连起来写,并没有什么困难。如果一定要在拼音文字里表现出可能补语里"得"和"不"在语法上的不同作用,也可以用短横来表示,例如:"跑得-快 pǎodé-kuài","跑-不快 pǎo-búkuài"。

四、结果补语里的轻音现象

一般的结果补语都不能轻读[②],只有下面几个单音节的词是例外:

听・见

记・住　　改・掉

急・死　　拿・开　　想・到　　买・着(zhao)

此外还有一个"说成、变成、弄成"的"成"可以轻读,但是否轻读是自由的(例如"你把他说成坏人了"),有的时候又根本不能轻读(例如"你给他说媒说成了没有")。不管它是否轻读,对语法或语义甚至语气都没有什么影响,这种情况和上面所举的"听・见、记・住"等完全不同,因此不把它放在一起讨论。

以上所举出的几个轻读的结果补语有以下两个共同特点:

---

① 如果承认"跑的快"的"快"是谓语,那么写成"的"就更有语法上的根据了。
② 这里指的只是紧接着动词的那个音节。双音节补语的第二个音节可以轻读,这是因为原来这个词就轻读,例如"干・净"、"清・楚"原来第二个音节就轻读,做补语时自然仍是轻读("洗干・净"、"写清・楚"),这种轻读和补语无关。

1. 在动词和这些补语之间加上"得"或"不"变成可能补语时，就不再轻读。例如"听·得见、记·得住、改·不掉、急·不死"。

2. 这些词做轻读的结果补语以后，意义大都有所改变。例如"听·见"的"见"不再是"看到"，"记·住"的"住"不再是"居留"，"急·死"的"死"不再是"失去生命"。

我们是否可以考虑把这些轻读的补语算做动词的词尾呢？只就它的轻音现象和意义有所改变这两点来看，它确实和一般所谓的动词词尾"了(le)、着(zhe)"相似，但是至少有下列三点可以证明它们和一般的动词词尾不同：

1. 在这些轻读的补语和动词之间可以加上"得"或"不"变成可能性补语（例如"听得见、记不住"），这正是一般单音节补语所共有的特点。一般所谓的动词词尾"了"和"着"绝对不能如此。

2. 除"见"以外，这些轻读补语在加重语气时都可以不轻读，例如"记·住了、改·掉了"在加重语气时可以读成"记住了、改掉了"。"了、着"则永远轻读，绝无例外。

3. 这些轻读补语之后还可以加上"了"（例如"听见了、气死了"），这也是一般补语所共有的现象。如果我们把"见、住"等和"了、着"都算做动词词尾，那么在汉语里就存在着"动词＋词尾＋词尾"的格式，这恐怕是很难说得通的。何况"了、着"究竟是不是真正的动词词尾到现在也还没有一个定论，我们就更不宜于只用"了、着"作为衡量汉语动词词尾的标准。

这些补语既然不是动词词尾，那么它的轻音现象的产生是不是只因为意义改变呢？这必须由一般不轻读的结果补语的性质说起。

一个词用做不轻读的结果补语时，它的意义并不改变。就它和句中其他成分的关系来看，它和前面的动词处于同等重要的地位，有时甚至还要更重要一些。在没有宾语的句子里，它和主语的关系也许比主要动词和主语的关系还要近一些。我们试比较下面两组句子：

他的脸都急红了。　　他的脸都红了。
你吃饱了。　　　　　你饱了。

两两比较,左面一行句子里的主要动词倒好像是用来修饰它后面补语的。只就形式上看,我们可以承认左面一行的"红、饱"是它们前面动词的补语;如果兼顾到意义,就不能承认它们的作用只限于补充说明前面的动词。①

在有宾语的句子里,结果补语和它前面的动词也是处于平等的地位,动词说明主语,补语说明宾语,二者分工非常明确。例如:

我擦干净桌子了　　　　　我擦桌子,桌子干净了。
他碰倒了一个瓶子　　　　他碰一个瓶子,瓶子倒了。

在这种句子里,补语的作用也不只限于补充说明前面的动词。

轻音的结果补语则不然,除了意义上有较大的改变以外,在句子里的地位也和一般结果补语不同,它在形式上和意义上都只是补充说明前面的动词,和句子里其他成分并没有直接的关系。我们试比较下面几组句子:

他都急·死了　　　　　　他都死了
我看·见了他　　　　　　我见了他
我改·掉这毛病　　　　　(我掉这毛病)

把主要动词取消后,或是意义全变,或是根本不成话,可见这些轻音补语和主语没有直接关系。同样,如果后面有宾语,它和宾语也没有直接关系,例如:

我想·到一件事　　　　　我想一件事,(一件事到了。)
你拿·开这本书　　　　　你拿这本书,(这本书开了。)

此外,如果把这些轻音补语从句子里拿出去,对整个句子所表达的意义常常没有什么影响,这种现象也和非轻音补语完全不同。例如:

我都恨·死他了　　　　　我都恨他了

---

① 这只是一般情况。"好极了""坏透了"的"极""透"不读轻音,但是它们的作用就只限于补充说明前面的动词。"极"和"透"是两个特殊的补语,它们和前面的动词结合得非常紧,甚至中间不能插进"得、不"变成可能补语,这是一般补语所没有的现象。

他抓·住了一个特务	他抓了一个特务
你卖·掉了一所房子	你卖了一所房子
我买·着了一本书	我买了一本书

有非轻音结果补语的句子省去主要动词后意义改变不大（例如"他的脸都［急］红了"），有轻音结果补语的句子省去补语后意义改变不大（例如"我都恨［死］他了"），这就充分说明这两种结果补语在句子里的地位是完全不同的。

轻音结果补语在句子里所起的作用之所以和一般结果补语不同，自然和意义的改变有关。但是我们不能因此就认为这种意义的改变只是和轻读有关，除了轻读外，同时和所处的补语地位有关。轻音结果补语一共只有七个，在做补语时有时也可以不轻读，但是意义照样要变。这七个轻音补语的情况并不相同，可以分成三类来说明：

（一）"见"

"见"做结果补语时永远轻读，能够和"见"结合的动词只有"听、闻、看、碰、遇"少数几个。除了"看·见、碰·见、遇·见"以外，"见"在"听、闻"等动词之后意义改变得很大。"见"可能首先只能和"看、碰、遇"结合，以后类推到"听·见、闻·见"，意义改变，变成轻音，反过来又影响到"看·见"等的读音。

（二）"住""掉"

"记·住、改·掉"的"住、掉"一般轻读，意义也有较大的改变。在加重语气时可以不轻读，意义仍和轻读时相同。例如：

{ 走着走着，他忽然站·住了。
{ 船摇摆得很利害，你可要站住了。

{ 我一定要改·掉这毛病。
{ 这毛病很难改，没想到你真会改掉了。

（三）"死""开""到""着"

这四个词做补语时不管是否轻读，和做主要动词时比较，意义都有较大的改变。就是在做补语时轻读和不轻读在意义的差别也很大。我们试看下面的例子：

"死"　1. 我都要急·死了。
　　　　这朵花好看·死了。
　　　　他打·死了一个人。①
　　　2. 别把话说死了。
"开"　1. 你给我走·开。
　　　　刚说聊，你们就聊·开了。
　　　　打·开门②。同上。
　　　2. 简体字已经推行开了。
　　　　事情说开了，咱俩心里也就痛快了。
"到"　1. 每天我都要想·到你。
　　　2. 事情想到了，做起来就不容易出问题。
"着"　1. 我买·着了一本书。
　　　2. 这本书很不容易买到，你算是买着了。

　　把上面的例子比较一下，就可以看出来以上这四个词由于语法作用不同和语音不同，每个词至少具有三种不同的意义：

动词	非轻音补语	轻音补语
他死了	看死了	乐·死了
开门了	想开了	走·开了
到北京	想到了	提·到你
火着了	买着了	打·着了

动词和非轻音补语在意义上的不同决定于语法作用的不同，非轻音补语和轻音补语在意义上的不同决定于声音的不同。这种现象最足以说明语音和语法以及语义之间的密切的关系，也正可以提醒我们绝对不能把语言的这三方面割裂开来孤立地进行研究。无论是研究语法或是

---

① "打·死"的"死"和"打·开"的"开"意义没有什么改变，轻读可能是受了"急·死""拿·开"等在语音上类推的影响。"开"作补语时，还有一种用法是否轻读是自由的，例如"屋子小人多，可是也坐开了"，这种用法在意义上也有较大的改变。

② 同上。

语义，我们都不应该只是在汉字上绕圈子，我们应该多注意有声语言在语音上的特点，这不但有可能使语法或语义的研究得到进一步的发展，而且对文字改革工作也会有直接的帮助。这篇文章只是想在这方面做一次小的尝试，接触的问题较多，内容不免庞杂零乱。至于真正解决问题，还有待于大家的努力。

（原载《北京大学学报》第 3 期，1957 年）

现代汉语轻音和句法结构的关系

研究一个语言的句法结构，主要是从词和词之间的结构关系入手。这种结构关系有时能从语音现象中（包括语音的停顿、高低、轻重等）反映出来。少数的句子，如果不考虑它的语音特点，甚至就无法分析它的句法结构。这里只举两个例子：

1. 我不去叫他去
   (a) /wǒ,bú qù;jiào tā qù/①
   (b) /wǒ,bú qù jiào ta qu/

1a 在第一个"去"之后有一个较大的停顿，"他"和第二个"去"都不轻读；全句由两个分句组成，第二个分句是递系结构。1b 全句中间没有较大的停顿，"他"和第二个"去"都轻读；全句由一个单句组成，"叫他去"是单句中的一部分，它的结构和"看他去、找我来"相同，不是递系结构。

2. 三加四乘五
   (a) /sān,jiā sì;chéng wǔ/
   (b) /sān;jiā,sìchéng wǔ/

2a 在"四"后有较大的停顿；"三加四"是主语，"乘五"是谓语；用算式来表示是：$(3+4)\times 5=35$。2b 在"三"后有较大的停顿；"三"是主语，"加四乘五"是谓语，谓语中"四乘五"是宾语；用算式来表示是：$3+(4\times 5)=23$。②

---

① 本文用汉语拼音方案代表普通话声韵调的音位系统。另外，用/,/代表语音的较小停顿，用/;/代表语音的较大停顿；/,/和/;/不等于标点符号里的逗号和分号。

② 这种现象不只在汉语里存在。L. Bloomfield 曾经提到，英语里像 two plus three times five plus four（二加三乘五加四）这样的句子也是模糊不清的，它的得数可以是 45, 21, 29 等等。（参看 L. Bloomfield, *Linguistic Aspect of Science*, 1939）

在这两个例子里,语音特点对句法结构可以说是起了决定性的作用。一般句子自然并不如此,但是,弄清楚一句话语音结构的特点,对分析它的句法结构,无疑是会有很大帮助的。

本文所要讨论的只是现代汉语(普通话)轻音和句法结构的关系。首先必须弄清楚的是普通话轻音的性质,在这个基础上才有可能讨论与轻音有关的句法结构问题。

一、轻音在语音结构中的地位

一句话总是由许多语音单位构成的。语音单位的分割可大可小,语音结构也就可以分成若干大小不同的层次。在这篇文章里,我们不准备详细讨论应该如何分割语音单位,只想用最简单的办法来说明语音结构的层次关系。例如,前面举出的例1a,可以根据停顿/;/分割为/wǒ bú qù/和/jiào tā qù/两个较大的语音单位,这是一个层次(例1b 就没有这个层次);/wǒ bú qù/这个语音单位又可以根据停顿/,/分割为/wǒ/和/bú qù/两个较小的语音单位,这又是一个层次;/bú qù/又可以根据音节分割为/bú/和/qù/俩个更小的语音单位,这又是一个层次;/qù/又可以根据声调特点分割为/qu/和/ˋ/两个更小的语音单位,这又是一个层次;qu 又可以根据音素分割为/q/和/ü/两个更小的语音单位,这又是一个层次。① 由这个例子可以看出,语音结构和语法结构很相似,它也是一个层次套着另一个层次的。

把语音结构按层次来分析有很多好处,它至少可以使我们注意到一句话里各音节之间的不同结构关系,不至于只把眼光局限在音节单位(也就是"字"单位)的语音分析上。

从语音结构的层次关系来看普通话的轻音现象,就会发现普通话里有许多轻音音节的独立性非常之差,它们不能和有声调的音节处在同一个语音层次。在以音节作为一个层次来分割语音单位时,应该只

---

① 也可以先分割成/q/和/ù/,再把/ù/分割成/ü/和/ˋ/。汉语声调在音节中的地位是一个复杂的问题,这里不能详细讨论。

限于有声调音节,不能包括这些轻音音节;在这个语音层次里,这些轻音音节只能依附于它前面的有声调的音节构成一个语音单位。例如,在分割/mǎi le yí ge chá bēi/(买了一个茶杯)这句话时,就不能把这六个音节放在同一个层次,而应该先分割成/mǎi le/,/yí ge/,/chá/和/bēi/四个语音单位,在更低一层的层次中再分割/mǎi le/和/yí ge/。/wǒ men de shū/(我们的书)应该先分割成/wǒ men de/和/shū/,再分割成/wǒ men/和/de/,然后分割/wǒ men/。

我们提出这种分析方法,是有种种理由的。最容易让人想到的是语音停顿只能在轻音之后,不能在轻音之前。但是,这只能证明轻音和它前面音节的关系近,不能说明它不能和有声调的音节处于同一个语音层次。

所谓轻音音节,实际上是一个短而弱的音节。"轻音"这个名称只能反映出音强减弱的特点,并不能反映出音长变短的特点。[①] 后一个特点非常重要,由于短,就容易丧失它的音节独立性,少数轻音音节因为读得太短甚至可以丢掉它的韵母,在快读时(也就是轻音音节特别短时)这种倾向尤其明显,例如:

我们/wǒmen/→/wǒm/
豆腐/dòufu/→/dòuf/
东西/dōngxi/→/dōngx/

"们、腐、西"的音节独立性比较差,有一部分人实际上已经把这些词读得接近于/wǒm, dòuf, dōngx/了。更明显的是/de/(包括"的、地、得"),有些人在快读"我的书"/wǒde shū/或"跑得快"/pǎodekuài/时,不但不把/de/的韵母/e/读出来,连/d/也只有成阻和持阻而没有除阻;这个/d/完全丧失了它的音节独立性,只能依附于它前面的音

[①] 事实上完全依靠音的强弱来分别意义的语言是很少的。一般有轻重音分别的语言,它的轻重音都带有其他能分别这两种音节的成分(如音色或音长的不同等)。参看 D. Johes. *The Phoneme: Its Nature and Use*, pp. 455—460, 1950。

节了。①

根据苏联 Т. П. 扎多延柯的实验,②北京话不但轻音本身的音长很短,连它前面的有声调音节也比一般要短;有轻音音节的双音词语在音长上要比一般的双音词语缩短一半左右。这份资料里的一些细节问题还需要我们进一步研究,但是总的倾向很值得我们注意。在"东西"里的"东"长度是 20,而"东·西"里的"东"长度就只有 15;"东·西"整个的长度也只有 25。"兄·弟"整个长度只有 23.5,比"兄弟"里"兄"的单独长度 25 还要短。这是说明普通话轻音音节和它前面的有声调音节构成一个语音单位的很有力的证据。现在把扎多延柯实验所得的数字资料抄录于下:

成对的词	整个词的长度 (时间单位 1/40 秒)	前一音节的长度 (时间单位 1/40 秒)	后一音节的长度 (时间单位 1/40 秒)
东西 dōngxī	44	20	24
东·西③ dōngxi	25	15	10
生活 shēnghuó	50	23	27
生·活 shēnghuo	25	15	10
多少 duōshǎo	52	17	35
多·少 duōshao	24	14	10
兄弟 xiōngdì	44	25	19
兄·弟 xiōngdi	23.5	16	7.5

普通话轻音音高的变化也可以说明这问题。轻音音节短而弱,音高读成中度最自然,普通话轻音音节在阴平和阳平之后正是如此。但是,在上声和去声之后音高就有了变化,变化情况大致如下:

---

① 以上纯粹是从实际发音来考虑的,与音位学的分析无关。
② Т. П. 扎多延柯:《汉语弱读音节和轻声的实验研究》,载《中国语文》1958 年 12 月号。
③ "·"号放在汉字前面时,表示这个汉字读轻音。

阴平＋轻音（桌·子）——[55]＋[3]①
阳平＋轻音（房·子）——[35]＋[3]
上声＋轻音（椅·子）——[21]＋[4]
去声＋轻音（凳·子）——[53]＋[1]

这种变化非常有启发性。上声在一般轻音之前只读成"半上"[21]，它后面轻音音高是[4]，两个音节恰好共同构成一个全上声的调值[214]。② 去声在轻音之前只读成[53]（或[52]），它后面轻音音高是[1]，两个音节恰好共同构成一个全去声调值[51]。这种变化不只能说明轻音在语音结构中的地位，而且也可以看出汉语声调的调值有超出一个音节的范围而把后面轻音音节包括进去的趋势。

从变调现象也可以看出这种趋势来。普通话的变调突出地表现在上声，如果上声后面紧跟着一个轻音音节，在单独说这两个音节时，上声的变调一般要受后面轻音原来声调的影响。例如：

小说——小·心（上声＋阴平）
主席——主·人（上声＋阳平）
老板——老·虎（上声＋上声）
手套——手·艺（上声＋去声）

左边一行第二音节不读轻音，右边一行第二音节读轻音；但是两行的第一音节"小、主、老、手"变调情况相同："小、主、手"变成"半上"，"老"变成阳平。③

这样的音节如果处在一句话的中间快读时，变调情况就有变化。第一个上声音节有时可以仍根据后面轻音原来声调来变调，有时又可以不管后面轻音音节，直接和轻音后面的其他音节发生变调关系。

---

① 调值标音用五度制。阴平后的轻音音高也可以标成[2]，但与阳平后音高差别很不明显，可以都归入中度。
② 如果前面的上声变阳平（如"可以"），则轻音的音高按阳平读成[3]。
③ "上声＋上声"的例外较多，但都读成"半上"，也较有规律。例如在词尾"子"前的上声音节（"椅子、胆子"）和上声叠音词（"奶奶、痒痒"）的第一音节都读成"半上"。

例如：

(1) 你·们　　(2) 你好　　(3) 你·们好
　　打·的　　　　打水　　　　打·的水
　　写·得　　　　写好　　　　写·得好
　　买·了　　　　买米　　　　买·了米
　　洗·着　　　　洗澡　　　　洗·着澡

第1栏第二音节都读轻音，第一音节读"半上"；第2栏第二音节都是不读轻音的上声字，第一音节读阳平；第3栏都是轻音之后紧跟着一个不读轻音的上声字，这时第一音节可以按第1栏读成"半上"，也可以按第2栏读成阳平。①

　　非上声的变调也有类似的情况，这里只举三音节连读现象来说明。普通话三音节连续快读时，如果第一音节是阴平或阳平，第二音节是阳平，则第二音节可以变调读阴平。例如：

　　非常好/fēicháng hǎo/→/fēichāng hǎo/
　　说服人/shuōfú rén/→/shuōfū rén/

只有第三音节是轻音时是例外，以下两个例子第二音节都不变调：

　　非常·的/fēicháng de/
　　说服·了/shuōfúle/

但是，如果轻音音节之后紧跟着另一个有声调音节同时快读时，则第二音节仍然可以变调。例如：

　　非常·的好/fēichángde hǎo/→/fēichāngde hǎo/
　　说服·了人/shuōfúle rén/→/shuōfūle rén/

而且轻音的音高也上升接近于[5]。这说明我们在说这句话时，已经倾向于把这个轻音音节和它前面的音节看成共有一个调值了。

　　以上所谈的上声变调和非上声变调的特殊变化都是两可的："买·

---

① 第一音节之后跟着两个轻音音节时也有类似情况，如："你·们·的好""打·来·的水"。

了米"的"买"既可读成阳平,也可读成"半上";"非常·的好"的"常"既可读成阴平,也可读成阳平。在上声变调中也不是每一句话都能这样变,例如"小·心点""你·是老师"里的"小"和"你"就不能读成阳平。我们在这里提出这种特殊变调现象,目的并不在于说明它有多大的普遍性,只是想从这种现象证明普通话有许多轻音音节逐渐失去了独立性而依附于前面的音节,它们不能和一般有声调的音节处在同一个语音层次。

二、语调轻音和结构轻音

普通话的轻音应该分成两类:一类是属于语调范围的,在同样的上下文里,一般有语调重音和它对立,表示不同的语气。这类轻音可以称为"语调轻音",例如:

他·是学生。(一般叙述)
他′是学生。(我的看法并不错)
他″是学生!① (你别以为他不是学生)

三句话结构完全相同,"是"的三种读法只是表达了三种不同的语气。语调轻音和语言的结构层次并没有直接的关系。

另一类是和语言结构有关的。在同样的上下文里,一般没有重音同它对立,也就是不能重读。这类轻音和语言结构层次的关系非常密切,前一节所谈的种种现象主要就出现在这类轻音里,可以称为"结构轻音",例如"的、得、们、了、着、吗、啊"等都是。

除了是否有语调轻重音的对立以外,这两类轻音至少还有以下几点不同:

(一)语调轻音和重音的对立只是语气的改变,对句子结构毫无影响,对意义的影响也很小。结构轻音中有极少数也可以有轻音和非轻音两种读法,这两种读法和语气的改变无关,但都对句子结构或意义有

---

① "′"表示一般重音,"″"表示加强重音。

较大的影响;影响句子结构的(自然也影响意义)如:

> ⎰想了半天,我才想・起・来了。
> ⎱天不早了,我想起・来了。

> ⎰这间屋子东晒,早・上不如晚・上好。
> ⎱这门课太深,对同学来说,早上不如晚上好。

只影响意义的如:

> ⎰别把烟头儿扔在地・下。
> ⎱解放前他在上海搞地下。

> ⎰刚安静一会儿,你们又说・开了。
> ⎱事情说开了,咱们俩心里也就痛快了。

(二)结构轻音绝对不能放在句首,语调轻音则可以放在句首。例如:

> ・他怎么还没有来?
> ・是同学把他的书拿走了。
> ・都五点了。

(三)结构轻音完全丧失它原来声调的调值,读得很短,即使在特殊情况下需要读得比较重时,也常常如此。例如:

> 是吃了饭,不是吃着饭。
> 我说的是"我的"的"的",不是"跑得"的"得"。

语调轻音一般读得没有结构轻音轻,也没有那么短。它在一定程度上仍保存原来的调值,只是这调值读得比一般轻些,短些。试比较:

> (1)他・的学生。　　　(2)他・是学生。
> 　　房・子盖好了。　　　房・都盖好了。

两栏比较,第2栏的"是、都"显然没有第1栏的"的、子"那样轻,那样短,它们也没有完全丧失原来的调值。下面的例子更容易看出语调轻音这方面的特点:

买·一张纸。　　买·一块糖。

在这两句话里,"一"都有语调重音的对立,这种对立只引起语气的改变,例如:"买ˊ一张纸"(不是两张纸);"一"还可以放在句首,例如:"一张纸也没买"。可见这里的"一"是语调轻音。比较这两句话的"一",就会发现读音并不相同,前一句的"一"近于去声,后一句的"一"近于阳平,这是符合于一般"一"的变调规律的:在阴平、阳平和上声之前读去声,在去声之前读阳平。如果这两句里的"一"完全丧失了它的调值,就不可能还保存这种变调规律。

人称代词和一些单音节的副词都常常读成语调轻音。

一般谈人称代词的轻音现象时,只认为它处于宾语位置时才轻读,例如:

有人叫·他。　　他送·你一本书。

这种看法并不全面,试看下面的句子:

大家都希望·他来。

他送·你哥哥一本书。

·我没听见。

"希望他来"里的"他来"是"希望"的宾语,"他"是"来"的主语,不是"希望"的宾语。"送你哥哥"里,"送"的宾语不是"你",而是"你哥哥","你"只是"哥哥"的定语。"我没听见"里的"我"则是全句的主语。但是这三个人称代词都可以读成轻音。由此可见,人称代词不论处在句中什么位置都可以轻读。轻读的人称代词都有语调重音同它对立,也不影响句子的结构和意义,应该归入语调轻音。

有一部分单音节副词也可以轻读,大都带有一种特殊的语气。例如:

叫我去,我·就去。(我只好去)

这么大的事,你·都不知道!(没想到你不知道)

讲力气,我·可比不了你。(我无法和你比)

他的业务·还不错。(只就一定程度来看是不错的)

他说的话,谁·也听不懂。(任何人都听不懂)

从语音现象来看,这种副词读得远没有结构轻音那样轻,它很明显地保存着原来的调值,音高也不受前面音节的影响。试比较:

你·都不知道。　　这·都不知道。

两句的"都"虽然都轻读,但是并没有因为处在上声"你"之后就读得高一些,处在去声"这"之后就读得低一些;不管前面是什么声调,"都"永远读得高而平,只是比一般阴平轻些、短些而已。

这种轻读的副词一般也都有语调重音同它对立。例如:

叫我去,我′就去。(看你能把我怎么样)

这么大的事,你′都不知道!① (那么别人就更不知道了)

讲力气,我′可比不了你。(我比你差太远了)

还可以放在句首,例如:

既然叫我去,·就去吧!

·都十二点了,还不睡!

·可把我给急死了。

以上这些现象,都说明这些副词在轻读时是应该属于语调轻音的。

这些副词大都另外有种种不同用法,在那些用法中并不能轻读。例如:

别着急,我就去。(我立刻去)

这些事,你都不知道。(你完全不知道)

屋里还剩下三个人。(屋里仍旧有三个人)

从表面现象看,"我·就去"(我只好去)和"我就去"(我立刻去)也是依靠轻重音来分别意义的。但是,它的性质究竟和"地·下"和"地下"等的分别不同:"地·下"本身没有语调轻重音的对立,"我·就去"

---

① "都"读语调重音时,前面的"你"要读加强重音,不另标出。

本身则有语调轻重音的对立。换句话说，当"我只好去"讲的"我就去"，其中的"就"可以有轻重两读；在"我就去"里的"就"不轻读时，可以有两个意思：一是"我只好去"的强调语气，一是"我立刻去"。究竟用的是哪一个意思，要由上下文来决定。我们可以比较一下这两组句子：

  我·就去。（我只好去）   地·下
  我ˊ就去。（上句的强调语气） ——
  我就去。（我立刻去）   地下

在一般语气里，"就"的是否轻读，确实能起分别意义的作用，但是不能仅仅根据这一点就认为轻读的"就"不应该归入语调轻音，何况这个"·就"还可以放在句首，而且也没有完全丧失它的去声调值。

三、结构轻音在句法结构中的作用

  语音结构的层次和语法结构的层次完全是两回事。同一句话，它的语音层次和语法层次可以完全不同。例如，"同志们""你去吗"的语音层次是"同｜志‖们"[①]，"你｜去‖吗"；语法层次则是"同‖志｜们"，"你‖去｜吗"。

  但是，这两种层次也并不是毫无关系。例如，在"木‖头｜房‖子""我‖的｜朋‖友"这两个结构里，两种层次就是一致的。虽然这种情况比较少，而且只限于较短的结构，但它在一定程度上反映出了语音层次和语法层次的关系。

  前面谈到的两种轻音中，只有结构轻音能反映出语音结构的层次，语调轻音则不能。结构轻音不但能反映出语音结构的层次，而且对分析语法结构的层次有很大的帮助。一些语法成分如"的、得、了、着、吗、呢"等都属于结构轻音，它们之所以轻读，正是同语法结构的层次有关的。

  从语法的角度来看，结构轻音不外出现在以下五种情况：

[①] "｜"表示较大的语音或语法层次，"‖"表示较小的层次。

(1) 在非词素音节之后：

　　螃·蟹　葡·萄　葫·芦　哆·嗦　马·虎

(2) 在词素之后：

　　桌·子　石·头　和·气　男·人　道·理

(3) 在单词之后：

　　说·了　拿·来　看·看　同志·们　伟大·的

(4) 在词组之后：

　　唱歌·的　吃完·了（饭）　大楼·里　同志和朋友·们
　　二百五十三·个

(5) 在句子之后：

　　你懂·吗　下雨·了　快去·呀　我才不信·呢
　　屋里没人·吧

第1、2两类轻音音节放在非轻音音节之后构成的语音单位正好是一个词。第3类轻音音节之前如果是单音节的词（如"说·了"），它的语音层次和语法层次是一致的；如果是多音节的词，语音层次和语法层次就不一致。第4、5两类的语音层次和语法层次永远不一致，只有第5类中的单词句如"去·吗""走·吧"等是例外。

第1、2两类是词法结构问题。哪些双音词的第二个音节应该轻读，似乎很难找出规律来。例如，第1类的"螃·蟹、葡·萄"轻读，"蜻蜓、鹦鹉"就不轻读，第2类的"石·头、和·气"轻读，"砖头、淘气"就不轻读。[①] 对词中的轻音问题，本文不准备讨论。

第3、4、5三类基本上是句法结构问题。轻读的规律性比较强，但是语音层次和语法层次基本上不一致。这现象最值得我们注意，从这里正可以看出结构轻音在句法结构中所起的作用。

---

① 普通话三音节词最后一个音节轻读的很少，在北京土话里也只有"哈喇·子"/hālázi/（唾液）等少数几个。

在句法结构中语音层次和语法层次虽然经常不一致,但是在分析语法层次时,不能因此就完全不管语音层次。我们把"他·的 书"分析成"他·的|书",而不分析成"他|·的 书"或"他|·的|书",除了语法方面的理由外,应该说还有语音方面的理由:在语音层次中,"他·的"和"书"处在同一个层次;在分析语法层次时,除非有特殊的理由,不应该把由结构轻音构成的语音层次任意打乱。

在语音结构中,结构轻音只和它前面的音节而不和它后面的音节构成一个语音单位。在语法结构中,结构轻音也就只能和它前面的成分而不能和它后面的成分构成一个语法单位,它可以和前面的一个词构成一个语法单位(如"我·们""伟大·的"),也可以和前面的一个词组构成一个语法单位(如"同志和朋友·们""唱歌·的"),还可以和前面整个句子构成一个语法单位(如"你懂·吗""屋里没人·吧")。当结构轻音放在一个多音词或词组和句子之后时,在语音上它只可能附着在最后一个音节,在语法上则是附着在整个的多音词或词组和句子之后。

最明显的例子是"们、的、地、得、了、着、过"这些语法成分,它们永远轻读。无论前面或后面的成分有多么复杂,我们都只能认为它们是附着在前面的成分之后的。其他的理由不谈(从语法角度看,虽然可能更重要),这些成分既然都属于结构轻音,就说明无论在语音方面还是语法方面,到这里都正是一个划分层次的标志。由此看来,在句法结构中,语音层次和语法层次虽然常常处于矛盾状态,但是仍有它统一的一面。

比较难于处理的是量词"个"。"个"永远轻读,从它的语音特点来看,无疑应该归入结构轻音。当它处在数词或指示代词之后时,很容易分析,例如:"三·个|人","这·个|人";但是它还可以处在其他种种不同的结构中,例如:

(a) 说·个故事。
(b) 写·个百儿八十字就可以了。
(c) 说·个没完。
(d) 他的脾气没·个改。
(e) 打·得·个半死。

a、b两类的"个"处在名词或名词性词组之前，c、d、e三类的"个"处在动词或动词性词组（也可以是形容词）之前。

从语音结构来看，这五类"个"都只能和它前面的动词连在一起，因为它不但属于结构轻音，而且后面可以有一个较小的停顿。从语法结构来看，情况就比较复杂。例如在 a 类里，"说个"和"个故事"都不能单说（b—e 情况相同），只就这个句子本身来看，缺乏一个非常清楚的语法分割界限。

a 类的"个"可能和另外四类的"个"不是同一类词。a 类的"个"是地地道道的量词。因为第一，它前面可以加上数词（如"说一个故事"，"说五个故事"）；第二，一般量词都能构成这样的结构（如"写张布告"，"买支钢笔"）。其他四类的"个"不具备以上两个特点，把它算做助词也许更妥当一些。

如果把 b、c、d、e 四类的"个"算做助词，在分析语法结构时，它就应该附着在前面动词之后，这是和语音结构的分析一致的。a 类实际上是一种量词前加"一"或不加"一"两可的结构，我们把它分析成"说|个故事"（或"写|张布告"，"买|支钢笔"），只就这个结构本身来说，它的宾语是不能单独站住的。这样分析，事实上已经承认了在量词之前有一个没有说出来的"一"。

无论怎样分析，对 a 类结构总不能采取一般的语法分析方法，分析的结果也总是和语音结构矛盾。在分析语法结构或语音结构时，我们都应该把它看成是一种特殊现象。

弄清楚结构轻音在句法结构中的作用，对分析句法结构有很大的帮助。下面举出三种结构来谈，除了从结构轻音入手来看它们的句法结构关系以外，也从句法结构本身对它们进行一些分析说明，目的还是为了说明结构轻音和句法结构之间的密切关系。

四、补语的轻音现象

关于补语的轻音现象，我曾在《现代汉语补语里的轻音现象反映的语法和语义问题》一文中谈到过，这里只补充两点意见：

（一）在趋向补语里，我曾提出像"拿出一本书来"的格式不应该理解为宾语插在趋向补语"出来"的中间，实际上这种"来"（或"去"）的性质已经接近于语气词。从结构轻音在句法结构中的作用看，也正是如此。"来"（或"去"）在这个地位永远轻读，应该归入结构轻音，它只能和紧放在它前面的结构发生直接关系。在"拿·出一本书·来"里，我们不能任意把"一本书"抽出去，让"来"和"出"发生直接关系，这样做是违反语音结构的要求，同时也是违反句法结构的层次关系的。① "拿·出一本书·来"的语法层次应该是："拿‖·出‖一本‖书｜·来"，"拿·出·来一本书"则是："拿‖·出‖·来｜一本｜书"。"拿一本书·来"和"找一个人·去"无论是在语音上还是在语法上，结构都是相同的，不应该把"拿一本书·来"看成是宾语插在述补结构之间的特殊结构（这在语法层次上很不好解释），而把"找一个人·去"看成是另外一种完全不同的结构——例如连动结构。②

（二）在可能补语里，我曾认为表示可能时，是在动词之后加轻音"得"，表示不可能时，是在补语之前加轻音"不"，轻音"不"在语音上和后面补语的关系比较近。

"不"的音高要受后面音节的影响，这点我在上述那篇文章里已经谈到，这里不再重复。此外，"不"的前后如果都是上声音节时，前一个上声绝对不能按"上声＋上声"的规律变调。试比较：

　　　　写好　　写·得好　　写·不好

"写好"的"写"一定要变调读阳平；"写·得好"的"写"可以读阳平，也可以读"半上"；"写·不好"的"写"只能读"半上"。

由以上的现象看来，"·不"应该归入语调轻音。但是，事实并不如此简单。首先"·不"没有语调重音的对立；其次它有时可以不读轻音，但这时整个结构和意义都变了。试比较：

---

① 在宾语是表示处所的名词时，宾语根本就不能放在"来""去"之后，例如："走进屋去"不能说成"走进去屋"，这种格式就更难解释成宾语插在补语中间。

② "来""去"还有一地比较细致的问题，不准备在这篇文章里讨论。

这段快板，我说·不好。(我不能说好)

这段快板，我说不好，他说好。(我认为不好)

从这个角度看，可能补语里的"·不"又似乎应该归入结构轻音。

这个问题不大好解决，类似的现象也很少。如果从语音结构和句法结构双方面比较来看，似乎可以把这个"·不"算做一种特殊的语调轻音。它之所以轻读，可能是受了可能补语里的"·得"类推的影响，同语调和结构都没有直接的关系。

五、所谓"介词结构作补语"

对"住·在北京"之类的结构，一般有两种分析法：(1)"住｜在‖北京"，"在北京"是介词结构作"住"的补语；(2)"住‖在｜北京"，"北京"是"住在"的宾语。只从句法结构来考虑，两种分析法互有短长。[①] 如果同时考虑到结构轻音在句法结构中的作用，显然第二种分析法合理。问题是按照第二种方法来分析，"住·在"应该算是什么结构。

能放在"在"的地位的词在口语里常见的只有"在、到、给"，都读轻音，没有语调重音的对立，应该归入结构轻音。它们的作用是表示前面动词的处所、时间("在、到")或受事者的方向("给")。例如：

住·在北京　　　　跑·到屋里(处所)
生·在一九六二年　写·到晚上十二点(时间)
送·给你　　　　　借·给他(受事者的方向)

这种结构和表示趋向的述补结构有相像的地方，试比较：

放·下书包——放·在桌子上
跑·进屋里去——跑·到屋里去
借·来一本书——借·给一个人

在这两种结构里，动词后的成分除了都要读轻音以外，它们还都表示动

---

① 参看丁声树等著《现代汉语语法讲话》，商务印书馆1961年版，第59—60页。

作的趋向。"到"的趋向性非常明显,不必解释。"在"说明动作所处的地点或时间,也包含有趋向性。(在北京土话里,"在"和"到"有时不大好分别,参看 161 页注①。)"给"表示前面动词的动作趋向于后面受事宾语(多半指人或集体)的方向,试比较:

    带他——带·给他 踢他——踢·给他

可见"给"的趋向作用也是很明显的。因此,我们可以把处在动词后的"在、到、给"看成是趋向补语里的一小类。它们的作用既然是表示动作达到的处所、时间或受事者的方向,后面就不能没有表示处所、时间或受事者的宾语。

  "在、到、给"和一般趋向补语如"出、进"等的不同,是它们的趋向作用不那么明显。如果已有其他的词语(多半是前面的动词)能把这种趋向表示出来时,读轻音的"在、到、给"有时甚至可以不说出来。例如:

    住(·在)城里比住(·在)城外方便。①
    我的钢笔掉(·在)地下摔坏了。
    这么晚跑(·到)这儿来有什么事呀?
    他搬(·到)农村去住了。
    送(·给)你一本书。
    卖(·给)他一件东西。

值得注意的是,另外有一些属于结构轻音的语法成分如"的、地、了、着"等,也有类似的现象。例如:

    我(·的)帽子哪儿去了?
    慢儿慢儿(·地)说,别着急!
    写完(·了)以后再休息。
    他吃(·着)饭呐!

这些轻读的语法成分无论是否说出来,词组的基本结构都不变,例如"我的帽子"和"我帽子"都是偏正结构。

---

① 括号里的字表示可说可不说。

这样看起来，把"住·在北京"和"住北京"都分析成述宾结构（"住·在|北京""住|北京"），不但和语音结构的分析不矛盾，而且也和其他轻读语法成分省略的结果相一致。把"住·在北京"分析成述补结构（"住|·在北京"），而"住北京"又不能不分析成述宾结构（"住|北京"），不但和语音结构的分析完全矛盾，而且把简单的语法结构弄得复杂化了。

从文言吸收来的"于、向、往"等（如："生于一九六二年""走向胜利…'开往上海"）不读轻音，那是因为口语里根本不说，只能按字来读，它们的作用和"在、到、给"相同，分析方法也应该一样。

为了进一步证实上述的看法，我们还可以从句法结构本身的分析来说明"动词＋在、到、给"这种结构的性质。

"动词＋到"的格式除表示趋向外，还可以表示结果。例如：

  跑·到城里 睡·到八点（趋向）
  谈·到这件事 买·到一本书（结果）

除趋向补语的"到"后面必须带表示处所或时间的宾语以外，这两种"到"没有什么分别。两种格式中间都可以插进"得"或"不"变成可能补语，后面也都可以加"了"表示动作的完成。例如：

  跑·得到城里 跑·到了城里
  谈·不到这件事 谈·到了这件事

这种情况也说明无论是表趋向的"到"还是表结果的"到"，都和前面动词的关系比较近。

"动词＋给"的格式情况更简单，除了在"给"之后可以加"了"（如"送·给了你""交·给了他"）以外，个别的例子还可以用重叠双音动词的办法来重叠（如："教·给教·给我"），这虽然很缺乏普遍性，但足以说明"教·给我"应该分析成"教·给|我"，而不能分析成"教|·给我"。

比较复杂的是"动词＋在"的格式。我们先比较下面两种格式：

  (a) 在北京住 在纸上写
  (b) 住·在北京 写·在纸上

a 类是偏正结构,"在北京"是"住"的状语。a、b 两类意思基本相同,这就很容易给我们一个错觉,认为"在北京"是一个整体,可以任意放在"住"的前面或后面。这可能是把"在北京"整个看成是"住"的补语的一个主要原因。[①]

"在"单独存在的时候,后面绝对不能加"了","我在了北京""我在了北京住"都不成话。但是,"动词+在"的格式后面却可以加"了",例如:

住·在了北京　　躺·在了床上
写·在了纸上　　埋·在了城外

我们应该认为"了"是加在"动词+在"整个格式之后的,结构和"吃完了饭""跑来了一个人"相同。如果把上述 a、b 两类的"在北京"看成相同的东西,就很难解释为什么只能说"住·在了北京",不能说"在了北京住"。

在北京土话里,"在北京住"和"住·在北京"里的"在"读音并不相同,各有几种不同的读法:

(a) 在北京住:
/zài/北京住
/zǎi/北京住
/āi/北京住
/hàn/北京住

(b) 住·在北京:
住/zai/北京
住/dai/北京
住/dou/北京

[①] "到"和"给"也有类似的情况,只是放在动词之前和放在动词之后意义差别比较大,但也容易让我们误以为在 a、b 两类中它们和宾语都是一个整体。试比较:

(a) 到城里跑　　给你卖
(b) 跑·到城里　　卖·给你

住/de/北京

a 类的读音也可以用在句中主要动词的位置。例如：

他/zài/家吗？　他/zǎi/家吗？
他/āi/家吗？　他/hàn/家吗？

b 类则绝对不能。此外，a 类中除/zài/和/zǎi/轻读时可以放在 b 类位置外，/āi/和/hàn/绝对不能。b 类中除/zai/读去声和上声时可以放在 a 类位置以外，/dai/、/dou/和/de/绝对不能。

本文不打算考证/āi, hàn, dai, dou, de/的来源以及它们应该写成哪几个汉字，[①]也不打算讨论 a 类的/zāi, zǎi/和 b 类的/zai/是不是同一个词。如果用"x"代表 a 类各种不同读音，用"·y"代表 b 类各种不同读音；我们可以肯定，x 绝对不等于·y，"x+北京"和"·y+北京"也绝对不是可以任意放在动词前后的相同的结构。两种结构应该分析成：

（x+宾语）+动词——偏正结构
（动词+·y）+宾语——述宾结构

六、"名词+方位词"结构

对"名词+方位词"结构最通行的分析法是把它看成偏正结构，名词是定语，修饰方位词。这种分析法是否正确，很值得怀疑。我们还是从轻音现象谈起。

在"名词+方位词"结构里，一般方位词如"中、前、外、左、东"等都不能轻读，只有"上"和"里"常常轻读（如"桌·上""屋·里"），"下"偶尔轻读（如"地·下"），这种轻音现象很值得注意。

[①] /de/读音可能来自/dou/，/dou/可能来自"到"。在北京土话里，"在"和"到"处在补语位置时，意义差别有时比较小，例如"坐·在椅子上∶坐·到椅子上"，"写·在纸上∶写·到纸上"，书面语言里这两个字有时也是随便写的。

"上、里"和"下"在轻读时读得很短,完全丧失了它原来的调值。例如"里",原来读上声,在轻读时,如果前面是去声音节,就读得低而短,并不受它后面音节调值的影响。试比较:

院·里坐/yuànli zuò/
院·里有花儿/yuànli yǒu huār/

两句话的"·里"音高相同,"里"在第二句里并没有受后面上声"有"的影响产生变调现象。① 此外,它们都不能处在句首,也没有语调重音的对立,不轻读时对结构或意义的影响常常很大(参看第148—152页谈语调轻音和结构轻音的分别时所举的例子)。这样看来,"上、里"和"下"轻读时显然应该属于结构轻音。结构轻音在语音结构上附着于它前面的音节,在句法结构上也附着于它前面的成分,是补充说明它前面的成分的。如果把这些轻读的方位词看成是偏正结构中的中心词,受不轻读的音节修饰,这是不符合一般结构轻音的规律的。除非我们能把"名词+轻音方位词"和"名词+非轻音方位词"看成是两种不同的语法结构,否则偏正结构的分析法就很难站得住。但是,这在事实上恐怕困难更大,我们很难说出"屋·里"和"屋中","房·上"和"房后"在语法结构上有什么不同。

撇开结构轻音的作用不谈,只从意义关系来看,把这种结构解释成偏正结构也是有困难的。

一般方位词的方位作用都很明显,"上、里(中)"和"下"则不然,它们的方位作用有时很明显,有时不很明显,有时甚至完全丧失了它的方位作用,变成引申的用法。例如:

墙·上挂着一张画儿。
家·里没有人。
到年·下可热闹呐!

"墙·上"并不是"墙的上头","家里"也不是专指"家的里头","年·下"

---

① 前面谈到语调轻音时,曾举出语调轻音"一"的变调现象(第150页),正好可以和"里"对比。

更不是"年的下头"。至于"文学中、基础上、条件下"等等用法,引申作用更加明显,不必多举例。①

"上"和"里"有时用得非常抽象,甚至是要不要两可的,例如:

　　领导(·上)同意这种看法。
　　工作(·里)遇到困难。

或是可以互换而不影响意义,例如:

　　(a) 书·上说得很清楚。
　　　　书·里说得很清楚。
　　(b) 别把烟头儿扔在地·上。
　　　　别把烟头儿扔在地·下。

在这种情况下,"上、里"和"下"好像只是为了满足构词的需要,完全没有具体的意义了。

方位词放在名词后面表示具体方位时,不承认它只是补充说明前面名词的方位,而认为名词是修饰后面方位词的,这在意义上看,已很勉强。在方位词不表示具体方位时,这种说法更难讲得通。例如,把"领导·上"分析成"领导"修饰中心词"上",可是这个中心词没有具体意义,甚至是可有可无的,这就很难让人理解。如果在方位词之前是一个较长的词组,这样分析就更有困难。例如:

　　在中国共产党第七届中央委员会第二次全体会议上的报告

把"中国共产党第七届中央委员会第二次全体会议"这样长的词组都看成是修饰语,而它所修饰的中心语却只是一个读轻音的、意义很不具体的"·上",这种分析法是很难让人接受的。

把"名词+方位词"看成是偏正结构,显然是过分强调了方位词的名词性,认为"名词+方位词"完全等于"名词+名词",结果就只能分析成偏正结构,而忽略了方位词所特有的方位作用、引申用法和轻音现象。

---

① 参看丁声树等著《现代汉语语法讲话》第76—77页。

另外有一种分析方法是把这种方位词看成助词或后置词。这样分析确实没有上述的缺点,但是,又过于忽视方位词的名词性,结果遇到方位词单用的结构,就很不好处理。例如：

　　上有父母,下有兄弟。
　　前怕龙,后怕虎。
　　朝里走。　　往东拐。
　　桌子的上头。　　以上的意见。

这些单用的方位词,就无法看成是助词或后置词,除非我们承认方位词一单用,就转化成名词了。这样,"东城、里屋、前门"里的方位词是能单用的名词,而"城东、屋里、门前"里的方位词就是不能单用的助词或后置词。但是,我们又有什么理由可以证明方位词放在名词之后就不再是能单用的名词呢?① 很显然,这种解释也是很勉强的。

在分析"名词＋方位词"的结构时,我们应该既照顾方位词所特有的方位作用、引申用法和轻音现象,又照顾它与一般名词所共有的名词性。看起来比较好的分析方法是把这种结构看成一种后补结构：方位词是名词的补语,是补充说明名词的方位的;它可以放在单个名词之后,也可以放在名词性词组之后。

名词补语这种分析法至少有两个好处：首先,它解决了方位词可以单用的问题,因为补语本来就是要用独立的词语充当的;其次,对方位词所特有的方位作用、引申用法和轻音现象也都可以有比较适当的解释。我们可以比较一下表示方位的名词补语和表示趋向的动词补语。这两种补语非常相像,它们都表示方向,都有引申用法,也都有一部分要读轻音。两种结构如此相像,绝对不是偶然的,我们不妨采取相同的分析方法,把它们都看成补语。

把"名词＋方位词"结构看成是名补结构还有一个好处,它可以满足语法结构整齐性的要求。在三类实词中,一般只承认动词和形容词

---

① "上、里"和"下"有时读轻音并不能作为不单用的证据,有一些动词的补语读轻音,但仍是单用的,例如："跑·来、气·死"。

有补语,结果就形成下列的局面:

  修饰语＋动词　　　动词＋补语
  修饰语＋形容词　　形容词＋补语
  修饰语＋名词　　　——

现在提出名补结构,正好补足了名词里的空白地位,使得三类实词的结构对当整齐。这虽然不能成为我们的主要论据,但总也可以算是一个补充理由吧。

(原载《中国语文》7月号,1962年)

探讨北京话轻音性质的初步实验*

本实验主要想用语音合成的手段探讨北京话轻音的性质。近些年来对轻重音的研究已经证明，所谓轻重音，并不单纯是音的强弱问题，实际上音长、音高、音强甚至音色都在起作用。[①]至于哪一方面起主导作用，哪一方面的作用是次要的，各个语言并不相同。合成出某一种语言的轻重音，变换其音长、音高和音强的参数，让本地人听测判断，是探讨轻重音本质的一种很有效的办法。[②]

合成语音所用的电子计算机是 PDP 11 型的，所用软件是 D. H. Klatt 设计的，[③]程序比较简单，合成出的语音也比较逼真。由于是第一次做合成语音工作，又限于时间，有一些音（如擦音，舌根音）合成得不够理想，最后只选出以下几对比较接近自然语言的轻重音作为进一步实验的材料。

---

* 本实验是北京大学中文系语音实验室和美国柏克莱加州大学王士元教授（Professor William S-Y Wang）领导的语言分析研究室（Project on Linguistic Analysis）合作科研项目中的一个课题，这个项目是我国教育部和美国国家科学基金会（U. S. National Science Foundation）共同批准的中美基础科学合作项目之一。在美国工作期间，得到王士元教授的热情帮助和大力支持，在此谨表深切谢意。又，本文曾提交在北京召开的第十五届国际汉藏语言学会议。

① 参看 I. Lehiste, *Suprasegmentals*, pp. 125—139, 1970, The MIT Press, Cambridge, Mass. 有关北京话轻音，参看林茂灿、颜景助《北京话轻声的声学性质》，《方言》1980 年第 3 期。

② 参看 D. B. Fry, Experiments in the perception of stress, *Language and Speech*, vol. I, Part2, pp. 126—152, 1958.

③ D. H. Klatt, Software for a cascade/parallel formant synthesizer, *J. Acoust. Soc. Amer.*, 67(3), 1980.

重重	重轻	重重	重轻
鸭头——	丫·头	大衣	大·意
一亿——	姨·姨	大姨	
马头——	码·头	大义	
大爷——	大·爷①		

左边四对词的第一音节声调不同,包括阴平(鸭、丫),阳平(一_{变调}、姨)、上声(马、码)、去声(大);右边四个词的第二音节声调不同,分别是阴平(衣)、阳平(姨)、去声(义)、轻音(·意),由于没有 dàyǐ 这样一个词,所以没有列出上声。

本实验主要是探讨音长、音高和音强在北京话轻音中的作用,这三方面的合成参数如下:②

音长——北京话四声音长显然有区别,但这区别是相对的,本实验主要只考察音长在轻音中的作用,对重音音节四声音长的相对差别可以不考虑。为了便于计算,前一音节的音长一律合成为 210 毫秒(ms),后一音节重音合成为 240 毫秒,轻音合成为 140 毫秒:

重+重　210ms+240ms=450ms

重+轻　210ms+140ms=350ms

林茂灿、颜景助和 J. J. Dreher、李抱忱都曾对北京话轻重音的音长做过测量,两文所得结论基本一致,即轻音音节要比同位置的重音音节短得多,本实验就是参考他们的数据拟定的。③

音高——音高由基频决定,合成时基频定在 60 赫兹(Hz)至 140 赫兹之间。折算成通用的五度制。约 20 赫兹升高一度。重音音节四声基频如下:

---

① 轻音音节在汉字前加小圆点。"大·爷"是指伯父,"大爷"是指不好劳动、高居人上的男人。

② 音色合成参数较复杂,全部列举,将占很大篇幅,因与本文关系不大,暂从略。

③ 林茂灿、颜景助文见第 166 页注①。J. J. Dreher and Pao-ch'en Lee, Instrumental investigation of single and paired mandarin tonemes, Monumenta Serica, *Journal of Oriental Studies*, vol. 27, 1968.

	前音节	后音节
阴平	140—130Hz	120—120Hz
阳平	100—140HZ	80—140Hz
上声	120—100—100Hz	—
去声	140－80Hz	120—60Hz

由于后面紧跟着另一个音节,前一音节阴平调型略降听去才比较自然;去声只降到 80 赫兹;上声如果按照五度制的[211]折算,基频应该大致在 80—60—60 赫兹,但合成以后听去太低,提高到 120—100—100 赫兹,倒比较接近自然发音。后一音节的起点一般都比前一音节略低(上声未出现,从略),但有个别例外。轻音音节的音高采用一般说法由前面音节的声调决定,上声后用微升调,其余三声后用降调。合成时所用基频如下:

阴平后　120—60Hz,　　阳平后　130—80Hz

上声后　100—130Hz,　　去声后　100—60Hz

音强——音强由振幅决定,合成时定在 60 分贝(dB),前一音节开头 10—20 毫秒和后一音节收尾 10—20 毫秒各下降 10—20 分贝。如果第一音节是塞音,则音节开头 20 毫秒左右振幅的分贝是零,然后再从 40 分贝上升到 60 分贝。第二音节是塞音时情况相同,但前面音节收尾要下降约 10 分贝。

一、实验方法

实验分三步骤进行:1. 有计划地改变上述各合成词第二音节的音强、音长和音高的合成参数,使得每个合成词的第二音节都有不同的音强、音长和音高。2. 对全部合成词进行随机排列,请 60 位听音人做听辨测验;3. 对听辨结果做出统计,观察音强、音长和音高对轻音所起的作用。

改变各合成词第二音节的音强、音长和音高的情况如下:

"重重"型的七个词(鸭头、一亿、马头、大爷、大衣、大姨、大义)音强的改变是把第二音节的振幅降低 5 分贝,两音节的音强由原来的 60dB+60dB 变为 60dB+55dB,听辨是否由"重重"型变为"重轻"型。音长的改变采取逐步切音的办法,即把第二音节的收尾切去若干毫秒,共分三步,第一步切去 100 毫秒,第二步切去 130 毫秒,第三步切去 150 毫秒,形成四种"重重"型音长:

1. 210ms+240ms=450ms
2. 210ms+140ms=350ms
3. 210ms+110ms=320ms
4. 210ms+90ms=300ms

第二种 350 毫秒和合成的"重轻"型音长相同,后一音节为前一音节的三分之二;第三种 320 毫秒后一音节音长约为前一音节的一半;第四种 300 毫秒后一音节音长不到前一音节的一半。

"重重"型单纯音高的改变没有可能听成"重轻"型,因此没有必要单纯改变"重重"型的音高参数。

"重轻"型的五个词(丫·头、姨·姨、码·头、大·爷、大·意)音强的改变和"重重"型相反,即把第二音节增加 5 分贝,两音节的音强由原来的 60dB+60dB 变为 60dB+65dB,听辨是否由"重轻"型变为"重重"型。改变音长的办法同"重重"型,形成 3 种"重轻"型音长:

1. 210ms+140ms=350ms
2. 210ms+110ms=320ms
3. 210ms+90ms=300ms

音高的改变是把轻音音节的基频改变成 130—130 赫兹和 80—120(或 140—80)赫兹两种,这样,每个轻音音节就都有了 3 种调值:

	降(或升)	平	升(或降)
阴平后	120—60Hz	130—130Hz	80—120Hz
阳平后	130—80Hz	130—130Hz	80—1201Hz
上声后	100—130Hz	130—130Hz	140—80Hz
去声后	100—60Hz	130—130Hz	80—120Hz

为了考察轻音音节中音高和音长的关系，上表中每个调值又分为 140 毫秒、110 毫秒、90 毫秒三种音长，结果每个轻音音节都合成出 9 种不同的音长和音高。以"丫·头"为例，轻音"头"的 9 种音高和音长如下：

	降	平	升
140ms	120—60Hz	130—130Hz	80—120Hz
110ms	120—73Hz	130—130Hz	80—111Hz
90ms	120—82Hz	130—130Hz	80—105Hz

在听辨时要确定其中哪些听起来像"丫·头"，哪些像"鸭头"，哪些都不像，从中考察音高和音长在轻音音节中的作用。

参加听辨测验的 60 人大部分是北京大学中文系汉语专业 78、79 级学生和研究生、进修教师，都具备一定的语音学知识，其中一部分人还参加过方言调查工作；其余的人（约 20 人）一般也都具有中等或中等以上文化水平。60 人中，有 30 人是从小在北京长大的，能说很流利的北京话，另外 30 人来自各方言区，说北京话的流利程度不等，但都在北京生活了两三年或更多时间，都能比较准确地理解北京话。

听辨测验主要是在教室内进行的，用录音机播放随机排列出的听辨材料，集体听辨。每条材料连续播放 3 次，间隔 3 秒；各条材料之间间隔 5 秒。听辨人听完 3 次以后，在 5 秒时间内确定所听材料是"重重"型（如"鸭头"）还是"重轻"型（如"丫·头"），或是两者都不是，各自依次用笔标记在印发的听辨材料上。

有 12 位从小在北京长大的听音人是在实验室内分别单独听辨的，听辨人的条件和听辨环境都较好，听辨准确率应该比较高，但从总的听辨统计数字看，所提高的准确率并不很大，对听辨结果的分析并没有什么重要的影响。下面以"鸭头（450 毫秒）"和"丫·头（350 毫秒）"为例，分别列举不同情况的听辨结果和百分比，其中"A 类 12 人"指单独听辨的 12 人，"B 类 30 人"指 30 位从小在北京生长的听辨人（包括 A 类 12 人），"C 类 30 人"指 30 位不能说流利北京话的听辨人，"总计 60 人"指参加听辨测验的总人数（即 B 类人数和 C 类人数的总和）。

		听　辨　结　果		
		鸭头	丫·头	不能分辨
鸭头　450ms	A类 12 人	12(100)%	0(0%)	0(0%)
	B类 30 人	29(97%)	1(3%)	0(0%)
	C类 30 人	26(87%)	1(3%)	3(10%)
	总计 60 人	55(92%)	2(3%)	3(5%)
丫·头　350ms	A类 12 人	0(0%)	11(92%)	1(8%)
	B类 30 人	2(7%)	25(83%)	3(10%)
	C类 30 人	1(3%)	22(74%)	7(23%)
	总计 60 人	3(5%)	47(78%)	10(17%)

从上表可以明显看出从 A 类到 C 类的听辨准确率逐步下降，"鸭头 450ms"从 A 类的 100% 下降到 C 类的 87%，"丫·头 350ms"从 A 类的 92% 下降到 C 类的 74%，但是下降以后主要是"不能分辨"的比率提高，对统计听辨结果并没有什么显著的影响。值得注意的是 A 类的听辨准确率并不是永远最高，例如下表中的 A 类准确率就比 B 类低：

		听　辨　结　果		
		大义	大·意	不能分辨
大义　450ms	A类 12 人	10(84%)	2(16%)	0(0%)
	B类 30 人	27(90%)	2(7%)	1(3%)
	C类 30 人	23(77%)	4(13%)	3(10%)
	总计 60 人	50(83%)	6(10%)	4(7%)
大·意 350ms	A类 12 人	0(0%)	12(100%)	0(0%)
	B类 30 人	2(7%)	27(90%)	1(3%)
	C类 30 人	5(17%)	22(73%)	3(10%)
	总计 60 人	7(12%)	49(82%)	4(6%)

在"大义 450ms"中，A 类的准确率只有 84%，比 B 类的 90% 要低。这种情况在整个听辨统计材料中虽然不多，但也可以说明只依靠 A 类的听辨结果，并不见得一定最可靠。下文为了避免统计数字过于复杂，只列出 B 组 30 位北京人和总人数 60 人的统计数字，其余从略。①

二、实验结果

根据上述实验方法，共合成出 5 种"重重"型(改变音强 1 种，改变

---

① C 类的统计数字由总人数减去 B 类人数即可得出，因此实际上略去的只是 A 类。

音长 4 种)和 10 种"重轻"型(改变音强 1 种,改变音长和音高 9 种),共计 15 种,作为听辨材料。下面把这 15 种听辨材料的听辨结果分类列出统计数字,并加必要的说明。

1. 改变音强

"重重"型(450ms,60dB)第二音节减 5 分贝和"重轻"型(350ms,60dB)第二音节加 5 分贝的听辨结果如下:

	听 辨 结 果		
	"重重"型	"重轻"型	不能分辨
鸭头(−5dB)	24(80%)	2(7%)	4(13%)
	45(75%)	5(8%)	10(17%)①
一亿(−5dB)	20(67%)	7(23%)	3(10%)
	36(60%)	14(23%)	10(17%)
马头(−5dB)	18(60%)	4(13%)	8(27%)
	38(64%)	8(13%)	14(23%)
大爷(−5dB)	30(100%)	0(0%)	0(0%)
	49(82%)	9(15%)	2(3%)
大衣(−5dB)	30(100%)	0(0%)	0(0%)
	58(96%)	1(2%)	1(2%)
大姨(−5dB)	26(87%)	1(3%)	3(10%)
	44(74%)	8(13%)	8(13%)
大义(−5dB)	21(70%)	5(17%)	4(13%)
	38(63%)	16(27%)	6(10%)
丫·头(+5dB)	6(20%)	20(67%)	4(13%)
	12(20%)	38(63%)	10(17%)
姨·姨(+5dB)	9(30%)	16(53%)	5(17%)
	23(38%)	27(45%)	10(17%)
码·头(+5dB)	12(40%)	5(17%)	13(43%)
	21(35%)	17(28%)	22(37%)
大·爷(+5dB)	1(3%)	28(94%)	1(3%)
	7(12%)	45(75%)	8(13%)
大·意(+5dB)	5(17%)	23(76%)	2(7%)
	17(28%)	36(60%)	7(12%)

① 上行是 B 类 30 人(从小在北京生长)的统计数字,下行是听辨总人数 60 人的统计数字,括号内为百分比。下同。

从上表可以看出，无论是"重重"型减5分贝或"重轻"型加5分贝，听辨结果都没有根本变化，大多数"重重"仍听成"重重"，"重轻"仍听成"重轻"。① 下面把上表中7个"重重"型词和5个"重轻"型词的听辨平均值和百分比列出来，与没有改变音强时（60分贝）的听辨平均值和百分比对比②，更可以看出单纯改变音强对听辨的影响不大。

		听 辨 结 果	
	"重重"型	"重轻"型	不能分辨
"重重"型 60dB	27(90%)	1(3%)	2(7%)
	50(84%)	4(6%)	6(10%)
55dB	24(80%)	3(10%)	3(10%)
	44(73%)	9(15%)	7(12%)
"重轻"型 60dB	6(20%)	20(67%)	4(13%)
	12(20%)	38(63%)	10(17%)
65dB	7(23%)	18(60%)	5(17%)
	16(27%)	33(55%)	11(18%)

以"重重"型60人的听辨为例，未改变音强前，听成"重重"的50人，占84%（听成"重轻"的4人，不能分辨的6人）。第二音节降低5分贝后，听成"重重"的仍旧有44人，占73%（听成"重轻"的增为9人，不能分辨的增为7人）。虽然听成"重重"的百分比略有下降，但仍占绝大多数。"重轻"型的听辨情况相似，第二音节增加5分贝后，大部分仍是听成"重轻"，听成"重重"和不能分辨的只占少数。③

2. 改变音长

这里只介绍"重重"型改变音长的听辨结果，"重轻"型留到下文和改变音高一起讨论。

---

① 严格地讲，音强的比较不单纯是增减5分贝的问题，不同元音响度的差异（如 a 比 i 响度大）也会起作用。但从以上实验结果看，不同元音的不同响度对本实验的听辨结果似乎没有显著的影响。

② 没有改变音强时7个"重重"词和5个"重轻"型词的听辨结果见下文，这里只列出平均值。

③ 只有"码•头"是例外，详见下文。

"重重"型共改变 4 次音长,即 450ms,350ms,320ms,300ms。7 个"重重"型词的听辨结果分别列表如下：

	听 辨 结 果		
	鸭头	丫·头	不能分辨
鸭头 450ms	29(97%)	1(3%)	0(0%)
	55(92%)	2(3%)	3(5%)
350ms	20(67%)	8(27%)	2(6%)
	30(50%)	25(42%)	5(8%)
320ms	7(23%)	20(67%)	3(10%)
	14(23%)	39(65%)	7(12%)
300ms	0(0%)	27(90%)	3(10%)
	1(2%)	51(85%)	8(13%)

	一亿	姨·姨	不能分辨
一亿 450ms	27(90%)	0(0%)	3(10%)
	51(85%)	2(3%)	7(12%)
350ms	26(87%)	1(3%)	3(10%)
	47(78%)	7(12%)	6(10%)
320ms	20(67%)	6(20%)	4(13%)
	38(63%)	15(25%)	7(12%)
300ms	22(73%)	6(20%)	2(7%)
	38(63%)	14(24%)	8(13%)

	马头	码·头	不能分辨
马头 450ms	19(63%)	3(10%)	8(27%)
	38(63%)	7(12%)	15(25%)
350ms	15(50%)	7(23%)	8(27%)
	31(52%)	13(22%)	16(26%)
320ms	4(13%)	11(37%)	15(50%)
	7(12%)	24(40%)	29(48%)
300ms	1(3%)	7(23%)	22(74%)
	3(5%)	23(38%)	34(57%)

	大爷	大·爷	不能分辨
大爷 450ms	29(97%)	1(3%)	0(0%)
	46(77%)	6(10%)	8(13%)
350ms	16(53%)	3(10%)	11(37%)
	29(48%)	10(17%)	21(35%)
320ms	8(27%)	7(23%)	15(50%)
	20(33%)	19(32%)	21(35%)
300ms	2(7%)	18(60%)	10(33%)
	10(17%)	30(50%)	20(33%)

	大衣	大·意	不能分辨
大衣 450ms	30(100%)	0(0%)	0(0%)
	59(98%)	0(0%)	1(2%)
350ms	29(97%)	1(3%)	0(0%)
	58(96%)	1(2%)	1(2%)
320ms	25(80%)	3(10%)	2(7%)
	48(80%)	6(10%)	6(10%)
300ms	22(73%)	2(7%)	6(20%)
	43(72%)	8(13%)	9(15%)

	大姨	大·意	不能分辨
大姨 450ms	28(94%)	2(3%)	2(3%)
	52(86%)	4(7%)	4(7%)
350ms	20(66%)	2(7%)	8(27%)
	37(62%)	11(18%)	12(20%)
320ms	17(56%)	11(37%)	2(7%)
	32(53%)	21(35%)	7(12%)
300ms	1(3%)	25(84%)	4(13%)
	8(13%)	45(75%)	7(12%)

	大义	大·意	不能分辨
大义 450ms	27(90%)	2(7%)	1(3%)
	50(83%)	6(10%)	4(7%)
350ms	25(83%)	3(0%)	2(7%)
	47(79%)	8(13%)	5(8%)
320ms	22(74%)	4(13%)	4(13%)
	39(65%)	12(20%)	9(15%)
300ms	16(54%)	4(13%)	10(33%)
	33(55%)	14(23%)	13(22%)

以上 7 个"重重"型词的听辨平均值和百分比统计如下：

	重重	重轻	不能分辨
重重 450ms	27(90%)	1(3%)	2(7%)
	50(83%)	4(7%)	6(10%)
350ms	21(70%)	4(13%)	5(17%)
	40(67%)	11(18%)	9(15%)
320ms	15(50%)	9(30%)	6(20%)
	28(47%)	20(33%)	12(20%)
300ms	9(30%)	13(43%)	8(27%)
	19(32%)	27(45%)	14(23%)

从以上的统计数字可以清楚地看出，随着音长逐步缩短，"重重"型听成"重重"的比率明显地逐步下降，听成"重轻"的比率明显地逐步上升，不能分辨的比率也逐步上升，但幅度较小。这种现象可以充分说明，音长在听辨轻音时是起了非常重要的作用的。

"重重"型第二音节的声调对变化幅度的大小关系很大。7 个"重重"型词中，第二音节是阳平的有 4 个（鸭头，马头，大爷，大姨），幅度变化最大；去声 2 个（一亿，大义），变化较小；阴平 1 个（大衣），变化最小。三种声调幅度变化比较如下（只列 60 人听辨结果，阳平和去声是平均值）：

去声和阴平变化幅度很小，即使音长短到 300 毫秒（第二音节只有 90 毫秒），听成"重重"的百分比仍旧相当高，这说明音高在听辨轻音时也是起相当大作用的。

		重重	重轻	不能分辨
阳平	450ms	48(80%)	5(8%)	7(12%)
	350ms	32(53%)	15(25%)	13(22%)
	320ms	18(30%)	26(43%)	16(27%)
	300ms	6(10%)	37(62%)	17(28%)
去声	450ms	51(85%)	4(7%)	5(8%)
	350ms	47(79%)	8(13%)	5(8%)
	320ms	39(65%)	13(22%)	8(13%)
	300ms	36(60%)	14(23%)	10(17%)
阴平	450ms	59(98%)	0(0%)	1(2%)
	350ms	58(96%)	1(2%)	1(2%)
	320ms	48(80%)	6(10%)	6(10%)
	300ms	43(72%)	8(13%)	9(15%)

前面已经谈到,本实验改变音长的办法是把第二音节的收尾切去一定长度,无论切去多少毫秒,第二音节的开头部分都没有受到影响,音高不会有变化,这可能就是不同声调变化幅度大小相差很远的原因。阳平开头在 80 赫兹,不高不低,变化幅度就大;去声和阴平开头在 120 赫兹,相当高,变化幅度就小。阴平始终保持在这样的高度,因此变化幅度最小,即使音长短到 300 毫秒,仍有约四分之三的人听成"重重"型。如果从轻音的角度看这现象,那就是轻音音高太高时听成"重轻"的百分比就低,不高不低时听成"重轻"的百分比就高(上表中没有上声例子,如果以上解释正确,上声音长缩短时,听辨的变化幅度也应该是比较大的)。

过去一般认为轻音在阴平、阳平、去声之后是降调,在上声之后是微升调,本实验在合成"重轻"型音节时也是这样处理的。但是,"鸭头、大爷、大姨"的第二音节都是升调,音长变短后,听辨成"丫·头、大·爷、大·意"的比率都相当高,可见调型的升降对听辨轻音的作用似乎不大,这问题下面还要讨论。

3. 改变音高

上文已经提到,"重重"型没有必要做单纯改变音高的听辨测验。"重轻"型第二音节改变音高后形成降、平、升 3 种调型,加上 350 毫秒、320 毫秒、300 毫秒 3 种音长,共形成 9 种不同音高和音长(参看 169—

170页)。5个"重轻"型词的9种听测结果如下:

	鸭头	丫·头	不能分辨
丫·头(降调)	350ms		
	2(7%)	25(83%)	3(10%)
	3(5%)	47(78%)	10(17%)
	320ms		
	1(3%)	26(87%)	3(10%)
	4(7%)	44(73%)	12(20%)
	300ms		
	0(0%)	28(93%)	2(7%)
	1(2%)	53(88%)	6(10%)
丫·头(平调)	350ms		
	2(7%)	3(10%)	25(83%)
	8(13%)	12(20%)	40(67%)
	320ms		
	4(13%)	8(17%)	21(70%)
	12(20%)	20(33%)	28(47%)
	300ms		
	4(13%)	8(27%)	18(60%)
	15(25%)	21(35%)	24(40%)
丫·头(升调)	350ms		
	26(87%)	1(3%)	3(10%)
	43(72%)	9(15%)	8(13%)
	320ms		
	15(50%)	10(33%)	5(17%)
	20(33%)	29(49%)	11(18%)
	300ms		
	2(7%)	24(80%)	4(13%)
	4(7%)	45(75%)	11(18%)

降调随着音长缩短,听成"丫·头"的百分比逐步提高,但没有"重重"型的"鸭头"提高的幅度大(参看174页)。平调不能分辨的占大多数,但随着音长缩短,不能分辨的比率逐步降低。升调音长350毫秒时大部分听成"鸭头",把升调听成阳平"头",说明音高仍起很大作用;但随着音长缩短,音高作用逐步缩小,听成"丫·头"的比率提高得很快。

	一亿	姨·姨	不能分辨
姨·姨（降调） 350ms	13(43%)	13(43%)	4(14%)
	22(37%)	29(48%)	9(15%)
320ms	7(23%)	18(60%)	5(17%)
	20(33%)	28(47%)	12(20%)
300ms	10(33%)	15(50%)	5(17%)
	26(43%)	24(40%)	10(17%)
姨·姨（平调） 350ms	1(3%)	19(64%)	10(33%)
	5(8%)	36(60%)	19(32%)
320ms	0(0%)	13(43%)	17(57%)
	4(7%)	29(48%)	27(45%)
300ms	1(3%)	15(50%)	14(47%)
	5(8%)	36(60%)	19(32%)
姨·姨（升调） 350ms	9(30%)	7(23%)	14(47%)
	17(28%)	24(40%)	19(32%)
320ms	4(13%)	9(30%)	17(57%)
	12(20%)	17(28%)	31(52%)
300ms	4(13%)	16(54%)	10(33%)
	13(22%)	35(58%)	12(20%)

降调音长自350毫秒缩短到320毫秒时，听成"姨·姨"的百分比显著提高，但缩短到300毫秒，反而略有下降。平调很少听成"一亿"的，只是在"姨·姨"和"不能分辨"之间摇摆，很不稳定。升调随着音长缩短，听成"姨·姨"的百分比逐步提高，但不能分辨的比率也比较高。

总起来看，"姨·姨"的听辨结果不稳定，音高和音长所起的作用不像"丫·头"那样清楚。这可能与合成时"姨·姨"第一音节基频终点较高有关。"姨·姨"第一音节的基频是80—140赫兹，终点140赫兹是合成的各音节中最高的,第二音节降调开头也相应提高到130—80赫兹,缩短到300毫秒时,所余基频是130—99赫兹,较高,虽然短,但下降幅度小,听去有些像高平调,可能因此听成"姨·姨"的百分比反而不如320毫秒高。第二音节平调的音高和其他"重轻"型一样,都是130—130赫兹,比第一音节终点140赫兹降低10赫兹,大部分听音人在"姨·姨"和"不能分辨"之间摇摆不定,有一些人认为听起来更像问句"姨·姨?"。有50%左右的人把平调也听成"姨·姨",可能就是因为受了语调的影响。

		马头	码·头	不能分辨
码·头(升调)	350ms			
		10(33%)	8(27%)	12(40%)
		17(28%)	19(32%)	24(40%)
	320ms			
		3(10%)	16(53%)	11(37%)
		6(10%)	32(53%)	22(37%)
	300ms			
		2(7%)	16(53%)	12(40%)
		12(20%)	30(50%)	18(30%)
码·头(平调)	350ms			
		1(3%)	15(50%)	14(47%)
		2(4%)	29(48%)	29(48%)
	320ms			
		2(7%)	12(40%)	16(53%)
		8(13%)	24(40%)	28(47%)
	300ms			
		2(7%)	16(53%)	12(40%)
		6(10%)	31(52%)	23(38%)
码·头(降调)	350ms			
		4(13%)	5(17%)	21(70%)
		14(23%)	14(23%)	32(54%)
	320ms			
		4(13%)	14(47%)	12(40%)
		9(15%)	27(45%)	24(40%)
	300ms			
		1(3%)	21(70%)	8(27%)
		6(10%)	32(53%)	22(37%)

一般认为上声之后的轻声是个微升调,因此上表中先列升调,把降调作为变式。升调和降调随着音长缩短,听成"码·头"的百分比都有所提高,但升调提高的幅度还没有降调大。这可以说明上声之后轻音调型的升降在听辨时是没有明显分别的。平调的听辨情况和"姨·姨"类似,在"码·头"和"不能分辨"之间摇摆不定,部分人认为听起来像问句"码·头?"。无论是升调、平调或降调,不能分辨"马头"和"码·头"的比率都相当高(音强听测结果也是如此,见 174 页)。"码·头"读轻音似乎并不稳定,有些听音人认为是否轻读是两可的,不像"丫·头,姨·姨"等绝对不能不轻读,这可能是"不能分辨"比率较高的主要原因。①

		大爷	大·爷	不能分辨
大·爷(降调)	350ms	1(3%)	28(94%)	1(3%)
		9(15%)	45(75%)	6(10%)
	320ms	0(0%)	27(90%)	3(10%)
		6(10%)	44(73%)	10(17%)
	300ms	1(3%)	25(84%)	4(13%)
		5(8%)	43(72%)	12(20%)
大·爷(平调)	350ms	4(13%)	3(10%)	23(77%)
		16(27%)	11(18%)	33(55%)
	320ms	2(7%)	4(13%)	24(80%)
		16(27%)	13(22%)	31(51%)
	300ms	2(7%)	3(10%)	25(83%)
		10(17%)	10(17%)	40(66%)

---

① "不能分辨"有两种情况:一种是既不像"重重",又不像"重轻","丫·头"平调不能分辨的比率较高属于这一种;另一种是既像"重重",又像"重轻",不好确定,"码·头"的情况属于这一种。

		大爷	大·爷	不能分辨
大·爷(升调)	350ms	23(77%)	1(3%)	6(20%)
		40(66%)	10(17%)	10(17%)
	320ms	18(60%)	3(10%)	9(30%)
		36(60%)	9(15%)	15(25%)
	300ms	5(17%)	16(53%)	9(30%)
		16(27%)	29(48%)	15(25%)

"大·爷"降调的3种音长都是听成"重轻"占绝对优势,但随着音长缩短,百分比反而略有下降。平调不能分辨的占大多数。升调音长350毫秒时大部分听成"重重"型的"大爷",仍旧是阳平;随着音长缩短,听成"大·爷"的比率提高很快,与"丫·头"的情况很相似。

		大义	大·意	不能分辨
大·意(降调)	350ms	2(7%)	27(90%)	1(3%)
		7(12%)	49(82%)	4(6%)
	320ms	1(3%)	27(90%)	2(7%)
		6(10%)	49(82%)	5(8%)
	300ms	0(0%)	30(100%)	0(0%)
		4(7%)	48(80%)	8(13%)
大·意(平调)	350ms	3(10%)	0(0%)	28(93%)
		11(18%)	8(13%)	41(69%)
	320ms	3(10%)	4(13%)	23(77%)
		11(18%)	15(25%)	34(57%)
	300ms	5(17%)	1(3%)	24(80%)
		11(18%)	13(22%)	36(60%)

	大义	大・意	不能分辨
大・意（升调）	350ms		
	7(23%)	7(23%)	16(54%)
	19(32%)	20(33%)	21(35%)
	320ms		
	3(10%)	13(43%)	14(47%)
	15(25%)	23(38%)	22(37%)
	300ms		
	1(3%)	24(80%)	5(17%)
	8(13%)	44(74%)	8(13%)

降调的 3 种音长听成"大・意"的百分比都很高，不同音长对听辨所起的作用不明显。平调的大多数都属于不能分辨，但随着音长缩短，比率逐步降低。升调随着音长缩短，听成"大・意"的比率提高得比较快。

三、几点讨论

1. 在北京话里，音强对分辨轻重音所起的作用很小，减弱"重重"型或增强"重轻"型第二音节的音强，都没有使听辨结果发生显著的变化。只有"码・头"，在增加 5 分贝后听成"重重"型"马头"的占多数，这和把"码・头"听成"重轻"型的百分比本来就不高有关。下面比较一下"码・头"350 毫秒 60 分贝和 65 分贝的听辨结果：

	马头	码・头	不能分辨
60dB	10(33%)	8(27%)	12(40%)
	17(28%)	19(32%)	24(40%)
65dB	12(40%)	5(17%)	13(43%)
	21(35%)	17(28%)	32(37%)

从上表可以看出增加 5 分贝后听辨结果的变化并不很大，如果和"丫・头"350 毫秒比较，就可以看得更清楚：

	鸭头	丫·头	不能分辨
60dB	2(7%)	25(83%)	3(10%)
	3(5%)	47(78%)	10(17%)
65dB	6(20%)	20(67%)	4(13%)
	12(20%)	38(63%)	10(17%)

"码·头"增加到65分贝时,听成"马头"的虽然占35%—40%,但和60分贝的28%—33%比较,变化不算大,还没有"丫·头"从5%—7%增加到20%大。此外,"丫·头"不能分辨的只占百分之十几,"码·头"不能分辨的高达百分之四十左右,几乎占一半,这说明把"码·头"听成"重轻"型的百分比本来就很低,可能是因为在合成"马头"和"码·头"时第二音节的音高过于接近(马头80—140Hz,码·头100—130Hz),所以不易分辨。"码·头"是否轻读,在有些人看来本就是两可的(参看181页),自然也会影响到听辨结果。①

2. 音长在听辨北京话轻重音时起了非常重要的作用。在"重重"型中,第二音节音长越短,听成轻音的比率就越高,这趋势非常明显,可以说是没有例外。但是,比率高低同时还要受轻音起点音高的制约,起点太高,比率就要下降。"重轻"型情况和"重重"型相似,但趋势没有那样显著,少数情况如"大·爷(降调)"还出现了相反的趋势,即音长缩短后,听成"重轻"型的百分比反而略有降低,但只出现在轻音合成为平调和降调的例子中,而且为数不多,可能是因为本实验合成的平调和降调音高起点较高,音长越短,起点高度所起的作用就越明显,听成"重轻"型的百分比也就随着下降。

3. 音高在听辨北京话轻音音节时所起的作用远没有音长重要,它的作用主要在音节起点的高低。至于多高的起点听成"重轻"型的百分比最高,以及起点高低是否要受前一音节音高的影响,只从本实验有限的合成材料中还很难做出任何结论来。调型的升降也起一些作用,但比较小,要受音长的制约,音长越短,调型升降对听辨所起的作用就越

---

① 此外,在口语中是否常用对听辨结果也会有影响,听辨人平时不常听到的,在听辨时也就比较不容易分辨。

小。在自然语言中,单独读"重轻"型时轻音的调型可能是略降的(上声之后可能略升),但在连续的语流中,这种调型要起多大的变化,目前还不很清楚。只从本实验的听辨结果看,调型的升降显然不是轻音的本质特点。如果北京话轻音音长确实只是前一音节的一半左右,则轻音调型的升降对听辨的影响应该是很小的。

4. 近些年来,国外对一些语言的重音所做的实验研究证明,在分辨重音时,音强往往并不是决定性的因素,这和本实验的听辨结果是一致的。一些非声调语言如英语、法语,分辨重音起主要作用的是音高[1]。汉语是有声调语言,音高的变化在重音音节中已经起了非常重要的辨义作用,在分辨轻重音时以音长的变化为主,音高和音长在语言中所起的作用就有了明确的分工。从本实验可以看出,这种分工在北京话里是相当明显的,至于汉语各方言以及其他有声调语言是否都是如此,需要逐个进行实验研究以后,才能得出有普遍意义的结论。[2]

(原载《语言学论丛》第 10 辑,1983 年)

---

[1] 参看 166 页注②所引 D. B. Fry 文章和 D. L. Bolinger, A theory of pitch accent in English, *Word*, 14, pp. 109—149, 1958.

[2] Westin 等人认为南瑞典语分辨重音和英、法语相似,也是以音高为主,而南瑞典语被认为是有声调语言的。见 K. Westin, R. G. Buddenhagen, D. H. Obrecht, An experimental analysis of the relative importance of pitch, quantity, and intensity as cues to phonemic distinctions in south Swedish, *Language and Speech*, 9, pp. 114—126, 1966. 但瑞典语声调的辨义作用远没有汉语重要。

声调感知问题*

人类在感知言语所产生的声波时，要受到前后语言环境的强烈影响。同样的声波在不同的语言环境中可以被感知为声音不相同的词。P. Ladefoged 和 D. E. Broadbent 在二十多年前曾经做过一个非常著名的元音感知实验。他们用合成语音的方法把合成出的 bit, bet, bat, but 这四个词放在一个句子最后，然后改变这个句子中各元音的共振峰频率。随着前面这个句子共振峰频率的改变，对 bit 等四个词的识别也发生了变化，同一个 bit，在一种共振峰频率的句子之后听成 bit，在另一种共振峰频率的句子之后就会听成 bet[1]。这个发现大大加深了对元音信息传递的认识。本文则是想用类似的方法考察语言环境的变化对声调信息传递的影响。

声调主要是由音节中浊音部分的基频和音长决定的。振幅的曲拱（contour）、呼吸量和喉音化（laryngealization）等等也都可以成为声调的组成成分，在特殊情况下，例如耳语时，元音的共振峰也能起区别声调的作用。[2] 但是，感知声调，主要是依靠基频和音长。

在自然语言中，声调的基频是很不稳定的，经常要受到前后音节调型和语调调型等方面的影响，连读变调就是很突出的例子。但是，由这

---

* 本文是和美国加州大学柏克利分校王士元教授合写的，是中国教育部和美国国家科学基金会共同批准的中美基础科学合作项目中的一个课题。

[1] P. Ladefoged and D. E. Broadbent, Information conveyed by vowels, *J. Acoust. Soc. Amer.*, 29, pp. 98—104, 1957.

[2] W. Meyer-eppler, Realization of prosodic features in whispered speech, *J. Acoust. Soc. Amer.*, 29, pp. 104—106, 1957. C. M. Wise and P. H. Chong, Intelligibility of whispering in a tone language, *J. Speech and Hearing Disorders*, 22, pp. 335—339, 1957. A. S. Abramson, Tonal experiments with whispered Thai, in A. Valdman (Ed.), *Papers in Linguistics and Phonetics to the Memory of Pierre Delattre*, The Hague: Mouton, pp. 31—44, 1972.

种影响所产生的基频变化一般只发生在固定的音域(range of pitch)之内,现在常用的五度制标调,实际就是为音域标定了大致固定的范围。例如,我们在谈到北京话的上声变调时,实际包含着一个条件,那就是后面音节的音域和前面上声音节的音域相当或大致相当。用五度制来说,就是这两个音节从 1 度到 5 度的音高范围相当或大致相当。平时我们识别元音,也是在前后具有大致相当的共振峰频率范围之内进行的。前面提到的 P. Ladefoged 和 D. E. Broadbent 的实验已经证明,前面元音共振峰频率的改变能对感知元音产生影响,那么,声调音域的改变会不会影响它邻近音节声调的识别呢? 这是很值得我们探讨的问题。

音长和元音的识别率有密切的关系,如果单元音短于 50ms(毫秒)或 60ms,识别率就要大大降低。[1] 声调贯穿于音节的浊音部分,影响识别声调的音长自然要比 60ms 长得多。在北京话里,音长是识别轻音非常重要的因素,有关轻音的实验证明,调型的高低升降虽然对识别轻音也起作用,但要受音长的制约,音长越短,调型所起的作用就越小。[2] 这说明在识别声调时,音长所起的作用也是不容忽视的。

本文对声调感知的考察,只限于基频和音长的变化这两方面。我们只选择北京话的一些阴平声音节作为考察对象,北京话调类简单,调类之间高低升降的差别很清楚,比较容易听辨,而在北京话里,阴平声的调型又最稳定单纯,不但容易设计,也便于和其他调类比较,为了尽量减少其他因素(如语调)对听辨实验的影响,我们把要考察的阴平声音节只放在另一个音节之前构成双音词,前面的阴平声音节用 S-A 来代表,后面的音节用 S-B 来代表。S-A 的音节长度尽量控制在 200—300ms 之间,即正常语速的长度。S-B 是 S-A 的语言环境,在设计时,有意识地几次改变 S-B 的音高,使 S-A 和 S-B 之间的音域关系发生

---

[1] 梁之安:《单元音识别率与音节长短的关系》,《声学学报》,2 卷 1 期,1965。W. A. Aimsworth, Duration as a factor in the recognition of synthetic vowels, *J. of Phonetics*, 9, pp. 333—342, 1981.

[2] 林焘:《探讨北京话轻音性质的初步实验》。

变化,让本地人听辨 S-A 原来的调类阴平声是否因此有所改变;如果改变,是否还要受到 S-A 本身音长的影响。设计的听辨材料分两种:一种是用计算机合成的,另一种是自然语音的重新组合。

合成语音的感知实验

合成语音是用 PDP11 电子计算机进行的,所用软件是 D. H. Klatt 设计的[①],共合成出"掰的"和"搭的"两个双音词。S-A"掰"和"搭"音长 210ms,除去前面清音声母所占的时间,能够感知到的基频"掰 bāi"约为 160ms,"搭 dā"约为 180ms,S-B"的"是轻音,音长 140ms。S-A 是平调,基频 115Hz(赫兹),相当于较低音调男人的声音。S-B 是处在阴平声之后的轻音,用降调。为了考察 S-B 的音高变化对感知 S-A 的影响,在合成时把 S-B 的音高分为四级,最低 110—70Hz,每级增加 10Hz,最高一级 140—100Hz。[②] S-A 和 S-B 的音高关系如下:

S-A		S-B	
掰,搭 115Hz		的$_1$	110—70Hz
		的$_2$	120—80Hz
		的$_3$	130—90Hz
		的$_4$	140—100Hz

以上共合成出八个双音词,"掰的"和"搭的"各四个,把这八个双音词的录音和下节自然语言重新组合成的十二个双音词的录音放在一起,进行随机排列,每个词重复三次,请本地人听辨。听音人共十位,都是从小在北京生长大的,不会说其他方言。听测都是单独进行的,用较高级

---

① D. H. Klatt, Software for a cascade/parallel formant synthesizer, *J. Acoust. Soc. Amer.*, 67, pp. 971—995, 1980.

② 开始时把 S-B 的音高分为十一级,从 90—50Hz 开始,每级增加 5Hz,最高一级 140—100Hz。在做试验性听测时发现,S-B 低于 100—70Hz 时,S-A 一律听成原声调阴平,没有例外;每级只增加 5Hz,幅度太小,不易分辨。为了避免听辨内容过于复杂,只从中选出 110—70Hz 以上的四级作为正式听测材料。

的盒式录音机播放。在印发给听音人的听测材料上,按照随机排列出的录音顺序,依次列出 S-A 可能出现的阴平、阳平和上声三种读音,写成汉字作为例词。bāide 的例词是"掰的、白的、摆的",dāde 的例词是"搭的、答的、打的"。听音人听完一个词的三遍录音后,立即在听测材料上圈出是哪一个例词。全部材料播放两次,第二次供听音人校改。

合成语音的听辨结果表明,随着 S-B 音高的变化,原来是平调的 S-A 有可能被听成三种声调:1. 原来的阴平声,即高平调;2. 阳平声,即高升调;3. 上声,接近于低平调。听辨结果列表如下:

S-A	S-B	掰的	白的	摆的
1. 掰 210ms 115—115Hz	的$_1$ 140ms 110—70Hz(−5)	10	0	0
2. 掰 210ms 115—115Hz	的$_2$ 140ms 120—80Hz(5)	8	2	0
3. 掰 210ms 115—115Hz	的$_3$ 140ms 130—90Hz(15)	2	8	0
4. 掰 210ms 115—115Hz	的$_4$ 140ms 140—100Hz(25)	0	10	0

表右数字是听测结果。S-B 音高值后面括号内的数字是 S-B 音高起点和 S-A 音高终点之间的音高差,音高差用 D 来表示。从听测结果可以明显地看出,在判断 S-A 的调类时,D 值起很重要的作用。表中各例词的 S-A 音高绝对值都是 115Hz,由于 D 值的变化,对 S-A 调类的判断也随着发生变化。例 1"掰的$_1$"D=−5,十位听音人都把 S-A 听成原声调"掰"。从例 2 到例 4,D 值逐步提高,听成阳平"白"的比率也逐步提高。到例 4"掰的$_4$"时,D=25,所有听音人都把 S-A 原来的高平调听成高升调"白",无一例外。在这四个例子中,没有人把 S-A 听成上声"摆"。

	S-A	S-B	搭的	答的	打的
5.	搭 210ms 115—115Hz	的$_1$ 140ms 110—70Hz(−5)	10	0	0
6.	搭 210ms 115—115Hz	的$_2$ 140ms 120—80Hz(5)	10	0	0
7.	搭 210ms 115—115Hz	的$_3$ 140ms 130—90HZ(15)	7	3	0
8.	搭 210ms 115—115Hz	的$_4$ 140ms 140—100Hz(25)	3	6	1

"搭的"听辨结果的总趋势和"掰的"相同,但把 S-A 平调"搭"听成升调"答"的比率要小得多。到例7"搭的$_3$"D=15时,才有三人把 S-A 听成"答",例8"搭的$_4$"D=25,把 S-A 听成"答"的有六人,听成"打"有一人,仍有三人听成原来的阴平声"搭"。前面已经提到,除去前面清音声母所占的时间,"掰"能够感知到的音高约为 160ms,"搭"约为 180ms,"搭"可以感知到的音高略长一些,这可能是听成升调"答"的比率比较小的一个原因,同时也可能是有人把它听成上声"打"的原因。关于这个问题,下面还要详细讨论。

自然语音重新组合的感知实验

把自然语音中的某些音段用一定的方式重新加以组合,考察在感知上是否有变化,这实际上也是一种语音合成。本实验用了两种方式重新组合自然语音。第一种是读出一个双音词 A_1B_1 以后,再提高声调单读这个双音词中的第二个音节 B_2,[①]录下音来,用凯氏语图仪(sonagraph)测出每个音节的音长和音高,[②]然后用微型电子计算机 TRS80-I 取出双音词中的 A_1 和单读的音节 B_2,把它们重新组合成

[①] 自然语音的实验材料都是本文作者之一林焘用正常速度发音录制的。
[②] Kay 7029A 型语图仪做出的 4KHz 窄带语图。用一般米尺测量,每厘米约折合音长 16ms,音高 40Hz。这样计算出的数据只是近似值,但已能满足本实验的需要。

A_1B_2，让本地人听辨。用这种方式一共组合了四对词，音长和音高的参数如下：

S-A_1	(S-B_1)	S-B_2	S-B_3
掰$_1$	（的$_1$）	的$_2$	—
300ms	(116ms)	183ms	—
148—144Hz	(110—80Hz)	200—150Hz	—
鲜$_1$	（的$_1$）	的$_2$	—
266ms	(100ms)	170ms	—
160—156Hz	(130—100Hz)	190—120Hz	—
青$_1$	（天$_1$）	天$_2$	天$_3$
200ms	(316ms)	333ms	266ms
168—168Hz	(124—112Hz)	188—188Hz	220—220Hz

最后一个双音词"青天"的 S-B "天"在单读时两次提高声调，形成 B_2 和 B_3 两个不同音高的音节跟前面的 A_1 组合。用这种方式组合成四个双音词：1. 掰$_1$ 的$_2$，2. 鲜$_1$ 的$_2$，3. 青$_1$ 天$_2$，4. 青$_1$ 天$_3$。其中 S-B_2 或 S-B_3 的基频起点比 S-B_1 的基频起点高出 60 至 96Hz。

第二种方式是用三种不同音高读同一个双音词，形成 A_1B_1，A_2B_2，A_3B_3 三个双音词，用语图仪测出它们的音长和音高，然后用电子切音器切出音节 A_1 和 B_2，B_3，分别重新组合成 A_1B_2 和 A_1B_3。[①] 共读了三组词，音长和音高参数如下：

S-A_1	(S-B_1)	(S-A_2)	S-B_2	(S-A_3)	S-B_3
鲜$_1$	—	（鲜$_2$）	鸡$_2$	（鲜$_3$）	鸡$_3$
500ms	—	(300ms)	400ms	(250ms)	316ms
116—108Hz	—	(140—136Hz)	132—148Hz	(152—152Hz)	152—148Hz
支$_1$	（援$_1$）	（支$_2$）	援$_2$	（支$_3$）	援$_3$
183ms	(333ms)	(183ms)	333ms	(200ms)	300ms
148—148Hz	(104—136Hz)	(164—164Hz)	112—136Hz	(196—180Hz)	124—144Hz

---

[①] 电子切音器是北京大学无线电系吴阿华同志为北大中文系语音实验室设计，由北京大学仪器厂试制的。

七₁	（十₁）	（七₂）	十₂	（七₃）	十₃
116ms	(233ms)	(133ms)	216ms	(116ms)	200ms
160—148Hz	(116—130Hz)	(180—164Hz)	130—160Hz	(192—180Hz)	140—164Hz

用这种方式共组合成六个双音词：1. 鲜₁鸡₂，2. 鲜₁鸡₃，3. 支₁援₂，4. 支₁援₃，5. 七₁十₂，6. 七₁十₃。在一般情况，双音词第一个音节的音长总要比单读这个音节时短一些，为了便于考察 S-A 的音长对听辨的影响，在"鲜鸡"这一组词里，我们有意只单读"鲜₁"，没有读"鸡₁"，这样读出的"鲜₁"音节比较长，在组成"鲜₁鸡₂"时，对"鲜₁"的韵尾-n 做了三种不同长度的切除，组成三种不同音长的"鲜₁鸡₂"。此外，在组合"鲜₁鸡₃"时，为了避免"鲜₁"音节太长听起来不像是双音词"鲜鸡"，对"鲜₁"的韵尾-n 也做了切除，使"鲜₁"的音长保持在 300ms 左右。切除后"鲜₁"的音长可以由电子切音器直接显示出来。"鲜"全长 500ms，大部分都是韵尾-n 的音长，把"鲜₁"的音长切短到只有 166ms 时，听去仍是一个很完整清楚的 xiān。下面列出"鲜₁""鲜₂鸡₂""鲜₃鸡₃"的窄带语图（左侧箭头所指处是第十个谐波，把它的频率除以 10，就是基频的频率）：

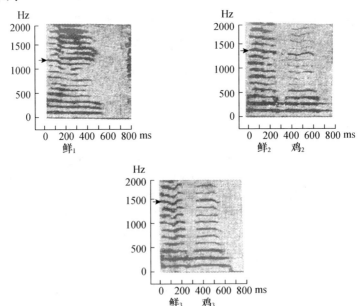

以上用第二种方式共组成八个双音词("鲜₁鸡₂"有三个),连同第一种方式组成的四个,共计十二个双音词,和上节用计算机合成出的八个双音词(例1至例8)放在一起进行随机排列,请本地人听辨。

下面先列出用第一种方式组成的四个双音词的听辨结果:

	S-A	S-B	掰的	白的	摆的
9.	掰₁ 300ms 148—144Hz	的₂ 183ms 200—150Hz(56)	0	1	9

			鲜的	咸的	险的
10.	鲜₁ 266ms 160—156Hz	的 2 170ms 190—120Hz(34)	4	6	0

			青天	晴天	请天
11.	青₁ 200ms 168—168Hz	天₂ 333ms 188—188Hz(20)	5	4	1
12.	青₁ 200ms 168—168Hz	天₃ 266ms 220—220Hz(52)	1	2	7

例9"掰₁的₂"的听辨结果和上节例1—4的"掰的"完全不同,上节的四个"掰的"没有一个人听成上声"摆的",而例9"掰₁的₂"则绝大多数人都听成了接近低平调的上声"摆的"。"掰₁的₂"是用自然语言重新组合的,音长和音高与例1—4的"掰的"差别很大。例9的"掰₁"音长达300ms,在北京话里是比较长的音节,比例1—4的"掰"210ms几乎长三分之一;此外,例9"掰₁的₂"D=56,比前面四个"掰的"中D值最高的例4(D=25)要高出一倍多。这两方面的差别正是听辨结果完全不同的原因。

比较例9"掰₁的₂"和例10"鲜₁的₂"的不同听辨结果,也能看出音长和D值对听辨的影响。绝大部分人都把"掰₁的₂"听成上声"摆的",可是没有一个人把"鲜₁的₂"听成上声"险的",听成阴平"鲜的"和阳平"咸的"各约占一半。听辨结果如此不同,也是由音长和D值两方面的差别决定的。"鲜₁"比"掰₁"短34ms,"鲜₁的₂"的D值只有34Hz,"掰₁的₂"则有56Hz。"鲜₁"比较短,D值又比较小,这就是没有人听成上声的原因。但是,和前面例1—4"掰的"和例5—8"搭的"比较,"鲜₁"的音长要长出 56ms,D 值也大一些,因此听辨结果是在阴平"鲜的"和阳平"咸的"之间摇摆不定。

从例 11"青$_1$ 天$_2$"和例 12"青$_1$ 天$_3$"听测结果的不同可以明显看出 D 值在听辨时所起的作用。两例的"青$_1$"音长和音高完全相同,"天$_2$"和"天$_3$"都是较长的平调,比前面各例中的轻音"的"更便于做 D 值的对比。例 11"青$_1$ 天$_2$"D=20,听成阴平"青天"和阳平"晴天"的比例是 5∶4,各约占一半,只有一人听成上声"请天",例 12"青$_1$ 天$_3$"D=52,比例 11"青$_1$ 天$_2$"大一倍多,结果大多数人听成上声"请天",只有两人听成阳平"晴天",一人听成阴平"青天"。听辨结果如此不同,显然是由于 D 值的差别。

用第二种方式组成的八个双音词听辨结果如下:

	S-A	S-B	鲜鸡	咸鸡	险机
13.	鲜$_1$ 333ms 116—108Hz	鸡$_3$ 316ms 132—148Hz(44)	0	2	8
14.	鲜$_1$ 200ms 116—108Hz	鸡$_2$ 400ms 132—128Hz(24)	0	3	7
15.	鲜$_1$ 183ms 116—108Hz	鸡$_2$ 400ms 132—128Hz(24)	0	6	4
16.	鲜$_1$ 166ms 116—108Hz	鸡$_2$ 400ms 132—128Hz(24)	0	8	2
			支援	职员	纸源
17.	支$_1$ 166ms 148—148Hz	援$_2$ 333ms 112—136Hz(−36)	5	5	0
18.	支$_1$ 150ms 148—148Hz	援 3 300ms 124—144Hz(−24)	2	8	0
			七十	其实	乞食
19.	七$_1$ 116ms 160—152Hz	十$_2$ 216ms 130—160Hz(−22)	4	5	1
20.	七$_1$ 100ms 160—152Hz	十$_3$ 200ms 140—164Hz(−12)	3	7	0

例 13—16 的四个"鲜鸡"是相当典型的例子。从例 13 到例 16，S-A "鲜$_1$"的音长逐步被切短；例 13 的 S-B 是"鸡$_3$"；比例 14—16"鸡$_2$"的基频高出 20 Hz。由于 S-A 音长的变化和 D 值的差别，这四个"鲜鸡"的听辨结果很不相同，但是没有一个人仍旧把这四个词的 S-A 听成原来的阴平声"鲜"。先看例 13"鲜$_1$ 鸡$_3$"，S-A"鲜$_1$"长达 333 ms，在双音词的 S-A 位置上，这是相当长的音节，它的 D 值也有 44 Hz，比例 14—16 的"鲜$_1$ 鸡$_2$"高出约一倍，结果有八人把 S-A 听成接近低平调的上声"险"，只有两人听成阳平"咸"。例 14—16 的 S-A 音长短得多（例 16 只有例 13 音长的一半），D 值也比较小，只有 24 Hz，三者的差别只在 S-A 的音长，从例 14 到例 16，随着 S-A 音长的缩短，把"鲜鸡"听成"咸鸡"的比率逐步提高，这个趋势是相当明显的。

从例 1 到例 16，S-B 都是降调或平调，例 17 到例 20 的"支援"和"七十"的 S-B 则是升调阳平声，起点比前面各例低得多。变换升调 S-B 的音高，同样对听辨 S-A 有影响，听辨结果和前面各例相同，只是对 D 值的计算方法不一样。下面先比较"支$_1$ 援$_1$""支$_1$ 援$_2$""支$_1$ 援$_3$"的音长和音高：

支$_1$ 183 ms　　　　　援$_1$ 333 ms
　148—148 Hz　　　　　104—136 Hz（-44）

支$_1$ 166 ms　　　　　援$_2$ 333 ms
　148—148 Hz　　　　　112—136 Hz（-36）

支$_1$ 150 ms　　　　　援$_3$ 300 ms
　148—148 Hz　　　　　124—144 Hz（-24）

为了考察 S-A 音长的变化对听辨的影响，在"支$_1$"和"援$_2$""援$_3$"组合时，都对"支$_1$"的音长做了适当的切除。"支$_1$"原来就比较短，只有 183 ms，每次只从韵尾部分切除约十分之一的音长：和"援$_2$"组合时切除 17 ms，和"援$_3$"组合时再切除 16 ms。S-B"援"是阳平声，和它前面阴平声 S-A"支"组合时，D 值必然是负数，它的基频越高，D 值的负数就越小。例 17"支$_1$ 援$_2$"的听测结果是"支援"和"职员"各占一半，没有人听成"纸源"。这可能是因为"援$_2$"只比"援$_1$"高 8 Hz，差别较小，因此听辨结果在阴平声和阳平声之间摇摆不定。例18"支₁援₃"则基本上都听成"职员",没有一个人听成"纸源"。把阴平"支₁"听成阳平"职",主要是因为"援₃"基频较高(比"援₁"高出20Hz)。没有人听成上声"纸",可能是因为例18的"支₁"比较短,只有150ms,而"援₃"的基频也还不够高。如果把"支₁"加长,同时提高"援₃"的基频,估计可能会有些人把它听成"纸源"的。

下面比较"七₁十₁""七₁十₂""七₁十₃"的音长和音高:

七₁ 116ms	十₁ 233ms
160—152Hz	116—130Hz(−36)
七₁ 116ms	十₂ 216ms
160—152Hz	130—160Hz(−22)
七₁ 100ms	十₃ 200ms
160—152Hz	140—164Hz(−12)

"七₁"原来只有116ms,已经非常短,只能做一次切除,因此只在和"十₃"组合时把"七₁"的韵尾部分切除16ms,成为100ms。在和"十₂"组合时仍保持原来的音长116ms。"七十"的听测结果和"支援"非常相似,例19"七₁十₂"也是听成阴平"七十"和阳平"其实"各约占一半,只有一人听成上声"乞食"。例20"七₁十₃"也是听成阳平的比率明显升高,但是仍然有三个人听成原来的阴平声"七十"。

对听测结果的讨论

以上几方面的听测结果清楚地表明,同一个言语刺激由于受到话语中其他音节结构的影响,是可以被感知为不同的语言范畴的。本实验的性质和前面提到的P. Ladefoged和D. E. Broadbent所做的实验很相似,只是他们考察的是处在话语最后位置的元音,而我们考察的则是处在话语最前位置的声调。两种实验都证明,听觉在感知一个言语刺激时,是存在着差异性的,这种差异性是由听错觉(auditory illusion)产生的。

在有声调的语言里,听觉在刚刚接受到一个音节的基频刺激时,不可能立刻就确定它的音域并且把它归入已经习得的调类中去,必须和前后音节的音高比较,才能做出判断。如果前面没有其他音节,就只能和它后面的音节比较,才能反转回去判断前面的基频应该属于哪一个调类。本实验中大多数听音人都把例9"掰$_1$的$_2$"听成"摆的",就是这个道理。"掰$_1$"和"的$_2$"之间的D值相当大,达到56Hz,听音人就根据基频较高的"的$_2$"反转回去判断"掰$_1$"是一个低平调,把它归入了上声调类。如果这个音节比较短,在听觉还没有辨别清楚它的基频之前,后面音节的基频刺激已经达到,就有可能扰乱听觉的感知过程,产生听错觉,做出错误的判断。本实验中所有听音人都把例4"掰的$_4$"听成"白的",就是这个道理。例4的"掰"比较短,只有210ms,和"的$_4$"之间的D值也比较大,有25Hz,可能在听音人还没有完全辨清"掰"的基频之前,后面的"的$_4$"的比较高的基频已经到达,扰乱了听音人的感知过程,产生了听错觉,把明明是平调的"掰"误听成了升调"白"。

目前我们对听觉机理的了解还很不够,以上不过是一种推测性的解释。由于本实验的听测材料有限,也还不能根据这些材料计算出音长和音高的听觉差阈(difference limen)。有关这方面的进一步探讨,主要属于实验心理学的研究范围,不可能在本文内讨论。

声调感知的差异性对研究变调现象和声调的历史音变都有很大的参考价值。如果一个声调的基频刺激由于前后语言环境的影响使得听音人产生了听错觉,听音人就很有可能根据听错觉来发音,而听错觉是每一个人都会遇到的,一旦这种发音被社会上部分人所接受,就形成了变调现象,也会由此对声调的历史音变发生影响。自然,绝对不能认为一切变调现象和声调的历史音变都是由此产生的,但至少可能是产生这些现象的原因之一。在这方面,还有大量的工作等待我们去做。

(原载《中国语言学报》第2期,1984年)

京剧韵白声调初析

王力先生生前很喜爱京剧。三十多年前，当他知道我也是一个京剧爱好者以后，曾经几次和我讨论京剧中的语言问题，觉得其中大有文章可做。后来，传统京剧被归入了"四旧"之列，连欣赏的可能性都没有，更谈不上研究它的语言了。十年浩劫以后，王先生早已年逾古稀，在繁忙的学术活动中仍念念不忘京剧语言的研究，1980年秋，邀集了吴宗济、刘曾复、欧阳中石三位先生和我，希望能共同对京剧语言做一番系统的研究工作。我们在王先生的领导下进行过几次讨论，拟定出写作大纲，分担任务，并且准备利用北大中文系的语音实验室做一些必要的语音实验。遗憾的是大家当时都很忙，没有能按时完成任务，只有王先生，仅仅用了不到半年的时间就把所担任的几节初稿写出来交大家传阅。对王先生这种认真勤奋的精神，我们只能感到钦佩和惭愧！现在王先生已经作古，梁木颓坏，这个研究计划也就无法完成了。所幸王先生所写的几节已交吴宗济先生之婿马龙文同志整理，其中两节已在《戏曲艺术》杂志1986年第1、2两期上发表，没有因为我们的延宕而湮没。

虽然我在当时没有能完成王先生分配的任务，但一直是惦念着这项工作的。1983年我在美国柏克利加州大学时，曾利用王士元先生语音实验室的可见音高仪(Visible pitch)做了一些京剧韵白声调的实验，希望能为未来的研究打下基础。回国以后，这份实验材料放在抽屉里一直没有动过。最近为了写纪念王先生的文章，翻出来看看，虽然相当零乱粗糙，但是我想，如果把它整理出来作为纪念王先生的文章发表，也许更有特殊的纪念意义。王先生生前一直希望能用现代语音学的实验方法探讨京剧语音中的一些问题，这个愿望始终未能实现，我就以这篇文章敬献于王先生在天之灵。

一

京剧语言是一种人工的艺术语言,它来源于自然语言,但经过一百多年京剧演员的艺术加工,已经不同于任何一种汉语方言。它有自己独特的语音系统,只在舞台上为少数京剧演员所使用,并不起一般的社会交际作用。京剧演员可以在声韵调系统允许的条件下对某些声母、韵母或声调做一定的艺术加工,以突出某一行当或某一流派的特色。在京剧中有一些音的读法是某一行当所特有的(如净角特别突出鼻音韵尾),甚至只是某一行当中某一流派所特有的(如周信芳的麒派念白中有一些字音的读法是其他老生流派所没有的),只要同行承认,听众欣赏,就可以流传开来,别的行当或别的流派完全可以不必效法。于是京剧的语音系统呈现出一种各派纷陈、百花争艳的局面,这说明京剧这种艺术语言已相当成熟,但也给调查分析工作带来相当大的困难。

这种困难在研究京剧声调时更显得突出。京剧声调分为阴平、阳平、上声、去声四个调类,这是大家都必须遵循的,但是它们的调值却不那么容易确定。京剧是舞台语言,不但要求吐字清楚,而且要求语调有非常清楚的抑扬顿挫。京剧韵白的语调模式和自然语言的差别相当大,其中一个突出的特点就是用改变声调调值的办法来表现不同的语气。例如,旦角常自称"女儿"或"女儿家",在韵白中,这个"女"既可读降调,也可读高平调,还可读升调,不同的调值可以表示不同的语气。不同的流派也常利用调值的这种变化突出自己流派的特色。例如梅兰芳念"女儿"时,往往三种读法交错使用,表现出梅派大方自然的特色;程砚秋念"女儿"时,主要以高平读法为主,表现出程派端庄凝重的特色。调值的这种特殊变化,再加上声调本身的连读变调,就使得京剧韵白声调的调值极富变化,不大容易把握住它的本质特点。

京剧极盛时期的二三十年代,也有一些文章曾经谈到京剧声调问题,但大都缺乏科学描写的方法,立论也往往古今南北杂糅,不得要领。第一篇对京剧韵白的调值做出具体描写的文章可能是我叔岳杜颖陶先生 1932 年所写的《北剧音韵考》①，他说：

> "京音大鼓八角鼓各种调子采用北平的四声，至少昆曲皮黄则不然。其阴平仿佛北平的阳平，阳平却仿佛北平的去声（有时尾音一挑，好像北平的上声），上声却仿佛北平的阴平，去声则绝类北平上声。"

用方言类比对照的办法描写调值，今天看起来自然不免过于粗略，但和以前谈京剧声调的文章比起来，至少给了我们一个比较明确清晰的轮廓。罗常培先生在 1936 年所写的《旧剧中的几个音韵问题》②一文中引用了这段话，并且根据这种描写按五度制标调把京剧韵白四个声调的调值标成：

阴平	阳平	上声	去声
⌐[35]	⌐[51]	⌐[55]	⌐[214]

接着罗先生加上了这样几句话：

> "不过，这种对照还得经过精密的审核，我们才能接受，所以在这里只能存而不论，留待以后研究。"

罗先生京剧造诣很深，又是我国现代语言学奠基人之一，为京剧声调审音定值，按说应该是轻而易举的事，但在这里却采取了"存而不论，留待以后研究"的态度，这一方面说明罗先生治学谨严，不草率下结论，另一方面也可以看出罗先生已经看到了京剧调值的复杂性，必须经过"精密的审核"，才能得出比较可靠的结论，因此宁可存而不论。

近几年来，京剧韵白的声调问题又引起了人们的注意。杨振淇《试论京剧韵白字音的四声》③一文对京剧四声调值和连读变调规律都做了比较详细的分析，同时还介绍了近些年其他一些人的研究成果，其中包括姜可瑜《关于京剧语音改革的几个理论问题》一文和徐慕云、黄家

---

① 《剧学月刊》创刊号，1932 年，第 51—62 页。
② 《东方杂志》第 33 卷第 1 期，1936 年，第 393—410 页。1963 年收入《罗常培语言学论文选集》时，"旧剧"改为"京剧"。
③ 《中国语文》1983 年 1 期，第 71—76 页。

衡《京剧字韵》一书对京剧韵白四声所定的音值①，列举如下：

	阴平	阳平	上声	去声
杨振淇	˥[55]	˧˩[31]	˦˥[45]	˨˩[21]
姜可瑜	˦[44]	˦˨[42]	˨˦[24]	˨˩˨[212]
徐慕云	˥[55]	˧˩[31]	˦˨[42]	˧˥[35]

俞振飞在《振飞曲谱》②所附《习曲要解》中也用五度制标调法对比普通话和昆曲念白。昆曲念白和京剧大同小异，尤其是北曲念白更是相似。俞氏认为"昆曲念上声和去声的调值，正好和普通话相反，即上声字的声调符号应为'ˋ'，去声字的声调符号应为'ˇ'，无论南曲、北曲，都是如此"。俞氏并没有指出阴平和阳平有什么分别，大约至少是认为基本相同，这样，他所定的调值就应该是：

阴平	阳平	上声	去声
˥[55]	˧˥[35]	˥˩[51]	˨˩˦[214]

各家分歧非常之大，除阴平调值基本相同外，其他三声甚至出现同一调类升调降调完全相反的矛盾情况。这可能有两方面的原因：一是有些相互矛盾的读法在京剧韵白中实际都存在，只是出现在不同的语调或不同的连读变调条件中，各家审音都只考虑到其中的一种读法；另一个原因是审音出现了失误。如果采用调查一般方言常用的对比例字的方法先确定调查例字，就可以大大减少语调或连读变调的影响；用音高仪测定例字的音高，就可以避免审音上的失误。本文就是想在前人研究的基础上在这方面做一些初步尝试。

二

本文选用了一些京剧中常用的双音词作为实验材料，让四个声调

---

① 姜文载《山东大学文科论文集刊》1979年1期，《京剧字韵》上海文艺出版社1980年出版第三版。均未见到，材料转引自杨振淇文章。
② 上海文艺出版社1982年版。

在前后两个音节都出现，从中考查在双音节词中调值变化的情况。为了便于对比调值，各声调处于前一音节时选用同一个字，这样可以避免声韵母的变化对声调升降曲线的影响，共选用了以下16个双音词①：

家书	家财	家法	家眷
人家	人情	人品	人氏
小心	小侄	小姐	小弟
大街	大才	大宝	大圣

横行自上至下前一音节按四声顺序排列，各声调都选用了同一个字，即"家、人、小、大"。直行自左至右后一音节按四声排列，即"书、财、法、眷"等等。16个词中阴、阳、上、去四声在前后音节各出现四次，共计八次，对了解调值的基本情况已经够用。

发音用一般老生的念白，不带任何语气，尽量避免流派的影响，但有几个词仍可以有两种不同读法，只好同时保留，供进一步分析研究时参考。老生念白在各行当中最具有代表性，而且频率较低，易于量测观察。请京剧老生演员做发音人自然比较理想，但当时是在国外做的实验，无此条件。我虽非京剧演员，也并不是特别擅长老生念白，但爱好京剧已几十年，相信读以上这些词还不至于有不合京剧规范的地方。此外，在读的时候还可以有意识地尽量摆脱语调和流派的影响，就这一点来说，可能比京剧演员更容易符合实验要求一些。

实验时面对话筒逐个读这16个双音词，在音高仪的荧光屏上显示出基频的升降曲线，把确定频率的光点移动到曲线的开头、末尾和转折的地方，数字显示器上显示出频率的数值，然后用透明纸铺在荧光屏上，把升降曲线用笔拓下来，标上频率，如以下两图：

---

① 这16个双音词在京剧中都比较常见，不熟悉京剧的人可能对其中的几个比较生疏，略作解释如下："人家"指住户，如"大户人家"；"人氏"指籍贯，如"庐江舒城人氏"；"大宝"指帝位，如"新登大宝"；"大圣"指齐天大圣孙悟空。

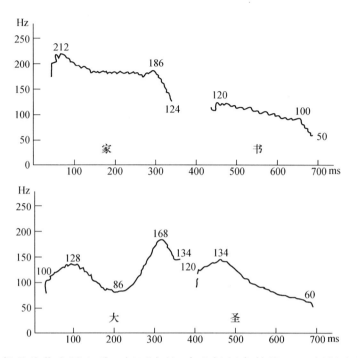

各图都是从荧光屏上手工拓下来的,直坐标频率赫兹(Hz)标尺和横坐标时长毫秒(ms)标尺是后加上去的,因此图中的频率位置不可能十分准确,但用来说明各音节调值的基本情况,也已经够用了。由于声带开始颤动时有一段由松到紧的过程,收尾时又有一段由紧到松的过程,因此升降曲线的开头往往有一小段上升,收尾往往有一小段下降,在确定音节的调型时,这种升降都不计算在内。下面列出这16个双音词的调型频率示意图,原图中因声带颤动升降曲线呈浪纹形,示意图中简化成直线。一个音节可能有两种读法时,放在同一图内,另加一虚线条。

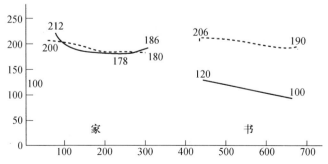

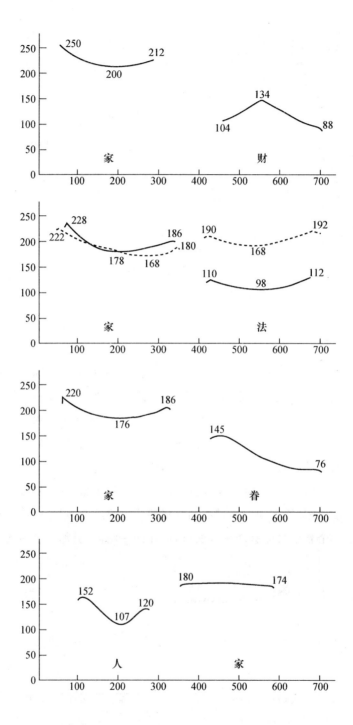

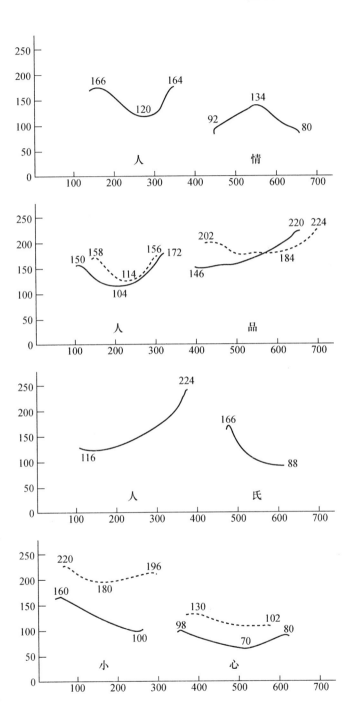

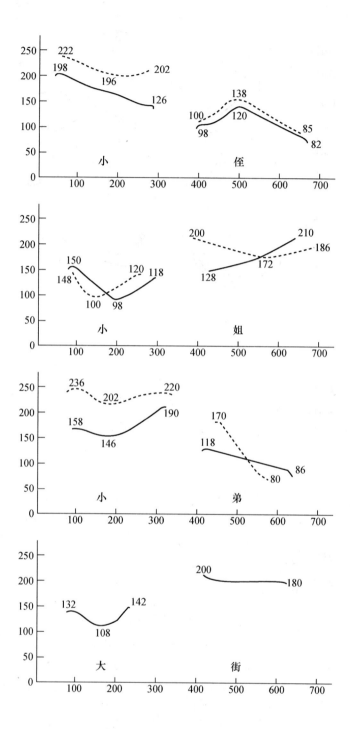

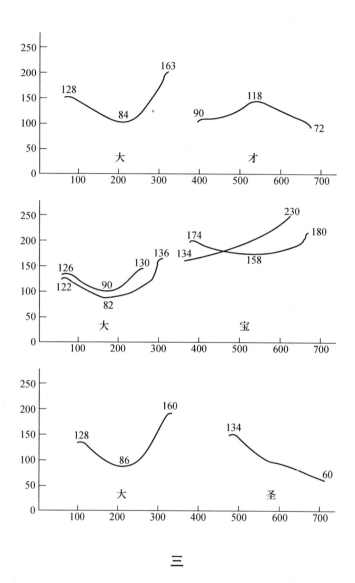

三

根据上面所列16个双音词的频率示意图,京剧韵白四声调值可以做如下描述:

1. 阴平

阴平处在前音节时,四例调型基本相同,其中有三例终点都是186赫,是偶然的巧合,但也能说明阴平处在前音节时调值变动很小。阴平频率较高,在 200 赫左右,略呈弧形下降,但弧度很小,最低点和终点相差一般只在 10 赫左右。可以认为是平直略降的高调型。

阴平处在后音节时仍是平直略降的调型,除在上声后(小心)仍略呈弧形外,其余三例都是平直的。阴平在阴平和上声之后(家书、小心)频率下降很多,约降 100 赫。在阳平和去声之后(人家、大街)频率变化不大。在阴平之后(家书)另有一种读法和在阳平、去声之后相同,频率并不下降。

2. 阳平

阳平在阴平、阳平、上声之前时(人家、人情、人品)是降升调,频率较低,大致在 100—160 赫之间,升降幅度约 50 赫。在去声之前(人氏)读成升调,频率较高,终点超过 220 赫,幅度也较大,在 100 赫以上。

阳平在后音节时是升降调,频率更低一些,大致在 90—130 赫之间,升降幅度也小一些,大都在 30 赫左右。

3. 上声

上声情况比较复杂。处在阴平和阳平之前(小心、小侄)的上声有两种读法:一是降调,在 200 和 100 赫之间,下降幅度较大,在 60 赫以上;另一种读法调型基本平直而略降,频率较高,和阴平调型相同。上声在上声之前(小姐)读成降升调,频率较低,降升幅度约 50 赫;在去声之前(小弟)读升调,频率较高,幅度约 50 赫,也可以读成高平调,和在阴平、阳平之前的第二种读法相同。

上声在阴平之后(家法)读成频率较低的平调,在 100 赫左右,和低调型的阴平调极相似;在阳平、上声、去声之后(人品、小姐、大宝)读成升调,频率较高,终点都超过 200 赫,和阳平在去声之前(人氏)的调型极相似。

处在后音节的上声还都可以读成略呈降升弧形的平调,频率较高,和阴平调型极相似。

4. 去声

去声在前音节时四例调型基本相同,都是降升调,频率较低;在阳平和去声之前(大才、大圣)幅度较大,约有 80 赫,在阴平和上声之前(大街、大宝)幅度较小,只有 40 赫左右。

去声在后音节时四例调型也基本相同,都是频率较低的降调,起点大都在 150 赫左右。

为了便于说明比较,把图中的频率折算成五度制标写自然最理想。但由于实验材料少,数据有限,不可能做出精确的折算,只能根据频率高低升降的趋势结合听觉改写成五度制,细微的分别不可能表现出来。用五度制标写的四声调值变化大致如下表:

```
              前音节                           后音节
        阴     阳     上     去         阴     阳     上     去
阴平: [55]   [55]   [55]   [55]       [22]   [55]   [22]   [55]
                                       [55]
     (家书)(家财)(家法)(家眷)
                                     (家书)(人家)(小心)(大街)
阳平: [313]  [313]  [313]  [35]       [121]  [121]  [121]  [121]
     (人家)(人情)(人品)(人氏)        (家财)(人情)(小侄)(大才)
上声: [42]   [42]   [313]  [35]       [22]   [35]   [35]   [35]
     [55]   [55]          [55]       [55]   [55]   [55]   [55]
     (小心)(小侄)(小姐)(小弟)        (家法)(人品)(小姐)(大宝)
去声: [212]  [313]  [212]  [313]      [31]   [31]   [31]   [31]
     (大街)(大才)(大宝)(大圣)         (家眷)(人氏)(小弟)(大圣)
```

从上表可以清楚地看出:阴平和上声调值都较高,绝大部分上声都可以和阴平读成同音;阳平和去声调值都较低,处在前音节时,除阳平在去声之前(人氏)外,也都可以读成同音。杨振淇把阴平、上声归入高调,阳平、去声归入低调,大体分为两类,是很有道理的。京剧的四声在一定的条件下确实是可以合并为两声的,例如以下几对词在京剧中就可以读成同音:

  乌云——伍员(yún)　　　　文官——问官
  三生(有幸)——三省(六县)　大贤——大限

"乌"和"伍"、"生"和"省"都是阴平和上声相混,读高调;"文"和"问"、"贤"和"限"都是阳平和去声相混,读低调。高调中阴平和上声的区别只有在上声之前才绝对不会相混,这时上声已转入低调类,又跟阳平和去声可以读同音了。试比较:

　　　　五子——无子　　买马——卖马

"五"和"无"在这里可以读同音，是上声和阳平相混；"买"和"卖"在这里可以读同音，是上声和去声相混，相混的条件是后面紧跟着上声音节。

　　在低调类中，阳平和去声处在后音节时有分别，处在前音节时基本同音，但去声处在高调类之前时要读得略低一些，阳平处在去声之前时则转入了高调类，和上声可以读成同音，试比较：

　　　　刘氏——柳氏　　食用——使用

"刘"和"柳"、"食"和"使"都是阳平和上声相混，条件是必须处在去声之前。

　　根据以上的分析比较，可以初步得出这样的结论：

　1. 京剧四声分为高调和低调两大类，基本调值如下：

　　　高调：阴平⌐[55]　　上声⌐[35]
　　　低调：阳平∨[121]　　去声＼[31]

　2. 京剧四声变调基本规律如下：

　　　阴平　[55]→[22]/(阴)、上＿　　　（家书），小心
　　　阳平　[121]→[313]/阴、阳、上　　人家，人情，人品
　　　　　　　　→[35]/去　　　　　　　人氏
　　　上声　[35]→[42](→[55])/阴、阳　　小心，小侄，（小弟）
　　　　　　　　→[313]/上　　　　　　　小姐
　　　　　　　　→[55](→[22])/阴　　　　家法
　　　　　　　　→([55]/阴、上、去)　　（人品，小姐，大宝）
　　　去声　[31]→[212]/阴、上　　　　　大街，大宝
　　　　　　　　→[313]/阳、去　　　　　大才，大圣

调值外加圆括号的表示变不变两可。在 16 个双音词中，只有阴平＋阳平（家财）和阴平＋去声（家眷）没有变调。前后音节必须都变得只有上声＋阴平（小心），这里就有一个变调顺序问题，可以有两种解释方法：

$$[35]+[55] \longrightarrow \begin{bmatrix} [35]+[22] \\ [42]+[55] \end{bmatrix} \longrightarrow [42]+[55]+[22]$$

第一种解释先变后音节,第一步骤"[55]→[22]/上__",符合阴平变调规律,在京剧念白中也偶可出现第一步骤的读法。第二种解释先变前音节,第一步骤"[35]→[42]/__阴",符合上声变调第一条规律,但在京剧中不存在这种读法。两两相较,宁可采取第一种解释。这样还有一个好处,可以使上声变调第一条规律只限于低调之前,因为到第二步骤"[35]→[42]/__阴"时,阴平已从[55]变[22],属于低调类了。

从以上的变调规律看,高低调的分别起了很重要的作用。我们可以把以上的变调规律做进一步的归纳:

1. 阴平[55]在高调后读[22];

2. 阳平[121]处前音节时读[313],但在去声之前读[35];

3. 上声[35]在低调前读[42]或[55],但在另一上声之前读[313],同阳平;上声处后音节时可读[55],同阴平。

4. 去声[31]在高调前读[212],在低调前读[313],同阳平。

以上对京剧四声基本调值以及变调基本规律的描写和杨振淇的研究结果比较接近,但杨文讨论变调规律时没有能摆脱语调对调值变化的影响,本文把研究范围只限于16个双音词,可能比较客观一些,但材料太少,也还不能反映出京剧变调规律的全貌。如果以此为基础,进一步探索京剧声调的复杂变化,或者可以比较容易理出一个头绪来。

(原载《王力先生纪念论文集》,商务印书馆,1990年)

陆德明的《经典释文》

隋文帝仁寿元年（公元601年），陆法言在北方完成了《切韵》的编写工作。就在《切韵》成书之前十几年，陆德明在南方也完成了他的《经典释文》的编辑工作。这两部对后世语言学研究有很大影响的作品，一南一北，几乎同时出现，这在中国语言学的历史上是很少见的。

陆德明，名元朗，苏州人。生于梁末陈初（公元550年左右），卒于唐贞观初年（公元630年左右）。[①] 在他的青年时代，就以博通诸经著名。《旧唐书·陆德明传》里说："陈太建中，太子征四方名儒，讲于承光殿，德明年始弱冠，往参焉。国子祭酒徐克开讲，恃贵纵辩，众莫敢当。德明使与抗对，合朝赏叹。"隋代和唐初，陆德明都被征为学士，与孔颖达齐名。唐太宗李世民做太子的时候，选拔出当时最著名的学者十八人，称为"十八学士"，命大画家阎立本画成著名的"十八学士图"，成为千古名作。陆德明就被选在这十八学士之内，可见他在当时学术界的地位是很高的。

《经典释文》是陆德明一生最重要的著作，共分三十卷，内容是注释当时重要经典的经文和通行注文的音义。第一卷《序录》包括"序""条

[①] 《旧唐书·陆德明传》和《新唐书·陆德明传》都没有载明陆德明生卒年月。清钱大昕《疑年录》只注明陆氏卒于唐贞观初，未注他的生年；下并有按语："史不载其年寿，然常从学于周弘正，弘正卒于陈太建六年甲午，假使弱冠受学，距贞观元年丁亥已五十四年矣。其寿当亦近八十也。"姜亮夫《历代人物年里碑传综表》中肯定陆氏生于梁太平元年（公元556年），卒于唐贞观元年（公元627年），未知何所本，不敢盲从。按：《旧唐书》和《新唐书》都说他在陈太建中"年始弱冠"，陈太建十四年，在公元569—582，那时陆德明约20岁，则他的生年当在公元549—562之间。《旧唐书·陆德明传》："贞观初，拜国子博士，封吴县男，寻卒。"《册府元龟》第九十七卷："贞观十六年，四月甲辰，太宗阅陆德明《经典释文》……叹曰：'德明虽亡，此书足可传习。'"可见陆德明卒于贞观元年之后，十六年之前，即公元627—643之间。

例""次第""注解传述人"四部分:"序"说明编著的因由,"条例"说明编著的方法,"次第"解释安排各种经典先后次序的理由,"注解传述人"介绍各种经典传述的源流;后两部分是研究经学源流很重要的材料。从第二卷到第三十卷分别注释《周易》、《古文尚书》、《毛诗》、《周礼》、《仪礼》、《礼记》、《春秋左传》、《春秋公羊传》、《春秋穀梁传》、《孝经》、《论语》、《老子》、《庄子》、《尔雅》等十四部著作经文和注文的音义。[①] 书中只录出被注的经文或注文,或一字,或两三字,全句录出的时候比较少,前后不连贯,读起来比较费力气。在一定程度上,我们也可以把这部书看成是按经注原文顺序安排的古代读经字典。

陆德明编著《经典释文》,是以注音为主,兼及释义和校勘的。这部书为汉语语音史保留下一大批宝贵材料,只可惜到现在我们还没有系统地加以整理,也还没有充分地加以利用。陆德明在《经典释文·序》里一开头就说:

> 夫书音之作,作者多矣。前儒撰著,光乎篇籍。其来既久,诚无间然。……汉魏迄今,遗文可见,或专出己意,或祖述旧音。各师成心,制作如面;加以楚夏声异,南北语殊,是非信其所闻,轻重因其所习,后学钻仰,罕逢指要。

中间又谈到了他编书的经过:

> 粤以癸卯之岁,承乏上庠,循省旧音,苦其太简;况微言久绝,大义愈乖,攻乎异端,竞生穿凿,……遂因暇景,救其不逮,研精六籍,采摭九流,搜访异同,校之苍雅,辄撰集五典、孝经、论语及老、庄、尔雅音,合为三袟三十卷,号曰《经典释文》。

[①] 陆德明在《经典释文》中收《老子》、《庄子》而不收《孟子》,曾引起清儒的辩论。《四库提要》说:"其列老庄于经典,而不取孟子,颇不可解。盖北宋以前,孟子不列于经,而老庄则自西晋以来,为士大夫所推尚,德明生于陈季,犹沿六代之余波也。"这说法是可信的。《旧唐书·陆德明传》说他"初受学于周宏正,善言玄理"。则陆德明把《老子》(道德经)、《庄子》(南华真经)收入《经典释文》,本是很自然的事。有些清儒从自己所持的经学见解出发来看待一千多年前的陆德明,自然会感到莫名其妙。

陆德明所处的时代,正是"音韵锋出,各有土风,递相非笑"①的时代。当时经师注音,或用古音,或用自己方音,非常混乱,这在陆氏的序里已说得很明白。陆氏在整理这些音注时,基本上采用了兼容并蓄的方法。他在"条例"里说:

> 文字音训,今古不同。前儒作音,多不依注,注者自读,亦未兼通。今之所撰,微加斟酌。若典籍常用,会理合时,便即遵承,标之于首。其音堪互用,义可并行,或字有多音,众家别读,苟有所取,靡不毕书,各题氏姓,以相甄识。义乖于经,亦不悉记。其"或音""一音"者,盖出于浅近,示传闻见。

陆氏在每字之下"标之于首"的音切都有所本,而不是他自己的创造,这是毫无疑问的。不但在"条例"中已有所说明,从各字下的音切中也可以看出来。首先,他所用的注音方法不统一,有时用反切,有时用直音。这类例子举不胜举,例如卷二《周易音义》页一上:②

易:盈蔓反　　传:直恋反

但是:

偏:音篇　　无:音無

如果他在音注方面有所创造,或做了比较大的加工,体例就不会如此不一致。其次,一字之下分列几个反切时,有时这几个反切明明是同音,只是用字不同,陆氏也把它们都收了进去。例如卷五《毛诗音义》页二上:

兴:虚应反,沈许甑反。

"沈"是沈重的音注。"虚、许"同属"晓"母,"应、甑"都在《广韵》"证"韵。卷二十四《论语音义》页三下:

盼:普苋反,又匹苋反

"普、匹"同属"滂"母。在《经典释文》中同音而收入不同反切的例子很

---

① 见颜之推:《颜氏家训·音辞篇》。
② 本文引《经典释文》注明卷页时用通志堂本,下文不一一注出。

不少,这更可以证明陆德明是"述而不作"的。

《经典释文》所收的音注是兼容并包的,但是在编排时,哪一个应该"标之于首",哪一个应该算做"众家别读"而又"苟有所取",陆氏自己还是有一个"微加斟酌"的标准的。"条例"里提出的标准是"典籍常用,会理合时",但是"会理合时"指的又是什么?只有弄清楚这个标准问题,才能真正了解他所收的反切的性质。根据一些材料,我们可以这样肯定:在"古今"音注之中,先今而后古;在"南北"音注之中,取南而舍北。

古今问题比较清楚,陆氏在"条例"中已说得明白:

> 然古人音书,止为譬况之说。孙炎始为反语,魏朝以降渐繁。世变人移,音讹字替。如徐仙民反"易"为"神石",郭景纯反"饯"为"羽盐",刘昌宗用"承"音"乘",许叔重读"皿"为"猛"。若斯之俦,今亦存之音内,既不敢遗旧,且欲俟之来哲。

可见陆氏只是因为"不敢遗旧"才把这些古音保留下来的,并不是认为应该按古音来读。在安排音切次序时,显然也把这些古音放在后面,而不"标之于首"。例如卷十八《左传音义》页二十五上里正收了"许叔重读'皿'为'猛'"的音,陆氏就没有把它"标之于首":

> 皿:命景反,说文读若猛,字林音猛。

南北问题比较复杂,从《经典释文》本身看不出个头绪来,只好把话先扯得远一些,从《经典释文》成书的年代谈起。

《经典释文·序》里说:"粤以癸卯之岁,承乏上庠,循省旧音,苦其太简;……遂因暇景,救其不逮,……"可见《经典释文》开始著作于癸卯年。癸卯又是指哪一年呢?由陈至唐初,共有两个癸卯:一是陈至德元年(公元583年),一是唐贞观十七年(公元643年)。贞观十六年时,陆德明已不在人世(参看上文212页注①),则癸卯必是陈至德元年。①

---

① 清代有些学者误以为癸卯是唐贞观十七年,如桂馥说:"叙所称实贞观之癸卯也"(见桂馥《札樸》第七卷"陆德明"条,商务印书馆,1958年,253页),显然他们没有看到《册府元龟》的材料。另外还有一些材料可以证明贞观癸卯是错误的,可参看吴承仕:《经典释文序录疏证》1—3页。

钱大昕的《又跋经典释文》在这方面更举出另外一些有力的证据:

> 若癸卯岁则贞观十七年也,恐元朗已先卒,即或尚存,亦年近九十,不复能著书矣。……窃意癸卯,乃是陈后主至德元年,元朗尝受业于周宏正,宏正卒于太建中,则至德癸卯,元朗年已非少。……细检此书,所述近代儒家,惟及梁陈而止,若周隋人撰音疏,绝不一及,又可证其撰述,必在陈时也。①

弄清楚这一点非常重要,因为陆德明在入隋以前始终住在南方,而当时经学又明显地分为南学、北学两派,各有师承。清皮锡瑞《经学历史》里说:

> 《经典释文》,亦是南学。其书创始于陈后主元年,成书在未入隋以前。……中引北音,止一再见。《序录》于王晓《周礼音》注云:"江南无此书,不详何人。"于《论语》云:"北学有杜弼注,世颇行之。"北方大儒,如徐遵明,未尝一引。陆本南人,未通北学,固无怪也。②

钱大昕在《十驾斋养新录》第二十卷"陆德明"条下也说:

> 又此书所录注解传述人,多是南士。沈重晚虽仕周,其书久行江左。此外北方学者,绝不齿及。可证元朗著此书,在陈而不在隋唐也。③

到隋代,经学的南北两派已逐渐合一。如果陆德明在入隋北上之后仍没有完成《经典释文》的编写工作,他就不可能一点不考虑北方学者的研究成果。因此,我们可以肯定,《经典释文》开始编纂于陈至德元年(公元583年),完成于隋灭陈(公元589年)之前。在《经典释文》成书

---

① 钱大昕《潜研堂文集》第二十七卷。
② 皮锡瑞:《经学历史》,中华书局,1959年,207页。按:皮说实本自清许宗彦《记南北学》一文(载《鑑止水斋集》)。皮、许两氏引《序录》中"北学有杜弼注。世颇行之"一句应在"老子"条下,两书均误作"论语"。
③ 钱大昕:《十驾斋养新录》,商务印书馆1957年版,第466页。

之前,陆德明既没有到北方去过,也很少接触北方学者的著作。他所收的音切,基本上是南人的音切,而当时经师注音,又正是"楚夏异声,南北语殊,是非信其所闻,轻重因其所习"。因此,我们又可以肯定,《经典释文》所收的"标之于首"的音注基本上可以反映出当时的南音系统。当时在政治上和学术上都是南北畛域分明,这也使得始终住在南方的陆德明在考虑音注时不能不以南音为主。

《经典释文·条例》里又说:"方言差别,固自不同,河北江南,最为钜异;或失在浮清,或滞于沉浊。今之去取,冀祛兹弊。"可见陆德明在去取音注时,对"浮清"的南音和"沉浊"的北音同样地不满意。那末他根据的又是什么样的南音呢?估计可能就是当时受到北音很大影响的所谓"金陵音",而不是他自己嘴里的苏州话。当时的金陵音在南方士大夫阶层中的影响很大,陆德明编《经典释文》时又正住在陈都建康(即金陵)"承乏上庠"。说他以金陵音为标准来决定去取,应该是没有什么问题的。

金陵音在东晋时无疑受了北音很大的影响,但它究竟仍然是南音的代表。全面研究《经典释文》的音切,应该可以大致看出当时金陵音的轮廓;用它来同《切韵》音系对比,对了解《切韵》的性质也必然有很大帮助。

《经典释文》第一卷最后附刻全书共注释经文 9992 字,注文 6129 字;合计 16121 字。绝大部分注释都有音切,估计《经典释文》所收音切总在一万条以上。拿《经典释文》的反切同《广韵》的反切对比,不外三种情况:

(1) 音同,反切用字也相同。如:

  《释文》:亢,苦浪反(卷二,页一下)
  《广韵》:亢,苦浪切(去声"宕"韵)①

(2) 音同,反切用字不同。如:

---

① 以下所举各例中《广韵》的反切,和故宫影印《唐写本王仁昫刊谬补缺切韵》以及各种《切韵》残卷的反切都相同。

>《释文》：易，盈隻反（卷二，页一上）
>
>《广韵》：易，羊益切（入声"昔"韵）

"盈、羊"同属"喻"四等"以"母，"隻、益"同在《广韵》"昔"韵。

（3）音不同（反切用字自然也不同）。声母不同的如：

>《释文》：讼，才用反（卷二，页四上）
>
>《广韵》：讼，似用切（去声"用"韵）①

"才"属"从"母，"似"属"邪"母。韵母不同的如：

>《释文》：炳，兵领反（卷二，页十九上）
>
>《广韵》：炳，兵永切（上声"梗"韵）

"领"在《广韵》上声"静"韵，"永"在《广韵》上声"梗"韵。声调不同的如：

>《释文》：冥，莫定反（卷三，页三上）
>
>《广韵》：冥，莫经切（平声"青"韵）

"定"在《广韵》去声"径"韵，"经"在平声"青"韵。

粗略看去，似乎属于第二类的最多。属于第三类"音不同"的可能比第二类少，但最值得注意。实际情况如何，还有待于进一步分析比较。

陆德明只是以金陵音作为去取编排各家音注的标准，他所做的工作大约只是比较各家音注，看哪一个最接近当时的金陵音，就把它"标之于首"。他注音的目的在于读经，而不是为了反映当时的实际语音情况；因此我们很难期望能从这一万多条音注中，归纳出一个比较详细的金陵音系统来，最多也只能求得一个金陵音的大致轮廓。何况《经典释文》所收音切的可靠性，也有值得怀疑的地方，例如陆氏特别强调一字异读现象，《条例》中特别指出：

>夫质有精麤谓之好恶并如字，心有爱憎称为好恶上呼报反下

---

① 《广韵》平声"锺"韵下也收"讼"字，"祥容切"，下有又音"徐用切"。"祥、徐"和"似"都属"邪"母。

> 乌路反；当体即云名誉音预，论情则曰毁誉音余……此等或近代始分，或古已为别，相仍积习，有自来矣。余承师说，皆辩析之。

用四声来区别词义，本是汉语里客观存在的事实，汉魏学者发现了这个特点，但到六朝人注解经书时，就不免过分强调，变成了脱离实际语音强生分别，而《经典释文》正是集这种强生分别的大成，收进了许多这种反切。清儒对这点批评得很厉害。例如钱大昕说：

> 长、深、高、广，俱有去音。陆德明云："凡度长短曰长，直亮反；度浅深曰深，尸鸩反；度广狭曰广，光旷反；度高下曰高，古到反。相承用此音，或皆依字读。"又《周礼》"前期"之"前"，徐音"昨见反"，是"前"亦有去声也。此类皆出于六朝经师，强生分别，不合于古音。①

问题倒不在于"不合于古音"，而在于事实上根本就没有过这种读音。陆氏大量收入这种反切，但是说明"或皆依字读"，在反切之下也多半都注上"或如字"，态度还是比较谨慎的。

除了音注之外，陆德明在《经典释文》里还做了许多释义和校勘工作。他收集了大量的古人注解，比较了当时各种本子的异同，一一注出，为我们保存了一大批已经散失的古代材料。在释义方面，例如《庄子·养生主》"庖丁为文惠君解牛"一句里的"庖丁"，有人认为应该解做"厨工"，有人则认为"丁"是厨工的名字，后一种解释就来源于《经典释文》：

> 庖丁：庖人；丁，其名也。（卷二十六，页十一上）

《经典释文》的校勘工作分两种：一是全句的校勘，例如《论语·颜渊》："公曰：'善哉！信如君不君，臣不臣，父不父，子不子，虽有粟，吾得而食诸'"中的最后一句，《经典释文》正文作："吾焉得而食诸"，下面的注释是：

---

① 钱大昕：《十驾斋养新录》，第75页。

> 本亦作"焉得而食诸"。焉,於虔反。本今作"吾得而食诸"。(卷二十四,页十四上)

三种本子所表达的语气是很不相同的。就句子的结构来看,现在通行的"吾得而食诸"似乎不如《经典释文》所保存的另两种来得完整。

另一种是单字的校勘。在这方面陆氏为我们保存了一大批古代经籍的异文,估计约有8000条左右。其中一半以上的异文是同声旁的,一望而知是古代的假借字。例如:

> 谬:本或作"缪"(卷二,页一下)
> 挥:本亦作"辉"(卷二,页二上)
> 媾:本作"冓"……本或作"構"者非(卷二,页三上)
> 幾:郑作"機"(卷二,页三上)

其余的异文主要分为以下几类:

(1) 错字。例如:

> 能全:一本"能令"(卷二,页一下)
> 分:本又作"介"(卷二十八,页二十四上)

(2) 异体字。例如:

> 俅:本又作"俅"(卷三,页十二上)
> 嫂:本今作"嫂"(卷二十九,页十七下)

(3) 近义字。例如:

> 寇:郑、王肃本作"戎"(卷二,页四上)
> 子曰:一本作"子言"(卷二十四,页十六下)

(4) 同音字。例如:

> 率:本亦作"帅"(卷六,页十一上)
> 含:本又作"函"(卷十一,页三十一上)

(5) 音近字。这一类最值得我们注意,其中包括了一大批《广韵》不同音但上古音相近的字,是研究上古音很重要的参考材料。例如:

> 特：韩诗作"直"（卷五，页十五下）
> 罢：本或作"疲"（卷五，页六上）

《特》在《广韵》"德"韵，"直"在"职"韵；上古同属"之"部。"罢"在《广韵》"蟹"韵，"疲"在"支"韵；上古同属"歌"部。比较复杂的如：

> 番：应劭作"皮"（卷十七，页十九下）
> 鞎：或作"幹"（卷九，页二十三下）

"番"和"皮"阴阳对转，"鞎"和"幹"开合不同。在这类中还包括一批声母不同或韵尾不同的异文，对研究上古音更有帮助。例如：

> 饘：本又作"飦"（卷十一，页十二下）
> 任叔：左氏作"仍叔"（卷二十六，页六上）

"饘"从"亶"声，"飦"从"干"声，舌齿音通喉牙音。"任"上古属"侵"部，"仍"上古属"蒸"部，"侵"-m 和"蒸"-ŋ 通转。钱大昕在论证"古无轻唇音"和"舌音类隔之说不可信"时，就大量地利用了《经典释文》中这类异文。①

陆氏在校勘时，基本上也采取了"述而不作"的态度，他在"条例"中说：

> 余既撰音，须定纰缪。若两本俱用，二理兼通，今并出之，以明同异；其泾渭相乱，朱紫可分，亦悉书之，随加刊正。复有他经别本，词反义乖，而又存之者，示博异闻耳。

"随加刊正"的例子如：

> 慎：本或作"顺"，非。（卷二，页二下）

事实上这种例子比较少，反而是"示博异闻"的比较多。有些异文的错误非常明显，可是陆氏并未加以刊正，上举"错字"一类正是如此；比较复杂的如：

> 授坐：本又作"俛仰"（卷十一，页三下）

---

① 参看钱大昕：《十驾斋养新录》，第101—117页。

《礼记·曲礼上》："授立不跪，授坐不立。"郑注："为烦尊者，俛仰受之。""授坐"和"俛仰"并不是真正的异文，而是经文和注文杂乱所致。陆氏不慎，竟把它当做异文，也没有加以刊正。这种例子在《经典释文》中也并不是个别的，在利用《经典释文》的异文时必须特别注意。

目前通行的《经典释文》共有两种版本，一是清徐乾学刻的通志堂本，一是清卢文弨刻的抱经堂本，两本互有优劣。由于历代的改窜和翻刻，这两种本子都已远不是陆氏编书时的本来面目了。其中变动最大的是宋人窜改过的《尚书音义》和《孝经音义》，例如《尚书音义》页五下：

  谗：切韵士咸反

  殄：切韵徒典反

《切韵》成书晚于《经典释文》，这两条显然是后人加进去的。

近代在敦煌发现了好几种唐写本《经典释文》残卷，和今天通行本差别很大。解放后，北京图书馆收得宋本《经典释文》（其中有许多页是元人补刻的），比较接近于今天的通行本。如果有人能对《经典释文》做一番校勘工作，使它能够比较接近于陆氏编书时的本来面目，在我们研究汉语史的时候，就更可以充分利用这批宝贵的材料了。

（原载《中国语文》3 月号，1962 年）

"入派三声"补释

周德清《中原音韵》提出的"入派三声"现象揭示出汉语从中古到现代的一条重要语音规律。在现代广大的官话区域内,绝大多数方言都是遵循这条规律的。对这条规律的产生背景和发展情况前人已经有过不少论述,但有些问题始终没有得出一致的结论,甚至看法完全相反。本文只集中讨论其中的两个问题:一是《中原音韵》"入派三声"的性质,一是现代北京话"入派三声"的规律。前者是"考古",后者是"释今",主要根据旧日札记补充修改而成,作为前人研究"入派三声"问题的补释。

一、《中原音韵》"入派三声"的性质

《中原音韵》把入声分别派入三声,按说这已经足以证明当时入声已经消失。30年代,赵荫棠在《中原音韵研究》(1936)一书中还引了陶宗仪《辍耕录》里的两句话作为旁证[①],我们无妨多引几句,可以更清楚地了解这条旁证的背景。《辍耕录》第四卷"广寒秋"条引虞集咏蜀汉事所写的散曲,两字一韵,其中有不少入声和平、去相押,于是陶氏说:

> "盖两字一韵比之一句两韵尤难。先生之学问该博,虽一时娱戏,亦过人远矣。……今中州之韵入声似平声,又可作去声,所以'蜀、术'等字皆与鱼、虞相近。"

陶宗仪只比周德清约晚三四十年,虞集又是曾为《中原音韵》作序的名流学者,这条材料可以说是相当有力的旁证。60年代,廖珣英对关汉

---

① 赵荫棠《中原音韵研究》商务印书馆重印本1956年版,第13—14页。

卿和诸宫调的用韵做了统计分析，发现入声叶入三声的现象已很普遍①，这可以算是当时入声已消失的又一个旁证。

首先提出《中原音韵》仍保存入声的是陆志韦先生。陆先生在《释中原音韵》(1946)一文中根据周德清对"入派三声"的安排和解释提出三条证据证明当时入声仍然存在②，从此对这个问题形成了完全对立的两派意见。最近杨耐思同志在《中原音韵音系》(1981)一书中赞同陆先生的看法，并且做了进一步论证③，但是王力先生在给该书写的序里又明确表示"我始终不肯采用陆说"，可见这个问题至今还远没有取得一致的意见。

从《中原音韵》对"入派三声"的安排看，入声虽然已经派入三声，但并没有混入三声，凡原是入声的字，一律放在三声之后，前面冠以"入声作某声"，界限是很分明的。从周氏自己对"入派三声"的解释看，更让人感觉当时入声似乎确实仍然存在，在"中原音韵正语作词起例"中，周氏曾多次谈到"入派三声"问题，这里只举出最重要的两条：

>"入声派入平、上、去三声者，以广其押韵，为作词而设耳。然呼吸言语之间，还有入声之别。"

>"入声派入平、上、去三声，……次本韵后，使黑白分明，以别本声、外来，庶便学者。有才者本韵自足矣。"④

周氏在《中原音韵·自序》中又说：

>"夫声分平仄者，谓无入声，以入声派入平、上、去三声也。……派入三声者，广其韵耳，有才者本韵自足矣。"⑤

上引三段话中有三点值得注意：1."呼吸言语之间，还有入声之别"；

---

① 廖珣英《关汉卿戏曲的用韵》，《中国语文》1963年第4期；《诸宫调的用韵》，《中国语文》1964年第1期。
② 《燕京学报》31期，1946年版，第58—60页。
③ 《中原音韵音系》中国社会科学出版社1981年版，第46—65页。
④ 中国古典戏曲论著集成本，第一卷，中国戏剧出版社1959年版，第211页。
⑤ 中国古典戏曲论著集成本，第一卷，第175页。

2. 派入三声是为"作词而设","广其押韵",对"有才者"则"本韵自足";
3. 入声"次本韵后,使黑白分明,以别本声、外来"。周德清自己的解释按说最有权威性,可以说这是主张仍保存入声一派的主要依据。

但是,对周德清自己的这些解释还应该放在当时他所处的语言背景中来观察,才能得出比较可靠的结论。

周德清是江西高安人,在《中原音韵正语作词起例》中说:"余尝于天下都会之所,闻人间通济之言",在《后序》里也说自己"尝游江海",但他的主要活动似乎只在家乡江西一带。虞集晚年告病回江西后为《中原音韵》写的序里说:

"余还山中,眊且废矣;德清留滞江南,又无有赏其音者。"

这至少可以证明虞集在江西为《中原音韵》写序时周德清是"留滞江南"的。周氏的交游似乎颇广,不但有名流显宦虞集,还有西域人琐非复初,而且都为他作了序。《中原音韵》里提到的人名除以上两人外,还有为他作序的青原罗宗信,促使他编写《中原音韵》早死的青原萧存存,和他讨论问题的清〔青〕原曾玄隐。有趣的是这三个人都是江西同一个地方的人。虞集原籍四川,但寓居江西临川,老年仍回到江西养老,也可以算是周德清的同乡。由周德清在编《中原音韵》时期所交往的人主要都是江西本地人,也可以推测出当时他的主要活动是在江西一带。其中只有一个人不是江西人,那就是向他请教音韵的亳州孙德卿,周德清和孙有一段对话很重要:

"亳州友人孙德卿长于隐语,谓:《中原音韵》三声,乃四海所同者,不独正语作词。夫曹娥义社,天下一家,虽有谜韵,学者反被其误,半是南方之音,不能施于四方,非一家之义。今之所编,四海同音,何所往而不可也。诗禅得之,字字皆可为法。余曰:尝有此恨。切谓言语既正,谜字亦正矣。从葺音韵以来,每与同志包猜,用此为则。平、上、去本声则可;但入声作三声,如平声'伏'与'扶',上声'拂'与'斧',去声'屋'与'误'字之类,俱同声则不可。何也?入声作三声者,广其押韵,为作词而设耳,毋以此为比,当以呼吸言语还有入声之别而辨之可也。德卿曰：然。"①

明王伯良《曲律》讥笑"德清浅士，韵中略疏数语，辄已文理不通"②。上面这段文字写得确实不怎么高明，但还能大致读懂。孙德卿是亳州人，应该比较接近"中原之音"，认为"《中原音韵》三声，乃四海所同者"，赞扬周德清把四声派入三声。周德清则站在"南方之音"立场，强调"呼吸言语之间还有入声之别"。周德清虽然说服了孙德卿，但从这段话正可以看出，由于两人的语言背景不同，对入声的看法也完全不同。

周德清编写《中原音韵》看来是在他的家乡一带完成的，和他讨论研究音韵问题的人绝大多数都是他的同乡，这一带方言至今仍保存入声③，周德清是在有入声的语言环境中根据当时北曲用韵的情况编成这部《中原音韵》的。从北曲用韵看，入声明明已经派入三声；从自己的方言看，入声又明明存在。周氏自然不可能用现代语言学的观点来解决这个矛盾，于是只好屡次声明"呼吸言语之间还有入声之别"，入派三声只是"以广其押韵，为作词而设"，这些话显然都是站在有入声的方言的立场来解释入声已经消失的"中原之音"的。了解到这一点，就不会被"入派三声"和"呼吸言语之间还有入声"之间的矛盾所困扰，也就不会得出《中原音韵》还保存入声的结论了。

入派三声的规律是周氏根据北曲用韵归纳出来的，他在"正语作词起例"中说得明白：

> "平、上、去、入四声，《音韵》无入声，派入平、上、去三声。前辈佳作中间，备载明白，但未有以集之者。今撮其同声，或有未当，与我同志改而正诸。"④

如果他自己的方言也没有入声，又何必一定要从"前辈佳作"中去"撮其同声"，并且声明"或有未当，与我同志改而正诸"呢。这并不是一般的

---

① 中国古典戏曲论著集成本，第一卷，第 212—213 页。
② 中国古典戏曲论著集成本，第四卷，第 111 页。
③ 参看颜森《高安(老屋周家)方言的语音系统》，《方言》1981 年 2 期。
④ 中国古典戏曲论著集成本，第一卷，第 210 页。

谦虚话,周氏是精于曲律的,编写《中原音韵》的态度也是很严谨的,入派三声是他对韵书的一大革新,可是偏偏自己方言又有入声,因此对入声的分派采取极其谨慎的态度。

既然《中原音韵》入声已经消失,为什么周德清还要把它另立一类,"使黑白分明,以别本声、外来"呢?除了他自己方言的影响外,更重要的是"平、上、去、入"四声系统一千多年来对读书人的深远影响,注意到这一点,才能比较全面地了解周氏何以对入声如此偏爱,一定要把入声分列出来,造成《中原音韵》还保存入声的假象。

从《中原音韵》时期开始,入声在北方一些方言区逐步消失,但是我们绝对不能低估入声在已消失入声的北方方言区中的影响。这种影响可以说一直延续到20世纪40年代,也就是说,直到距今三四十年前才完全消失。历经六百多年,入声始终顽强地存在于以北京话为中心的北方方言的读书音中,这和我国传统诗歌韵文讲求平仄和四声有极为密切的关系。入派三声现象打乱了传统的平仄概念和四声系统,一大批入声字变成了平声,作诗填词甚至查检工具书都成了问题。于是,口语里明明没有了入声,也要在读书时硬加上死记硬背,而且要把它读成比较短的调子,一切读书人都要遵循,直到五十多年前我在北京读小学时仍是如此,更不用说一二百年甚至几百年以前了。

入声影响之大使得20年代提倡注音字母的一些语文改革先进人物都无法抗拒,1918年公布的注音字母就把声调分为阴平、阳平、上声、去声和入声五个声调。1920年王璞在上海编制的"中华国音留声机片"和1921年赵元任在美国编制的"国语留声机片"阴阳上去四声全依北京话,但又都保存入声,读音略短促。[①] 1924年,刘复《四声实验录》出版,这是用当时的先进仪器对汉语四声进行科学研究的第一部著作,刘氏在对北京话声调所做的分析中发现入声单成一类,他在附注中说:

"大家都知道北京是没有入声的;可是我用《五方元音》上所载

---

① 参看黎锦熙《国语运动史纲》第二卷,当时有所谓"国音"和"京音"之争,争论的焦点也就在"国音"是否应该保存入声。

的入声来一试验,结果虽然与下平[按:即阳平]相近,却也并不全同。"①

从今天实验语音学的标准看,刘氏对声调的测断自然还比较粗疏,但从中也完全可以看出当时一般说北京话的读书人仍是把入声看成单独一类,并且有意把它读成另外的调子的。直到 1932 年当时的教育部公布《国音常用字汇》时才在该书说明中明确提出:"本书对于旧入声字,依北平音系,分配于阴平、阳平、上、去四声之中。"但是,下面还紧接着一段值得注意的文字:

"可是,入声的读法,还应该兼存。因为讽诵前代的韵文,尤其是律诗与词,若将某某入声字读成阴平或阳平,或将一首诗中几个押韵的入声字读成阴平、阳平、上、去几个不同的声调,必至音律失谐,美感消灭,所以这是应该依旧音读为入声的,……故本书对于旧入声字,虽依北平音分配于阴平、阳平、上、去四声之中,但不与原读这四声的字相混,用'入'号标明,并记入声的拼法于下。"②

从这段文字正可以看出"前代的韵文,尤其是律诗与词"对北京读书音影响之大,入声依靠这种影响,一直顽强地保存在北京话的读书音中。在此以后,1937 年张洵如编的《北京音系十三辙》以及解放初(1950 年)中国大辞典编纂处编的《增注中华新韵》都仍旧把入声单列在各韵之后,标明"入变阴平""入变阳平"等等,可以说是和《中原音韵》的"使黑白分明,以别本声、外来"的办法完全相同。

以上简略回顾从 20 年代注音字母到 50 年代《增注中华新韵》的历史,只是想说明这样一个道理:20 世纪的语言学家在拟定注音字母和编写韵书时尚且对入声如此"恋恋不舍",又怎么能要求六百年前的周德清就能和入声彻底决裂,更何况他自己方言里原本就有入声。如果

---

① 刘复《四声实验录》,上海群益出版社,第 56 页。1951 年中华书局重印。北京话的发音人是当时和刘氏一起在法国留学的陈绵,虽然是福建人,但生长在北京,说一口地道的北京话,能代表当时北京一般读书人的口音。陈氏后来成为著名话剧导演。

② 转引自黎锦熙《国语运动史纲》,第 268—269 页。

五六百年以后有人根据上述 20 年代到 50 年代的书面材料推断出北京话在 20 世纪时还有入声,并不能认为是荒唐可笑的,因为有注音字母和一些韵书甚至语音实验的成果为证,比我们今天研究《中原音韵》的材料丰富得多,但结论终究是不可靠的,因为没有注意到这个时期读书音和口语音的分别。

周德清所归纳出的人派三声规律基本符合元代戏曲用韵情况,也和今天北方方言区入声分配情况相符合。只有清入声的归属是个问题。杨耐思同志曾指出:"元代的戏曲里,中古清入声字叶入上声的,恐怕还不到半数,而周德清则一律派入上声",认为这是周德清"未当之处"[①]。如果只和元曲用韵比较,也可以说是周氏处理未当,但以周氏编写态度之谨严,恐非一时疏忽,而是另有所据。最大可能是周氏编写时除从元曲中"撮其同声"以外,还以中原地区某些方言作为参考标准。这些方言是否就可以算是《中原音韵》的语音基础,目前还很难考订。

现代北方方言中,确有把清入声字全归入上声的,例如胶辽官话(包括青岛、烟台、大连等地)就是如此[②],这些方言与《中原音韵》时期的"中原之音"是否有联系,目前还不得而知。现代北京话清入声是分别派入四声的,根据本文下节的分析,并非像一般所说的那样漫无规律可寻,读成上声的可以算是例外字,数量很少。语音规律不是短时期所能形成的,元大都话是北京话的祖语,看来在元大都时期把清入声全归入上声的可能性很小。这样,周德清所参考的方言很可能并不是元大都话,而是接近于今天胶辽官话的某些"中原"方言。

二、现代北京话"入派三声"的规律

《中原音韵》里"入派三声"有很强的规律性:古全浊入归阳平,古次浊入归去声,古清入归上声。这些规律在现代官话方言中有的符合,有的不符合。古全浊入归阳平可以算是从古至今的一条通例,至于古

---

① 《中原音韵音系》,第 48 页。
② 参看李荣《官话方言的分区》,《方言》1985 年 1 期。

次浊入和古清入则各方言都有自己的特点,和《中原音韵》一致的只有胶辽官话。最复杂的是北京官话,古清入分别归入阴、阳、上、去四声,一般认为漫无规律可寻。①

五十多年前,白涤洲在《北音入声演变考》(1931)中根据《广韵》693个入声切字今读情况归纳出两条规律:②

1. 属于塞声和塞擦声的清声不送气各纽,或塞声、塞擦声和擦声的浊声各纽的入声字,现在北音读阳平。

2. 属于塞声和塞擦声的清声送气各纽,或鼻声、边声和影喻各纽的入声字,现在北音读去声。

白氏把所有古入声字都归入现代阳平和去声两类。古全浊入归阳平,古次浊入归去声,这是大家所公认的,也是和《中原音韵》相同的。至于古清入,白氏根据统计结果认为归类与声母是否送气有关:不送气清入归阳平,送气清入归去声。这是很重要的发现,可惜只列出统计结果,没有把这693个入声切字的今读列出来,无从核对。实际上《广韵》中有不少入声切字,包括列在它下面的同音字,都是不常见的僻字,现在应该如何读,只能根据反切来推断,把推断出的今读和实际存在的今读放在一起统计,就会大大降低统计结果的可靠性。此外,入声字受读书音影响最深,白氏在确定今读时是如何对待读书音的,也已无法知晓。

陆志韦先生看到了白涤洲统计的这个缺点,在《国语入声演变小注》③(1948)一文中,陆先生根据北京话口语单音词古清入声字的读法重新做出统计,统计结果如下:

	阴	阳	上	去
古不送气清入变	38	42	23	13
古送气清入变				

---

① 参看李荣《官话方言的分区》,《方言》1985年1期。
② 见《女师大学术季刊》二卷二期,1931年,第20页。
③ 《燕京学报》34期,1948年。

(1)带塞音的		34	10	11	26
(2)纯擦的		22	2	7	8
		56	12	18	34

陆先生指出,这张表和白氏的统计有两点不同:"(1)口语上,送气并不教清入声变为去声,至少不像读音的集中。(2)不送气的清入声多变阴平声跟阳平声,少变上去声,不像读音的集中在阳平声。"白氏的统计是否就完全代表读书音,似乎很难肯定,但至少两家结论是很不相同的。可惜陆先生也只列出统计结果,没有把每个入声字在口语中的读法列出来,也是无从核对。① 此外,一共只统计了120个字,数量太少,也比较容易出现误差。陆先生在文章最后说:"严格的说:要问中古清入声怎样变成今音的,我们的回答还只可以是'无规则','不知道'。"这几句话可以说是代表了近几十年来语言学界的普遍看法。

古清入声在现代北京话里是否确实变得"无规则",白涤洲的"有规则"结论是否应该被推翻,由于白、陆两家的统计材料都无法核实,很难做出正确的判断。要想彻底弄清这问题,只能重新再做一次统计。

本文选择了540个常用古入声字作为统计对象。统计的最大困难在于古入声在今读中的声调异读相当多。异读最多的如"索"字,可以有四种读法,四声俱全;此外如"缉"字,可读阴平、阳平和去声,"幅"字可读阳平、上声和去声,都有三种读法,至于有两种读法的就更多了。对待这些异读材料,不能只根据自己的正音标准决定取舍,只要有这样读的,就应该承认,如果在大量的异读入声字中只选择一种读法来统计,势必会大大降低统计结果的可靠性。②

在统计古入声字今读时,首先必须把有异读的和没有异读的区分开。有异读的入声字可以分为两种:1. 自由异读,如上举的"缉"和

---

① 从陆先生文中所举今读的少数例子看,有些读法值得商榷,例如认为"絜、跌、击"今读阳平,"识、撮"今读去声等等(第25页),就不尽符合北京口语实际读音,其中有的至少是两读并存。

② 白涤洲和陆先生是如何处理这些异读入声字的,已无法了解,但从他们的文章看,似乎并没有考虑这因素。

"幅",可能是不同的人读法不同,也可能在同一个人嘴里就随便读,总之,没有任何条件。2. 条件异读,如"答"在"答应"中只读阴平,在"回答"中只读阳平,因词而异。另外有一些异读字的自由异读只出现在某些词中,因此也是有条件的,也应该归入条件异读,如"尺"一般读上声,但在"尺寸"这个词中则有阳平和上声两种读法,"拨"一般读阴平,但在"挑拨"这个词中则有阴平和阳平两种读法。对某一个古入声字在北京话里是否有异读以及应该怎样异读,由于每个人的语言背景不同,肯定会有不同的看法,但就总体来说,总是大同小异的,少量的分歧意见并不会影响统计结果的可靠性。本文所选择的 540 个古入声字中,共有 134 字有异读,约占总数的四分之一,其中自由异读 97 字,条件异读 37 字。

没有异读的古入声字共 406 个,这些字读音稳定,用来做统计最为可靠,下面是这 406 个字的统计结果:

	阴平	阳平	上声	去声	共计
古全浊入	0(0%)	81(84%)	1(1%)	15(15%)	97
古次浊入	3(3%)	1(1%)	0(0%)	107(96%)	111
古清入	53(27%)	42(21%)	19(10%)	84(42%)	198
	56	124	20	206	406

规律性最强的是古次浊入,111 个例字归入去声的有 107 字,占总数的 96%,只有四个例外,其中三个口语动词"拉、捏、摸"读阴平,另一个"膜"读阳平。古全浊入的规律性就差一些,97 个例字归入阳平的有 81 字,占总数的 84%,归入上声(属)只一个,其余 15 字归入去声,占总数的 15%。古清入例字最多,共 198 字,分配似乎没有明显的规律性,但归入上声的最少,只占总数的十分之一。本文上节已经提到,只从这点看,就已经很使人怀疑《中原音韵》所代表的"中原之音"并不是现代北京话的祖语。

白涤洲曾发现古清入的今读和声母是否送气密切相关,陆志韦先生根据他所统计的口语材料基本推翻了白氏的结论。现在我们再根据本文所选择的 198 个古清入声字对这问题做一次检验,看看古清入分派在北京话里时究竟有没有一些规律可寻。下面把这些古清入声字分为不送气、送气、擦音和"影"母四类，统计结果如下：

	阴平	阳平	上声	去声	共计
不送气	15(20%)	38(51%)	12(16%)	10(13%)	75
送气	21(30%)	2(3%)	5(7%)	41(60%)	69
擦音	12(32%)	2(5%)	1(2%)	23(61%)	38
"影"母	5(31%)	0(0%)	1(6%)	10(63%)	16
	53	42	19	84	198

以上统计证明白涤洲的结论基本上是正确的。从上表可以明显地看出，送气、擦音和"影"母的分配情况相同，可以合并成一类，这类都约有百分之六十归入去声，约有百分之三十归入阴平，归入阳平和上声的很少。不送气独成一类，归入阳平的约一半，其余分入其他三声，但也是归入阴平的比较多。因此，应该承认古清入在北京话里的分配还是有它的规律性的，只是没有古全浊入和古次浊入的规律性强罢了。

下面讨论有异读的古入声字。这类入声字在北京话里读音不稳定，不适宜用来作统计材料，但是，从异读在四声中的分配情况，也可以看出总的趋势是与上述规律相吻合的。下面是古入声字北京话异读分配表（按异读的次数统计）①：

	阴平	阳平	上声	去声	共计	异读
古全浊入	6	37	2	30	37字	38次
古次浊入	2	2	4	8	8字	8次
古不送气清入	23	34	6	13	36字	40次
古送气清入	10	2	5	8	12字	13次
古擦音清入	17	17	10	28	33字	39次
古"影"母	5	4	0	7	8字	8字
					134字	146次

---

① 有一些异读字韵母和声调都不同，这类字的异读除少数外（如"色"sè, shǎi），大都属于旧读书音（如"黑"hēi, hè，"百"bǎi, bó），为了使统计材料单纯，一律未计算在内。

从上表可以看出,古全浊入都有阳平一读,另一读绝大部分是去声。古次浊入都有去声一读,另一读分入其他三声,古不送气清入除两字(鲫、笃)外,都有阳平一读,另一读绝大部分是阴平。古送气清入除四字(匹、劈、撇、尺)外,都有去声一读,但读阴平的比去声还要多两字。古擦音清入除五字(失、忽、锡、撒、黑)外,都有去声一读,另一读分入其他三声。古"影"母除"挖"字外,也都有去声一读,另一读分入阴平和阳平。古清入除符合规律的一读外,另一读绝大部分是阴平,倾向性是很明显的;此外,四类古清入都有不符合规律的例外字,而古全浊入和古次浊入则无一例外字,这也说明古清入的规律性确实比较差。入声发音本来就比较短促,清入声的声母都是声带不颤动的清辅音,音高的基频在声母阶段无法表现出来,基频的长度显然要比浊入和次浊入短,实验证明,音长越短,在听觉上分辨音高的能力也就越差[①],这可能就是古清入今读规律性较差的主要原因。

根据以上的统计分析,我们可以这样描述古入声字在现代北京话里的分配规律:古全浊入和古不送气清入归入北京话阳平,其余归入去声;但古清入规律性较差,约有三分之一归入阴平。这样的描述要比认为古清入的分配漫无规律更符合实际情况些。

下面把本文选择的540个常用古入声字在北京话里的分配情况分项列出,每项之下按现代北京话声母分列,中隔逗号。异读字在每字后用数码标明声调,即1=阴平,2=阳平,3=上声,4=去声,条件异读放在自由异读之后,用圆圈○隔开。

古全浊入(134字)

阴平(0):——

阳平(81):拔(离别跋脖薄白,叠谍达夺笛敌狄独读犊毒,乏伐筏罚佛服伏,合盒活猾核,捷集及杰竭截绝嚼极局,俗,十拾什舌折本)实勺芍食蚀石熟,狭峡匣协侠挟习席,杂昨贼族,闸炸糕)铡辙侄

[①] 参看林焘《探讨北京话轻音性质的初步实验》。

着重)浊濯镯直值植择宅轴

上声(1)：属

去声(15)：粥,或惑获划,剧,辟,洽,涉术述射,特,续,掷

异读(37)：勃$^{1.2}$ 泊$^{2.4}$ 雹$^{2.4}$ 帛$^{2.4}$，蝶$^{2.4}$ 跌$^{1.2}$ 铎$^{2.4}$（揣度$^{2.4}$ 踱$^{2.4}$，缚$^{2.4}$ 復$^{2.4}$，鹤$^{2.4}$，辑^{1} 掘$^{1.2}$ 疾$^{1.2}$ 倔$^{2.4}$ 籍$^{2.4}$ 藉$^{2.4}$ 寂$^{2.4}$，僕$^{2.4}$ 曝$^{2.4}$ 瀑$^{2.4}$，硕$^{2.4}$ 赎$^{2.4}$ 蜀$^{2.3}$ 淑$^{1.2}$ 突$^{1.2.4}$ 袭$^{2.4}$ 辖^{1} 穴$^{2.4}$ 夕$^{2.4}$，泽$^{2.4}$，蛰$^{2.4}$ 秩$^{2.4}$ 凿$^{2.4}$ 殖$^{2.4}$ 逐$^{2.4}$

古次浊入（119 字）

阴平(3)：拉,摸,捏

阳平(1)：膜

上声(0)：——

去声(107)：鄂鳄,腊蜡猎立粒辣列烈裂劣栗律率落烙骆洛酪络乐略肋力歷暦鹿禄六陆绿录,灭蔑篾末沫密蜜没殁莫幕寞漠墨默陌麦脉木沐目穆牧,纳聂镊捏孽暱诺虐瘧匿逆溺,入热日若弱肉褥,袜物勿,葉业悦阅月越粤逸药钥跃嶽岳乐翼域亦译易液腑疫役育玉狱欲欲浴

异读(8)：额$^{2.4}$,掠$^{3.4}$ 勒$^{1.4}$ 戮$^{3.4}$,觅$^{2.4}$,辱$^{3.4}$,曰$^{1.4}$，○涂抹^{3}—抹^{4} 灰

古不送气清入（111 字）

阴平(15)：八憋,搭滴督,鸽刮胳郭,接揭,汁桌隻粥

阳平(38)：(区别博伯,得德嫡,国格革隔,袷劫急级节洁决诀吉桔爵觉角色)菊,卒则责足,扎辄摺执札酌啄职竹烛

上声(12)：笔北百,给穀谷,甲脚戟,眨窄嘱

去声(10)：毕必不碧璧壁,各,室筑祝

异读(36)：驳$^{1.2}$ 逼$^{1.2}$，笃$^{3.4}$，割$^{1.2}$，缉$^{1.2.4}$ 即$^{2.4}$ 鲫$^{3.4}$ 稷$^{2.4}$ 积$^{1.2}$ 迹$^{1.2.4}$ 绩$^{1.2.4}$ 击$^{1.2}$ 激$^{1.2}$，扎$^{1.2}$ 哲$^{2.4}$ 浙$^{2.4}$ 拙$^{1.2}$ 质$^{2.4}$ 卓$^{1.2}$ 捉$^{1.2}$，○答^{1} 应—回答^{2},的^{2} 确—目的^{4}，葛^{2} 布—葛^{3}（姓）,作^{1} 坊—作^{2} 料—作^{4} 文，折^{1} 跟头—折^{2} 断,扎^{1} 根—扎^{2} 挣。拨^{1} 弄—挑拨$^{1.2}$,剥^{1} 削—剥$^{1.2}$ 夺,柏^{2} 林—松柏$^{2.4}$,骨^{3} 干—骨$^{2.3}$ 头,阁^{2} 子—阁$^{2.3}$ 楼,夹^{1}

子—夹^{1,2}道,结^2 构—结^{1,2}果,脊^2 梁—脊^{2,3}椎,织^1 布—纺织^{1,2},摘^1 帽—摘^{1,2}要

古送气清入(81字)

阴平(21):擦,插出戳拆吃,磕哭,拍扑,掐缺七漆屈,贴脱托讬踢秃

阳平(2):察,咳

上声(5):渴,乞曲,塔铁

去声(41):错侧测恻策册促,彻撤辍绰斥畜触,括阔廓扩刻克客,迫魄僻,恰妾怯泣窃阙讫迄雀鹊却确,踏榻拓忒惕

异读(12):赤^{2,4},酷^{1,4},匹^{1,3},戚^{1,4},○劈^1 山—劈^3 柴,切^1 开—亲切^4。撮^1 土—撮^{1,4} 合,七尺^3—尺^{2,3} 寸,窟^1 窿—石窟^{1,4},撒^3 捺—撒^{1,3} 开,泼^1 水—活泼^{1,4},碑帖^4—妥帖^{1,4}—请帖^{3,4}

古擦音清入(71字)

阴平(12):发,豁,湿杀刷说叔,吸瞎薛歇膝

阳平(2):福,胁

上声(1):郝

去声(23):赫吓,涩萨色啬速肃粟,霎摄设率式饰释,泄屑恤隙畜蓄旭

异读(33):髪^{3,4} 弗^{2,4} 拂^{2,4} 幅^{2,3,4} 複^{2,4} 腹^{2,4} 覆^{2,4},忽^{1,2} 霍^{3,4},索^{1,2,3,4} 宿^{2,4} 缩^{1,4},失^{1,2} 室^{3,4} 识^{2,4} 束^{2,4},血^{3,4} 悉^{1,2} 戌^{3,4} 削^{1,2} 息^{1,2} 惜^{1,2,4} 昔^{1,2,4} 锡^{1,2} 析^{1,4} 晰^{1,4},○喝^1 水—喝^4 采,黑^1 色—黑^3 豆,撒^1 手—撒^3 种,塞^1 子—要塞^4。法^2 子—方法^3—法^{3,4} 国,适^4 时—适^{2,4} 当,雨雪^3—雪^{3,4} 耻

古"影"母(24字)

阴平(5):屋,鸭押—约

阳平(0):——

上声(1):乙

去声(10):恶遏,握沃,轧谒鬱忆亿郁

异读(8)：厄$^{1.4}$扼$^{2.4}$,抑$^{2.4}$,○挖^{1} 土—耳挖^{2} 子,压^{1} 迫—压^{4} 根儿。作揖^{1}—揖$^{1.4}$让,噎^{1} 死—噎$^{1.4}$嗝,利益^{4}—益$^{2.4}$处

1985 年 6 月

(原载《语言学论丛》第 17 辑,1992 年)

日母音值考

一、现代日母的音值

北京话"日、如、肉、人、让"等字的声母都来源于古"日"母,汉语拼音方案用 r 来表示,实际音值过去一直描写为舌尖后浊擦音[ʐ],和清擦音[ʂ]相对。最早把 r 描写成[ʐ]的可能是高本汉(B. Karlgren),他在《中国音韵学研究》(1921)一书中把这个声母的音值定为"跟 ʂ 相当的浊音"(中译本 183 页),几十年来被中外各种语言学著作所沿用,几乎已成定论,直到赵元任先生的《中国话的文法》(1968)出版,在声母表中把这个 r 标写为国际音标的[ɻ],归入浊通音(voiced continuant),和 l 同属一类,才否定了它是和[ʂ]相对的浊擦音的看法。至于为什么要这样改动,赵先生并没有解释。① 后来,王力先生在《现代汉语语音分析中的几个问题》(1979)一文中,从听感、语音系统、语音发展规律和来源四个方面论证这个 r 不可能是浊擦音[ʐ],论断精确,具有很强的说服力,当时王先生认为实际音值应该是卷舌闪音[ɽ],后来在《再论日母的音值,兼论普通话声母表》(1983)一文中改变了看法,也认为这个 r 应该是浊通音[ɻ]。②

赵、王两先生的意见无疑是正确的。近些年来,用实验语音学方法对北京话的声母曾经做过相当精密的测算,所得数值也充分说明这个 r 完全不具备擦音的特性。吴宗济先生主编的《汉语普通话单音节语图册》(1986)共列出普通话 1200 多个单音节的语图,对每个语图中的元音和辅音都做出相当精确的量测。从书中所列出的图例可以看出,

---

① *A Grammar of Spoken Chinese*, p. 22.
② 两回均见《王力文集》第十七卷。

普通话 f,s,sh,x 等擦音声母在语图上都表现为相当长的一段"乱纹(fill)",这是声音产生摩擦时出现噪音的典型表现,可是在以 r 为声母的语图中,就很少有这样的乱纹出现。

《语图册》对 r 的说明(第 46 页)也指出:"这个辅音的摩擦程度常常不够明显,特别在连读中属于后字时更是这样,因此有人认为它不是擦音。"但是,在说明 r 不同于"零声母"一类元音之后,又强调它"同一般擦音的规律一样,是由弱到强逐渐成声的",于是仍旧把这个 r 描写为浊擦音。其实,由弱到强逐渐成声并不是擦音所特有的。像鼻音和边音也都存在这种现象,只是没有擦音那么明显而已,因此似乎不宜仅仅据此就把 r 定为擦音。r 如果存在着由弱到强的现象,也是和鼻音、边音更接近一些,并没有擦音那么明显。

除语图上很少出现乱纹以外,更重要的是 r 的时长特征和一般擦音完全不相同。一般擦音的时长都比较长,接近于 200 毫秒。下面把《语图册》所列辅音声学参量表(第 38—40 页)中五个擦音的时长数据全部列出,其中汉字是例字,A 是男发音人,B 是女发音人,数据的单位是毫秒:

		A	B			A	B
f:	发 fa	198	131	x:	瞎 xia	186	194
	夫 fu	179	186		虚 xu	246	201
s:	仨 sa	186	171		希 xi	216	276
	苏 su	220	164	h:	哈 ha	160	56
	私 si	283	201		呼 hu	141	86
sh:	沙 sha	179	153		喝 he	149	175
	书 shu	171	216				
	诗 shi	216	231				

表中只有 h 的时长较短,女发音人有两次还不到 100 毫秒,其余的擦音时长基本上都在 200 毫秒左右。h 本身能量很弱,是一个个性很不强的辅音,时长较短,并不足为奇。把上面所列的时长数据加以平均,五个擦音的平均数值如下:

	A	B
f：	189	159
s：	230	179
sh：	189	200
x：	216	224
h：	150	106
平均：	195	174

下面再把鼻音、边音和 r 的时长数据全部列出：

		A	B			A	B
m：	妈 ma	63	67	r：	然 ran	60	52
	模 mu	82	45		入 ru	67	71
	眯 mj	63	52		日 ri	24	89
n：	那 na	34	67		热 re	82	112
	奴 nu	59	44				
	泥 ni	67	44				
	女 m	59	74				
l：	拉 la	74	97				
	炉 lu	59	70				
	梨 li	74	74				
	吕 lü	82	52				

平均数值如下：

	A	B		A	B
m：	69	54	r：	58	81
n：	55	57			
l：	73	73			
平均：	66	61			

r 和鼻音、边音一样，时长都比擦音短一半以上，显然不应该归入擦音一类，而是和鼻音、边音相近。r 并不具备鼻音的特征，因此性质和边音 l 最相似，应该同属一类，即赵元任和王力先生所说的"浊通音"。

赵、王两位先生根据发音部位的不同把 l[l]定为舌尖通音,把 r[ɻ]定为卷舌通音,这样处理,可以使北京话的声母表简单整齐。但是,在北京话里,l 并不一定必须读成和 d,t,n 同部位的舌尖音,有一些北京人为了强调 l 和 n 的区别,也把 l 读成卷舌音,和 r 的分别仍然非常清楚,"路 lù"和"入 rù"并没有变成同音,可见 l 和 r 的不同主要并不在于是否卷舌。1978 年《国际语音学会会报》上发表的《国际音标(修改至 1979 年)》把[l]改定为"边(通)音 lateral(approximant)",把[ɻ]改定为"(中)通音(median)approximant",①正能非常准确地说明北京话 l[l]和 r[ɻ]的分别。如果加以简化,可以按传统把 l 称为边音,r 则可以简称为通音。通音译自 approximant,原有发音部位很靠近的意思,可以说是在有无摩擦之间,正符合北京话 r[ɻ]的特点。其实,用国际音标的[ɻ]来表示也是没有必要的,《国际语音学会关于国际音标的说明》中辅音表说明有一条明确规定:"假定某语言在 ɻ,R,ʁ 三个音当中只有一个,可是没有舌尖滚音 r,就可以用 r 来表示。"②北京话的 r 正符合这条件,因此完全可以用常见的音标[r]来表示,不必用[ɻ]或其他更复杂的符号。

把日母字读成卷舌通音[r]并不是北京话特有的方音现象。《汉语方音字汇》(第二版)收录了 20 种方言,在"方言音系简介"所列各方言声母表中,用[ʐ]标写声母的有四种方言,其中北京话、济南话和西安话都注明[ʐ]的摩擦性不强,实际音值为卷舌的[ɻ];只有合肥话的[ʐ]没有加这样的附注。此外,武汉话有声母[ɻ],注明"老年中年人口音日母字'热人'等声母为 n,青年人口音转为 ɻ。"(14 页)在其他一些北方方言调查报告中,有不少用[ʐ]标写声母的,是否摩擦性不强,因没有更细致的描写,无从断定。但至少可以认为卷舌通音[r]的读法在北方方言中是相当普遍的,过去一般都标写为[ʐ],没有能反映出摩擦性不强的特性。

从上面的描写可以看出,[r]和舌尖元音[ɿ]的性质非常相像。所

---

① 中译本见《方言》季刊 1979 年第 4 期。
② 同上 1987 年第 1 期。

谓舌尖元音,一般都认为是一种比摩擦音稍稍放宽的声音。罗常培、王均《普通语音学纲要》(1981)对[ɿ]的解释是:"像念摩擦辅音[z]的样子,让气流的通路稍稍放宽到刚刚可以减去摩擦的程度,就可以构成。"(75页)这样发出来的声音和上面描写的[r]究竟是否有区别呢?

[r]和[ɿ]的发音部位都是卷舌,发音方法都是比摩擦音稍稍放宽,放宽到什么程度也都比较自由。[r]可以放宽到刚刚没有摩擦,也可以有轻微摩擦,在有意强调这个音时摩擦可以相当强,产生了[z]的变体,这大约就是过去一直把它描写成[z]的原因。[ɿ]的情况可以说是和[r]完全相同,北京话的"知吃师日"的韵母并不总是一点摩擦也没有,不但可以有轻微摩擦,在有意强调时也和[r]一样,可以产生相当强的摩擦。如果一定要强调它们之间有区别,也只能说是[r]最常见的变体是有轻微摩擦,[ɿ]则是刚刚没有摩擦。很显然,这只是它们处在声母和韵母不同位置上所产生的变体差异,并不是本质上的区别。

舌尖元音原是20年代初高本汉专门为记录中国语言设计的,国际语音学会制定的国际音标几十年来几经修订,始终没有把舌尖元音列入,而是用辅音附加符号的办法来表示,例如[ɿ]标写成[z̩]或[r̩]。从音理上讲,确实没有单立舌尖元音一类的理由,但是,对汉语这样的以声韵结构为音节基础的语言,专门设立舌尖元音用来说明一些特殊韵母,音节结构的分析和解释可以简洁清楚得多。[r]和[ɿ]在音理上虽然没有本质上的区别,在描写汉语这样的语言时,也没有必要一定要把它们合二为一。

二、中古日母的音值

高本汉把中古《切韵》时期的日母拟测为 nʑ [nz̩],几十年来被广泛采纳,但也始终存在着不同看法。李荣《切韵音系》(1956)根据梵汉对音和汉语方言认为应该是 ɲ [n̠],这种看法来自马伯乐(H. Maspero),但论证比马氏精确有力。① 王力先生过去一直同意高本汉的拟

---

① 《切韵音系》,第125—126页。

测,直到晚年才改变了看法,在《汉语语音史》(1985)一书中认为日母在隋——中唐时期应该是[ɲ],到晚唐——五代时期演变为闪音[r]。①

高本汉把日母拟测为[nʑ],看来是一种不得已的办法。高氏看到汉语方言日母字的读音相当零乱,"很难找出一个音来把所有近代的音都能推本到它。"在他看来,他所拟定的《切韵》声母系统中,只剩下一个r(ɻ)可供选择,但没有采用,主要是因为和他拟测的三等j化产生矛盾,日母都是三等字,而他认为r是不能出现在j之前的,只好放弃。沙畹(Chavanne)和伯希和(Pelliot)曾经根据译音把日母解释为"ẑn"[ẑɲ],高氏批评这种音根本不可能存在,但又迁就这种假设,只是略做改动,把两个音简单地掉一个过儿,改写成[nʑ],就认为是可以接受的了。②

现代方言日母的读音可以说是分为两派。一派读成浊擦音[z][ʑ][v]等,包括通音[r]和零声母;另一派读成鼻音[n][ɲ][ŋ]等,包括边音[l]。高氏找不到一个合适的音作为这两派读音的共同来源,就把两派读音拼合在一起,成为[nʑ],后来他在 *Compendium of Phonetics in Ancient and Archaic Chinese*（中古和上古汉语语音简编）(1953)中对这种拟测做出更明确的解释。首先他断定日母必然是舌面音性质的,理由是只在三等韵的前面出现。在舌面音中,高氏已经把浊擦音[ʑ]用于禅母,把鼻音[ɲ]用于娘母,在这种情况下,只能认为日母是这两个音的结合。③ 高氏把日母限定为舌面音的理由并不充分,在这不充分理由的限制下做出这样的拟定,也可以说是出于无奈。更何况娘母本就是后起的,是否能成为独立的声母还是个待讨论的问题,高氏把[ɲ]用于娘母,其结果是自己缚住了自己的手脚。

李荣和王力两先生都认为隋唐时期并不存在独立的娘母,他们把日母拟成[ɲ],就是很自然的事了,不过王力先生认为到晚唐——五代时期娘母已经独立,读成原来日母的[ɲ],日母则由[ɲ]演变为闪音

---

① 《王力文集》,第十卷,第213,287页。
② 详见《中国音韵学研究》(中译本),第338—339页。
③ *Compendium of Phonetics in Ancient and Archaic Chinese*, pp. 18.

[r]。是否闪音,暂不讨论,王先生把晚唐——五代的日母拟测成[r]性质的,有两个理由:一是"韵图把来日二母排在一起,称为半舌、半齿,可见来日二母相近",二是"现代普通话日母读[ɻ]。"① 在韵图中,总是把来母和日母排在一起独成一类的,音韵地位和现代普通话的 l,r 非常相似,把韵图中的日母拟定为[r],是非常有见地的。但是,现在最古的韵图《通志七音略》和《韵镜》都是南宋时期的作品,王先生据此推断出晚唐——五代时期就已经产生这种变化,根据似嫌不足。我们认为,从宋代起,日母可以肯定已经读成[r]性质的音,直到现在,没有产生过明显的变化。问题在于宋代以前是否就是如此。

敦煌唐写本守温韵学残卷所列三十字母把日母排在知彻澄三母之后,和端透定泥同属舌音,即:

舌音　端透定泥是舌头音
　　　知彻澄日是舌上音

日母和泥母所处位置相同,很像是个鼻音。但是,比守温早的唐写本《归三十字母例》却是另一种排法,排在知彻澄之后的不是日母,而是来母,即:知彻澄来。来母并非鼻音,守温把来母改为日母,恐怕主要是从发音部位考虑的,这时的日母是否具有鼻音性质,只凭字母的位置是很难确定的。

《归三十字母例》是现存最早的有关字母的资料,字母的排列已经根据发音部位,相当整齐,只是"审穿禅日心邪照"七母排列顺序显得有些杂乱无章。把日母列在审穿禅三母之后,似非传写之误,这种排列法到敦煌五代刻本《切韵》残卷中仍能反映出来,《切韵》残卷中平上两部分韵内组次按照五音的类属排列,来母在三等韵中和知彻澄排在一起,日母和照穿床审禅排在一起,和《归三十字母例》是一致的。②

守温和《归三十字母例》的不同主要在来日两母的位置,如果把日母假定为 r 性质的音,这种不同就很容易解释,在汉语语音系统中,l 和

---

① 《王力文集》第十卷,第 287 页。
② 详见周祖谟《唐五代韵书集存》,第 937 页。

r 一类通音的发音部位一般都是非区别性的,《归三十字母例》和守温的分类以发音部位为标准,l 和 r 位置不稳定,甚至可以替换位置,正是因为发音部位并没有起区别性作用,问题在于这时的日母究竟是否已经是 r 性质的音,只凭字母的位置,也是很难确定的。

罗常培《梵文颚音五母的藏汉对音研究》(1931)一文详细列举出自西晋至唐代梵文 ca,cha,ja,jha,ña 五母的汉文对音分歧,并做出精辟的分析。① 从罗先生列举的 ña 对音资料看,从西晋竺法护(286 年)到唐代善无畏(724 年),梵文 ña 都是用"若、壤"等日母字对译的,但是到唐大历时,不空(771 年)改用了"孃"字,不空以后各家也都是如此。这个变化很值得注意,李荣《切韵音系》对此做出相当合理的解释:"何以善无畏(724 年)以前全用日母字对梵文 ña,到不空(771 年)才用孃字。依照我们的说法,日母一直是[ń],所以善无畏以前都用来对梵文 ña,到不空那时候,日母的音变了,才用孃[niaŋ]去对梵文 ña。"(126 页)至于日母变成了什么音,则没有提到。

不空所改动的汉文对音并不只限于日母,而是有系统的改动。罗常培先生在上引文中已经指出,梵文颚音五母在不空之前的汉文对音"总不外乎'正齿音'照、穿、禅和'半齿音'日母字",不空之后"总不外乎'齿头音'的精、清、从和'舌上音'的娘母字"。

值得注意的是,日母字被娘母字替代以后,并没有从对音中消失,而是改为梵文 ia 的对音,在不空以前的善无畏就已经是如此。善无畏以前 ja 都是用禅母字"阇、社、禅、膳"等对音,善无畏开始改用"若",不空改用"惹",都是日母字。梵文 ja 是浊塞擦音,并非鼻音,原来用禅母字对音应该说是比较接近的,改用日母字,如果这时日母是鼻音,善无畏和不空岂非舍近而求诸远。

不过,除日母以外,善无畏同时还改用鼻音字和梵文浊塞音对音。上引罗文附有《四十九根本字诸经译文异同表》和《圆明字轮四十二字诸经译文异同表》,李荣《切韵音系》根据大正新修大藏经对两表做了必要的订正,收入该书附录,下面以《切韵音系》所附"根本字译文表"中的

---

① 详见《罗常培语言学论文选集》,第 54—64 页。

浊塞音和鼻音为例,列出三组浊塞音和鼻音的汉文对音变化情况:

	ba	bha	ma	da	dha	na	da	dha	na
义净(690)	婆	嘙	摩	挓	但	娜	茶	祂	拏
善无畏(724)	麽	婆	摩	娜	驮	曩	拏	茶	拏
不空(771)	麽	婆	莽	娜	驮	曩	拏	茶	拏

从善无畏起,梵文浊塞音 ba,da,da 都由义净和以前各家所用塞音"婆,挓,茶"改为鼻音"摩(麽),娜,拏",和鼻音 ma,na,na 的对音没有分别,甚至所用的对音字都有相同的。梵文对音内容极为复杂,要受到时代、方音和宗派等方面因素的影响,上述对音的变化,既可能是善无畏以后所据梵文方音 ba,da,da 带有鼻音性,也可能是所据汉语方音 m,n 带有塞音性,或者还有其他更复杂的原因,现在已经很难考证清楚。下面再看梵文 ja,jha,ña 三母的对音变化:

	ja	jha	ña
义净(690)	社	縒	喏
善无畏(724)	若	社	壤
不空(771)	惹	酇	娘

义净用"縒"译 jha,《广韵》"縒,苏可切,又楚宜切",非浊声母,疑为错字,义净以前各家都是用禅母字"阇、膳、禅、社"等译 jha,和 ja 没有分别。善无畏 ja 和 ña 的对音都改用日母字"若、壤",变成 ja 和 ña 没有分别,和 ba,da,da 的改动非常相似。到了不空,又进了一步,用"惹"对 ja,用"娘"对 ña,分属日、娘两母,并不像译 ba,da,da 那样都用鼻音字。用日母字译 ja,和 ña 分得很清楚,这说明日母的读音可能有了变化,所以不空可以用来分别 ja 和 ña,从日母由和 ña 对音转为和 ja 对音,替代了原来禅母的位置看,很可能这时的日母已经不带有鼻音性质了。

日本汉音和吴音对汉语日母字的译法截然不同,这是很值得注意的现象。高本汉已经看到这点,并把这种不同和汉语方言的两派读音联系起来,他在上引 Compendium 一书中讨论中古日母拟音时说:"困难在于汉音和所有官话方言暗示一个浊擦音,吴音、越南音和各种南方方言则暗示一个鼻音。"日本汉音的日母字读成[dz]或[z],吴音读成[n]。① 举例说明这种现象时,只选了"日、忍、闰、饶"四个例字,官话方言只以北京话为例,南方方言只以客家话和福州话为例,不免过于简略,记音也比较粗疏。从今天掌握的汉语方言资料来看,读[r]或浊擦音的一派确实主要分布在广大的官话区域,从北京向南的中原地区以读[r]或[z]为主,西南官话和晋语的一些方言以读[z]为主,山东东部和东北官话以读零声母为主。读鼻音的一派主要分布在一些南方方言,以东南部方言为主,闽北方言如福州话和建瓯话日母全读鼻音,吴方言如苏州话和温州话白读为鼻音,文读则为浊擦音[z],文读音显然是受官话读音的影响。此外,两派地区内都有一些方言把日母字读成[l],扬州、南昌和厦门都是如此,济南则是开口字读[r],合口字读[l]。[l]发音既接近[r],又接近[n],很像是两派读音之间的过渡音。

一般认为,日本汉音是隋唐时期传入日本的长安音,吴音是六朝时期传入日本的南方音。至少从南北朝起,我国东南部方言就已经具有十分突出的方言色彩。自南北朝至唐代,提到江东音或吴音的记载不胜枚举,主要是与当时的所谓"通语、通言"对立而言的。日本吴音来自江东,日母字读[n],正和现代东南地区一派相同;汉音来自当时长安音,应是通语流行的地区,日母字读[dz]或[z],正和现代官话地区一派相同。由此可见,现代日母两派读音在隋唐时期就已经形成了:通语地区读浊擦音一类的音,江东地区读鼻音。

隋唐时期通语的日母字如果读成浊擦音一类的音,它的发音部位就不可能和正齿音"照、穿、床、审、禅"相同,因为床母是浊塞擦音,禅母是浊擦音,已经不可能再有日母的位置。除了正齿音外,唯一的可能是日母和舌上音"知、彻、澄"发音部位相同,守温把日母排在知、彻、澄之后也是有力的旁证。

罗常培先生在《知彻澄娘音值考》(1931)一文中根据梵汉对音认为

---

① 根据高本汉《中国音韵学研究》第四卷"方言字汇"中译本的标音。高氏在本卷的绪论中说:"关于日本译音我用的是《汉和大辞林》跟《汉和大字典》(我们得时常记住那些音读大都是理论上的读音,好些读法是现在口语所不用的)"。(中译本第542页)

中古知彻澄应该是卷舌音,但没有被后来一些学者所接受。知彻澄可以在三等韵母前出现,三等韵的特点是有韵头[i]。王力先生在《汉语语音史》(1985)中说:"依汉语的习惯,卷舌音是不能和韵头 i 相拼的",陆志韦先生在《古音说略》(1947)中认为卷舌音加[i]是"怪音",李荣先生在《切韵音系》中也认为卷舌音"跟[i]拼就部位上说有困难",①但是,李方桂先生在《上古音研究》(1980)中讨论中古声母时仍旧是赞同罗先生卷舌音的拟测。② 看来知彻澄三母是否卷舌音,首先需要解决的是卷舌音究竟能不能和[i]相拼。

从现在已发表的汉语方言资料看,卷舌声母并不是绝对不能和[i]相拼,客家话就有这样的音,广东兴宁客家话"喝茶"说成[ʂittʂ'a],[ʂ]可以和[i]相拼,就是例证。③ 罗常培先生在《京剧中的几个音韵问题》(1935)一文中总结京剧"上口字"的条理,其中第一条就是北京话里读[tʂʅ,tʂ'ʅ,ʂʅ,ʐʅ]的字,在《中原音韵》属齐微部的如"知、迟、世、日",京剧要读成[tʂi,tʂ'i,ʂi,ʐi],属支思部的如"支、之、是、二"读音和北京话相同。④ 罗先生只谈到京剧,其实比京剧古老的昆曲也是如此。戏剧语言虽然是经过艺术加工的舞台语言,但必然来源于自然语言。在昆曲和京剧中,卷舌音和[i]相拼,能够流传几百年,而且如此成系统,绝对不可能是戏剧演员向壁虚造出来的。

既然从客家方言和传统戏剧语言中都可以找到卷舌音和[i]相拼的例证,把中古知彻澄三母拟测为卷舌音就应该是可以接受的。日母和知彻澄三母同部位,又读成浊擦音一类的音,最合理的拟测自然就是卷舌浊擦音[ʐ]。也就是说,从中古到现在,日母的发音基本上没有变化。

不空把日母字的梵文对音从 ña 改为 ja,显然是根据当时的通语,可以证明至少到中唐时期日母在通语地区已经读成[ʐ]一类的音了,

---

① 分别见《王力文集》第十卷,第 213 页;《古音说略》,第 14 页,《切韵音系》,第 127 页。
② 《上古音研究》,第 7 页。
③ 引自黄雪贞《客家话的分布与内部异同》,《方言》季刊 1987 年 2 期。
④ 《罗常培语言学论文选集》,第 172—173 页。

不空以前如何,不好肯定。不空以后不久,[ʑ]大约就已经开始向通音[r]转化,因此在《归三十字母例》和守温字母排列中日母的地位不稳定,可以和来母互换位置。不空以后直到宋代,可以说是从[ʑ]变为宋代韵图半齿音[r]的过渡时期。

综上所述,可以认为从中古时期到现在,日母在以北方方言为基础的通语地区,一直以读浊擦音[ʑ]或通音[r]为主;在以吴语为核心的东南部地区,一直以读鼻音为主。一千多年来并没有明显的变化。把中古日母拟测为[ȵ],所代表的只是当时的吴音,并非当时的通语。

三、上古日母的音值

上古声母的拟测主要依靠谐声字。谐声字并不是同一个时代和地域产生的,内容非常复杂,有些现象今天还很难解释清楚,只能根据谐声的大势做出尽可能合理的拟测。章太炎提出上古"娘日二母归泥"说,确定了日母在上古是鼻音性质的,基本上已成为后来学者的共识。高本汉把上古日母拟测为舌面鼻音*ń[ȵ],李方桂先生拟定为舌尖音[n],但也认为受介音[j]颚化变成 nj[nj]。① 从中古到现代,东南部地区一直把日母读成鼻音,可以说是上古音的遗存。

上古日母字读鼻音的根据主要是日母和泥娘二母互谐的频率高,但在和其他声母互谐时,有一些现象也不容忽视。陆志韦先生在《古音说略》中根据大徐本《说文》详细列出《广韵》声母在《说文》中谐声通转次数统计表,②并利用统计方法计算出各声母的"几遇数"。下面列出陆先生统计的日母谐声通转次数和几遇数,通转五次以下的省去不列,原表所用声母代表字后用括号注出通用字母名称:

     次数 几遇数
  而(日)母自身互谐 85 15.40

---

① 《上古音研究》,第101页。
② 《古音说略》,第254—256页。

与女(娘)母通转	16	1.11
与奴(泥)母通转	50	12.40
与息(心)母通转	28	3.70
与式(审)母通转	5	0.90
与丑(彻)母通转	9	2.50
与五(疑)母通转	21	(3.90)

日母和疑母通转的 21 次，依大徐本只有"尧"字生日母字 6 次，"兒"字生疑母字 15 次，"兒"声字一共才有 16 个，这种通转可疑，原表几遇数外加括号标明，陆先生认为也许是特种方言的现象，①本文转引时放在最后，几遇数照原表加括号表示可疑。

从日母谐声通转次数表中可以清楚地看出，日母和心母的通转次数仅次于泥母，几遇数相当高，和审母、彻母的通转次数也不低，这可以说明上古日母和擦音的关系也是相当密切的。按道理讲，日母应该和浊擦音关系更密切，可是在陆先生的统计表中，日母和禅、邪两母根本不通转。禅、邪两母在上古是否是浊擦音，甚至是否存在，向来有不同的意见，从它们和日母不存在通转关系看，恐怕也很难说在上古时是浊擦音。

上古日母和擦音的关系密切，从谐声字中，是很容易发现的，例如"儒、孺"都是日母字，声符"需"是心母字；"絮"是心母，"恕"是审母，声符"如"则是日母字。类似的例子还有不少。高本汉自然也看到了这现象，他的解决办法是把原来读擦音的字拟测为复辅音声母 *sn-。在 Grammata Serica(1940)中，他把上举例中"需"的声母定为 *sn-，"絮"也定为 *sn-，"恕"则定为 *śṅ-[ɕn-]。高氏所拟测的上古复辅音声母相当杂乱无章，遇到一些通转关系比较复杂的声母，往往就用复辅音来解释，毫无系统性可言，*sn-就是典型的例子，这种"头疼医头，脚疼医脚"的办法根本不能解决问题。

为了便于进一步比较分析，下面列出心母谐声通转次数和几遇数。

---

① 《古音说略》，第 250，264 页。

陆先生把心母分为息、苏两母，息母只出现在介音[i]之前，和日母通转，苏母不和日母通转。下表只列息母，息母的通转总次数比而母大得多，和息母通转 10 次以下的省去不列：

	次数	几遇数
息（心）母自身互谐	86	8.60
与苏（心）母通转	24	4.50
与所（审）母通转	32	6.50
与七（清）母通转	23	2.90
与子（精）母通转	10	1.30
与以（喻）母通转	20	0.90
与而（日）母通转	28	3.70

在上表所列和心母通转的声母中，除日母以外，都是擦音或塞擦音，日母的通转次数和几遇数在其中都相当高，这也可以从另一个角度说明上古日母和擦音的关系确实非常密切，绝对不是偶然的通谐。

解释这种现象最简单的办法就是把上古日母拟测为 *sn- 一类的复辅音，这自然要比高本汉只把心母字中"需、絮"等少数几个和日母谐声的字拟测为 *sn- 系统性强一些。李方桂先生拟测的上古声母系统中就有 s 词头一类的复辅音，根据李先生的拟测，s 词头的字到中古大多数变成 s 和 z，①也正和上文把中古日母拟测为擦音的演变过程相符合。不过，上古复辅音声母问题非常复杂，在整个上古声母系统中起码应该有它自己的系统性，只凭日母和擦音的关系密切就单独把它定为复辅音，理由是不够充分的。

把上古日母拟测为鼻音 *[ɳ] 或 *[n]，目前基本上已成为定论。从日母的谐声通转次数和几遇数看，和鼻音声母的通转也确实要比擦音频繁得多。中古和现代方言的日母读音一直是分为擦音和鼻音两派，至少在《诗经》时代，汉语就已经存在着方言分歧，从上古日母和擦音通转较多的现象看，很可能这两派读音在上古就已经存在，只不过当

---

① 《上古音研究》，第 91 页。

时鼻音是主流,或许就是所谓"雅言"的读法,擦音的读法则只限于少数地方方言。随着北方政治和文化力量的扩展,擦音的读法逐渐扩大,鼻音的读法逐渐缩小,到中古时期,擦音替代鼻音成为当时通语的读法,鼻音的读法只局限于东南部地区,直到现代仍是如此。至于这两派读音是都来源于上古以前的同一个声母,例如 *sn-,还是各有不同的来源,今天就更难做出判断了。

四、馀 论

高本汉在《中国音韵学研究》中讨论日母时,把日母的拟测看成是"最危险的暗礁之一"(中译本 338 页),这确实是经验之谈。在中古时期,日母的音韵地位不稳定,在现代汉语方言中,日母的读音最零乱,这给拟测带来很大的困难。高氏把中古日母拟测为[nʑ],上文已经提到,本就是很牵强的办法,但是他以此为中心,上推上古音,下连现代音,于是出现了一些相当特殊的音变现象。

高氏认为,日母从上古到现代北京话的音变过程是:*ni→nʑi→nʑ→ʑ,除此之外,还有两项补充,一是中古到现代一些南方方言的音变过程是 *nʑi→ni,一是止摄开口三等字"儿、耳、二"等从中古到现代北京话的音变过程是 *nʑi→ʑi→ʑi̯→ʑ̯→ʑə→ər。① 这两项补充都十分缺乏说服力。按照高氏的拟测,从上古到现代一些南方方言的日母音变的全过程就是: *ni→nʑi→ni,中古插进一个[ʑ],到现代又消失了,这个[ʑ]是否真的在南方地区存在过,就很值得怀疑。至于他所拟测的"儿、耳、二"等字的音变过程未免过于复杂,而且十分牵强。王力先生过去虽然同意中古日母拟测成[nʑ],但也并没有接受高氏对[ər]产生过程的解释,认为是一个"尚待研究"的问题。②

王先生到晚年在《汉语语音史》中对日母的演变提出了一套新的见

---

① 参看 Grammata Serica, pp. 15, 47。为了便于在本文中比较,音标转写为通用的国际音标。

② 见《汉语史稿》,《王力文集》第九卷,第 166 页。

解，认为日母直到中唐时期仍是[nʑ]，晚唐五代演变成闪音[ɾ]，到元代分化为闪音[ɾ]和卷舌音[ʐ]两母，[ɾ]后来转变为[ɻ]，[ʐ]后来转变为[ər]。① 这样的解释自然要比高本汉简明合理一些。遗憾的是王先生没有详细解释何以必须经过闪音阶段。王先生认为到元代闪音分化为两母，显然是为了给后来[ər]的产生找寻原因。如果把王先生的闪音改为通音[r]，像本文所拟测的那样，止摄三等开口就是[ri]，其中的[i]先受[r]同化成[rɿ]（或[rⁱ]），再进一步放松就成为[ər]，音变过程可以相当简单明了。至于"日"字，因为原是入声字，由[ri]变[rɿ]的过程产生得晚一些，因此没有能和"儿、耳、二"等一起变成[ər]，可以算是特例。其他日母字则始终保持着通音[r]的读音。

古音的拟测本只能求其近似值，音变过程的解释也最好能选择最简单明了的。从上古到现代，汉语始终存在着明显的方言分歧，但是，从上古的雅言到中古的通语直至现代的普通话，又始终存在着一种优势方言超越在各地方言之上。所谓古音拟测，自然主要就是拟测这种优势方言的语音系统和它的演变过程，但同时也必须考虑各时期方言对古代语音文献资料如谐声字、韵书、韵图等的影响。这个分寸有时很不好掌握。不考虑方言的影响，有一些因方言羼入而产生的语音现象就很难解释清楚；过多地考虑方言的影响，把一些难于解决的问题简单地用方言现象来解释，实际上等于没有解决问题。在这方面，日母似乎比较容易处理一些。日母在现代方言中的两派读音差别很大，很难找到共同的特征作为拟测的基础，这两派现代读音在地域上的分布界限也比较分明，而且可以直接和古代方言联系，基本上具备了从方言影响的角度来考虑的条件，这样拟测出来的日母音值也许可以更接近实际情况一些。

参考文献

董同龢(1944)：《上古音韵表稿》，石印本，四川李庄。
李方桂(1980)：《上古音研究》，商务印书馆。

---

① 参看《王力文集》第十卷，第387页。

李　荣(1956)：《切韵音系》，科学出版社。

陆志韦(1947)：《古音说略》，哈佛燕京学社。

罗常培(1931)：《知彻澄娘古音考》，收入《罗常培语言学论文选集》，中华书局，1963。

罗常培(1931)：《梵文颚音五母的藏汉对音研究》，收入《罗常培语言学论文选集》。

罗常培(1931)：《敦煌写本守温韵学残卷跋》，收入《罗常培语言学论文选集》。

罗常培、王　均(1956)：《普通语音学纲要》，商务印书馆。

沈兼士(1944)：《广韵声系》，文字改革出版社1960年重印本。

王　力(1958)：《汉语史稿》，见《王力文集》第九卷，山东教育出版社。

王　力(1979)：《现代汉语语音分析中的几个问题》，收入《王力文集》第17卷。

王　力(1983)：《再论日母的音值，兼论普通话声母表》，收入《王力文集》第17卷。

王　力(1985)：《汉语语音史》，见《王力文集》第十卷。

吴宗济(1986)：《汉语普通话单音节语图册》，中国社会科学出版社。

周祖谟(1963)：《切韵的性质和它的音系基础》，收入《问学集》，中华书局，1966。

周祖谟(1983)：《唐五代韵书集存》，中华书局。

北京大学中文系(1989)：《汉语方音字汇》(第二版)，文字改革出版社。

赵元任、罗常培、李方桂译(1940)：《中国音韵学研究》，译自 B. Karlgren：*Étude sur la Phonologie Chinoise*，1915—1926。

B. Karlgren(1940)：*Grammata Serica*，BMFEA(Bulletin of the Museum of Far Eastern Antiquities)12.

B. Karlgren(1953)：*Compendium of Phonetics in Ancient and Archaic Chinese*，BMFEA 26.

Y. R. Chao(1968)：*A Grammar of Spoken Chinese*(中国话的文法)，University of California Press.

(原载《燕京学报》新1期，1996年)

林焘先生学术生平[①]

　　林焘先生,字左田,1921年生于北京,祖籍福建长乐。1939年考入燕京大学国文系,1945年初入燕大研究生院学习,1946年起在燕大担任助教。1952年燕京大学并入北京大学,林焘先生开始在北京大学中文系任教,1956年起任副教授,1981年起任教授,1988年起任博士生导师。1984年至1995年任北京大学对外汉语教学中心(今对外汉语教育学院)主任。

　　林焘先生曾任中国语言学会理事、世界汉语教学学会理事会顾问,自中国语言学会语音学分会(筹)成立起一直担任该分会主任委员;自1979年起担任北京大学中文系《语言学论丛》主编,1989年至1993年任《世界汉语教学》代理主编;曾任北京语言大学和华侨大学兼职教授。

　　林焘先生的学术研究始于他进入燕京大学研究院的1945年,终于他逝世的2006年。在半个多世纪的学术生涯中,他的研究工作涉及汉语史、现代汉语、汉语方言学、社会语言学等领域。他的学术生涯大致可以可分为四个阶段。

　　第一个阶段是在燕京大学求学和工作时期。1945年,林焘先生在成都燕京大学国文系毕业后,考入燕大研究生院读研究生,师从李方桂先生。抗战胜利后,燕大在北平复校,由于李方桂先生赴美,林焘先生在陆志韦先生的指导下继续读研究生。1950年发表的《〈经典释文〉异文之分析》(与陆志韦先生合作)(林焘、陆志韦,1950)是这一时期的代表性成果。

　　第二个阶段是20世纪50至60年代。燕京大学并入北京大学之

[①] 本文的一部分内容来自北京大学中文系"林焘先生对汉语语音学的学术贡献"(王韫佳执笔),载于《燕园远去的笛声——林焘先生纪念文集》,5—14页,商务印书馆2007年。本文所引述文献的详细出处参见文集附录二"林焘先生学术著作一览"。

后，林焘先生在北大中文系一直从事现代汉语的教学工作，因此研究方向也由古代汉语转向现代汉语，在这段时间内，他的研究重点是现代汉语语音，研究工作兼及文字、词汇和语法。50 年代，国家大力开展普通话推广和汉语规范化的工作，他积极参与其中，并撰写了《关于汉语规范问题》等（林焘，1955，1959）学术论文，还与高名凯先生合作编写了普通话教材《福州人怎样学习普通话》（高名凯、林焘，1956）。他在北京大学汉语教研室集体编写的《现代汉语》（北大汉语教研室，1958）中负责撰写绪论和语音部分。该书是全国高校中文系设立现代汉语课程以后的第一部教材，编写时恰逢《汉语拼音方案》诞生，教材的语音部分是围绕着《汉语拼音方案》与普通话的关系这个中心来写的，这个写作思路对后来各种现代汉语教材语音部分的编写产生了很大的影响。

在这段时间内，他的两篇有关轻音与语法和语义关系的论文引起了学术界的重视，这两篇文章分别是《现代汉语补语轻音现象反映的语法和语义问题》(1957)和《现代汉语轻音和句法结构的关系》(1962a)。将语音现象与句法和语义现象结合起来进行研究，并注意到语音研究与句法和语义研究之间的密切关系，这在四十多年前是相当具有前瞻性的。在这个阶段，林焘先生开始对北京话的社会变体问题产生兴趣，发表了《北京话的连读音变》(1963)。这一时期他也并没有完全放弃汉语史研究，1962 年他发表了《陆德明的〈经典释文〉》，这篇文章可以看作是《〈经典释文〉异文之分析》的一个后续。

林焘先生学术生涯的第三个阶段始于 20 世纪 70 年代末期，这时他已年近花甲，但他的学术研究却进入了一个全新的时期，他在实验语音学、方言学和对外汉语教学领域都取得了重要的成就。因此，这也是林焘先生学术生涯中最为重要的一个阶段。20 世纪 20 年代，刘复（半农）先生创建了北京大学语音乐律实验室，由于种种原因，北大的实验语音学研究一度中断。1978 年，林焘先生在北大中文系重建语音实验室，自己也开始进行实验语音学方向的研究并开始培养这个方向的研究生。他的第一篇实验语音学方面的研究论文《探讨北京话轻音性质的初步实验》(1983)现在已经成为汉语轻音问题研究中的最重要的文献之一。中文系语音实验室在 20 世纪 80 初期的研究论文集《北京语音实验录》(林焘、王理嘉,1985)迄今为止也仍然是汉语实验语音学领域的重要参考文献。1989年起,林焘先生开始指导语音学方向的博士研究生。

自1979年起,林焘先生开始担任北京大学《语言学论丛》主编,他在这个岗位上一直工作到去世。

20世纪80年代初期,林焘先生带领北大中文系汉语专业的部分师生进行过较大规模的北京话调查。在调查过程中,他们采用社会语言学的研究方法,精心设计了调查用的语言量表,对北京城区和近郊以及少数远郊区县的口语进行了系统的文本记录和录音。林焘先生就这些录音资料中的一些语音现象进行了社会语言学角度的研究,发表了《北京话儿化韵个人读音差异问题》(1982)、《北京话去声连读变调新探》(1985)、《北京东郊阴阳平调值的转化》(1991)和《北京话儿化韵的语音分歧》(与沈炯合作,1995)等文章,这些文章在材料、方法和理论阐释上都很有新意。与此同时,林焘先生在中文系开设了《北京话研究》的选修课,这门课程受到语言学专业学生的普遍欢迎。80年代中后期,由于城市建设的发展,北京城区和郊县的人口发生了急剧的流动,北京话原来的地区变体格局被打破,林焘先生与中文系师生们的这些调查资料在今天已经成为弥足珍贵的北京话的历史材料。

在对北京语音进行共时的实验研究和社会变体研究的同时,林焘先生对北京话的历史来源和北京官话区的划分等方言学的问题也进行了深入的思考,发表了《北京官话溯源》(1987a)和《北京官话区的划分》(林焘1987b)两篇重要的学术论文。

在相当长的一段时期内,国内高校中文系的语音学教学一直是语言学课程中一个薄弱环节,能够在本科生中开设专门的语音学课程的高校为数极少,北大中文系在改革开放初期为本科生开设了《语音学》,林焘先生是这门课程最早的任课教师。为了将现代语音学的最新研究成果介绍给学生,他与王理嘉教授在20世纪80年代开始合作编写适合本科生学习的教材《语音学教程》(林焘、王理嘉,1992)。这部教材将传统语音学与现代语音学、普通语音学与汉语的语音材料进行了很好的融合,因此,自20世纪90年代初期出版以来,它一直是中文系高年级学生和研究生语音学课程最重要的教材之一，同时也是理工科和其他文科专业相关领域的学生的重要参考书。《语音学教程》先后在大陆和台湾出版，后来又被译为韩文在韩国出版。

林焘先生晚年对中国的对外汉语教育事业也倾注了大量的心血。20 世纪 80 年代，北京大学在全国高校中率先成立了专门的对外汉语教学机构——对外汉语教学中心（今对外汉语教育学院），林焘先生是该中心的首任主任并在这个岗位上工作了十一年之久，他是新时期中国对外汉语教育事业的奠基人和开拓者之一。在繁忙的行政工作之余，林焘先生亲自撰写对外汉语教学，尤其是语音教学方面的论文（1979，1989a，1989b，1996），促进这门新兴的学科向着科学和健康的道路发展。1989 年—1993 年，林焘先生担任世界汉语教学学会会刊《世界汉语教学》的代理主编。

1991 年，第一届中国语音学学术会议在北京大学召开。由北京大学中文系来承办中国语音学的第一届学术会议是当时学术同仁们共同提出的建议，这充分反映了学界对林焘先生的信任和敬重。这次会议取得了圆满成功，它为后来的历届语音学术会议开了一个好头，也为后来成立的中国语音学会语音学分会举行了一个奠基礼。

林焘先生学术生涯的第四个阶段是他退休之后直至逝世之前。尽管退休时已经年逾古稀，但林焘先生仍以饱满的热情在学术研究的道路上继续前行。

林先生自 50 年代以后教学和科研的方向已由古代转向现代，但他对汉语音韵学始终未能忘怀。退休之后，他重新拣起了自己的老本行。首先，他根据旧日札记撰写了《"入派三声"补释》（1992）；三年后又撰写了《日母音值考》（1995）。1998 年，他与耿振生合作编写《声韵学》一书在台湾出版（林焘、耿振生，1998）。

1993 年，林焘先生在现代语音学方面的学术论文集《语音探索集稿》在北京语言学院（今北京语言大学）出版。这是林焘先生出版的第一个论文集。

1998 年，应语文出版社之约，林焘先生主编《中国语音学史》。由于种种原因,这部学术史在他生前未能出版①。

2001年是他学术生涯的高产年之一。这一年,由季羡林先生任总主编的《二十世纪中国学术大典》由福建出版社出版,林焘先生担任了《语言卷》的主编并为该卷写了序言《二十世纪的中国语言学》,全面而又高度精练地回顾了中国语言学在一个世纪内的发展历程。这一年,由他本人亲自编选的《林焘语言学论文集》在商务印书馆出版,这部论文集全面地反映了林焘先生在语言学各个领域所取得的成就。这一年,中国语言学会语音学分会(筹)在经历了五年的曲折之后终于宣告成立,由于林焘先生崇高的学术和道德威望,他被大家一致推举为筹委会主任委员,此后,他为语音学分会(筹)做了大量的工作。

2006年10月,在林焘先生的建议下,北京大学中文系作为东道主再次承办了中国语音学学术会议的年会(第七届),10月20日,林先生作为主席在大会致开幕词,当晚回家后即病倒。

2006年10月28日晚10时许,林焘先生在北京大学第三医院去世,享年85岁。

2006年11月,国家民政部签署批文,正式批准中国语言学会语音学分会的成立。

王韫佳
2010年8月于北大燕东园

---

① 这部书的书稿在搁置了10年之后,各章作者又在各自原稿的基础上进行了修订,已于2010年由语文出版社出版。

林焘先生著作一览

林焘、陆志韦(1950)经典释文异文之分析,《燕京学报》第38期。

林焘(1955)关于汉语规范化问题,《中国语文》第8期。

高名凯、林焘(1956)福州人怎样学习普通话,文化教育出版社(北京)。

林焘(1957)现代汉语补语轻音现象反映的语法和语义问题,《北京大学学报》第3期。

北京大学汉语教研室(编)(1958)《现代汉语》,高等教育出版社(北京)。①

林焘(1959)现代汉语词汇规范问题,《语言学论丛》第3辑,上海教育出版社(上海)。

(1962a)现代汉语轻音和句法结构的关系,《中国语文》第7期。

(1962b)陆德明的《经典释文》,《中国语文》第3期。

(1963)北京话的连读音变,《北京大学学报》第6期。

(1979)语音教学和字音教学,《语言教学与研究》第4集。

(1982a)北京话儿化韵个人读音差异问题,《语文研究》第2期。

(1982b)普通话里的V,《汉语学习》第6期。

(1983)探讨北京话轻音性质的初步实验,《语言学论丛》第10辑,商务印书馆(北京)。

(1984)新技术革命促进文字改革,《语文建设》第5期。

林焘、王士元(1984)声调感知问题,《中国语言学报》第2期,商务印书馆(北京)。

林焘(1985)北京话去声连读变调新探,《中国语文》第2期。

林焘、王理嘉(主编)(1985)《北京语音实验录》,北京大学出版社(北京)。

---

① 林焘先生负责撰写这部教材的语音部分。

林焘(1986)也谈消灭用字不规范的现象,《语文建设》第 5 期。

(1987a)北京官话溯源,《中国语文》第 3 期。

(1987b)北京官话区的划分,《方言》第 3 期。

(1989a)汉语韵律特征和语音教学,世界华文教学研讨会会议论文(新加坡)。

(1989b)语音在语文教学中的地位,香港语文学会第五届国际研讨会会议论文。

(1990a)京剧韵白声调初析,《王力先生纪念论文集》,商务印书馆(北京)。

(1990b)《语音探索集稿》,北京语言学院出版社(北京)。

(1991a)北京东郊阴阳平调值的转化,《中国语文》第 1 期。

(1991b)认真总结经验　巩固简化成果,《语文建设》第 2 期。

(1992)"入派三声"补释,《语言学论丛》第 17 辑,商务印书馆(北京)。

林焘、王理嘉(1992)《语音学教程》,北京大学出版社(北京);(1995)台湾五南图书出版公司(台北)。

林焘(1995)日母音值考,《燕京学报》新 1 期。

林焘、沈炯(1995)北京话儿化韵的语音分歧,《中国语文》第 3 期。

林焘(1996)语音研究和对外汉语教学,《世界汉语教学》第 3 期。

(1998a)从雅言到普通话,《人民日报》10 月 22 日第 11 版。

(1998b)从官话、国语到普通话,《语文建设》第 10 期。

林焘、耿振生(1998)《声韵学》,台湾三民书局(台北)。

林焘(1999)普通话的语音标准和语音教学,第六届国际汉语教学讨论会会议论文(汉诺威)。

(2000)《普通话和北京话》,语文出版社(北京)。

(2001a)《林焘语言学论文集》,商务印书馆(北京)。

(主编)(2001b)《20 世纪中国学术大典·语言卷》,福建教育出版社(福州)。

(2001c)20 世纪的中国语言学,载于《20 世纪中国学术大典·语言卷》(林焘主编),福建教育出版社(福州)。

吴宗济、林焘(主编)(2007年),《李方桂全集·第十二卷》,清华大学出版社(北京)。
林焘(2008)浮生散忆,《南大语言学》第三编,商务印书馆(北京)。
林焘(主编)(2010年)《中国语音学史》,语文出版社(北京)。

王韫佳整理
2010年8月于北大燕东园